JN206196

ミネルヴァ日本評伝選

類葉武徳の家を称し、大名の器に載る

大内義隆

藤井崇 著

ミネルヴァ書房

刊行の趣意

「学問は歴史に極まり候ことに候」とは、先哲荻生徂徠のことばである。

歴史のなかにこそ人間の智恵は宿されている。人間の愚かさもそこにはあらわだ。この歴史を探り、歴史に学んでこそ、人間はようやくみずからの正体を知り、いくらかは賢くなることができる。新しい勇気を得て未来に向かうことができる。徂徠はそう言いたかったのだろう。

「ミネルヴァ日本評伝選」は、私たちの直接の先人について、この人間知を学びなおそうという試みである。日本列島の過去に生きた人々の言行を、深く、くわしく探って、そこに現代への批判を聴きとろうとする試みである。日本人ばかりではない。列島の歴史にかかわった多くの異国の人々の声にも耳を傾けよう。

先人たちの書き残した文章をそのひだにまで立ち入って読み、彼らの旅した跡をたどりなおし、彼らのなしとげた事業を広い文脈のなかで注意深く観察しなおす——そのとき、はじめて先人たちはいまの私たちのかたわらによみがえってくる。彼らのなまの声で歴史の智恵を、また人間であることのよろこびと苦しみを、私たちに伝えてくれもするだろう。

この「評伝選」のつらなりのなかから、列島の歴史はおのずからその複雑さと奥ゆきの深さをもって浮かび上がってくるはずだ。これを読むとき、私たちのなかに新たな自信と勇気が湧いてきて、その矜持と勇気をもって「グローバリゼーション」の世紀に立ち向かってゆくことができる——そのような「ミネルヴァ日本評伝選」にしたいと、私たちは願っている。

平成十五年（二〇〇三）九月

上横手雅敬
芳賀　徹

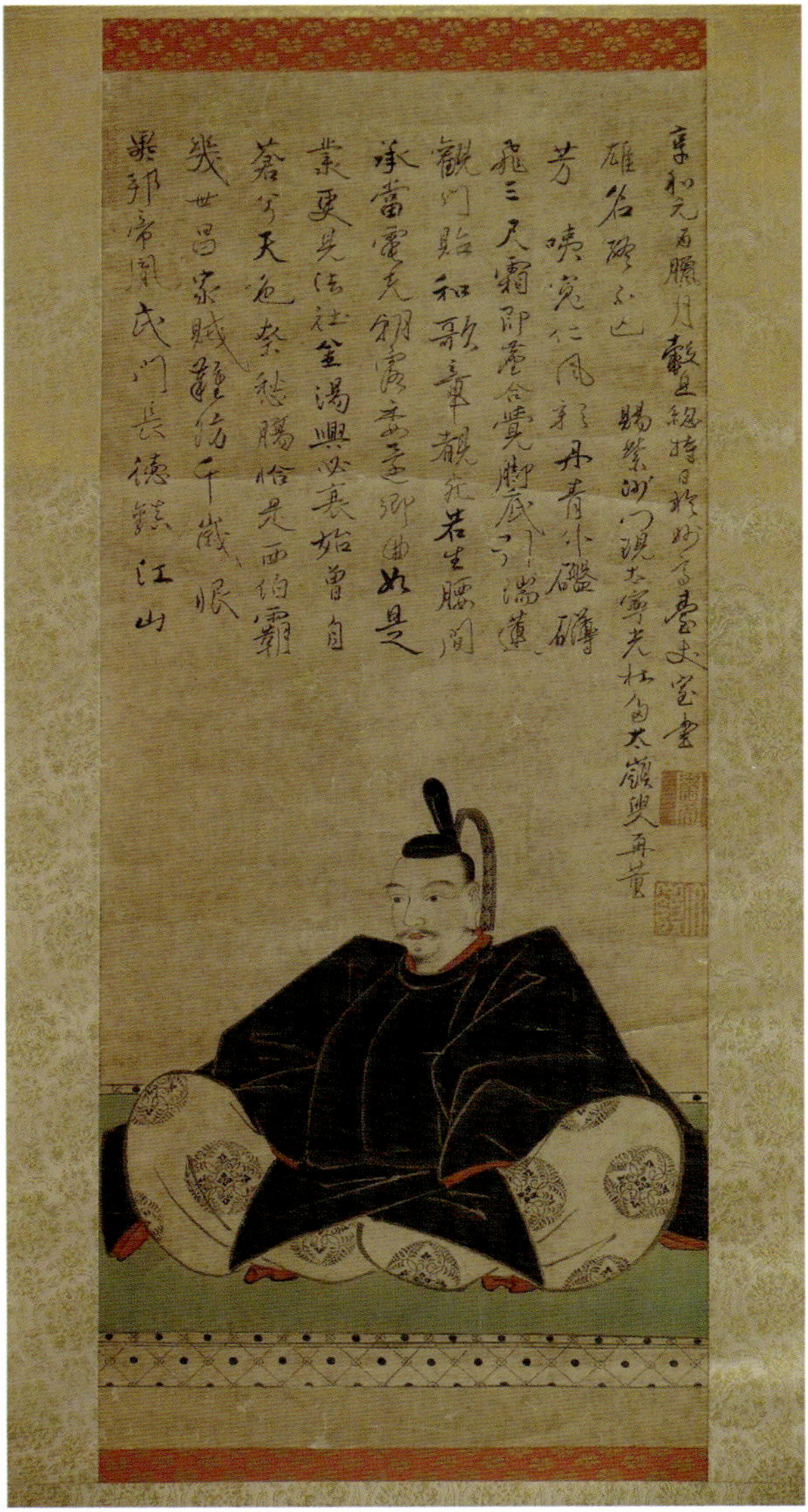

大内義隆肖像
(大寧護国禅寺蔵)

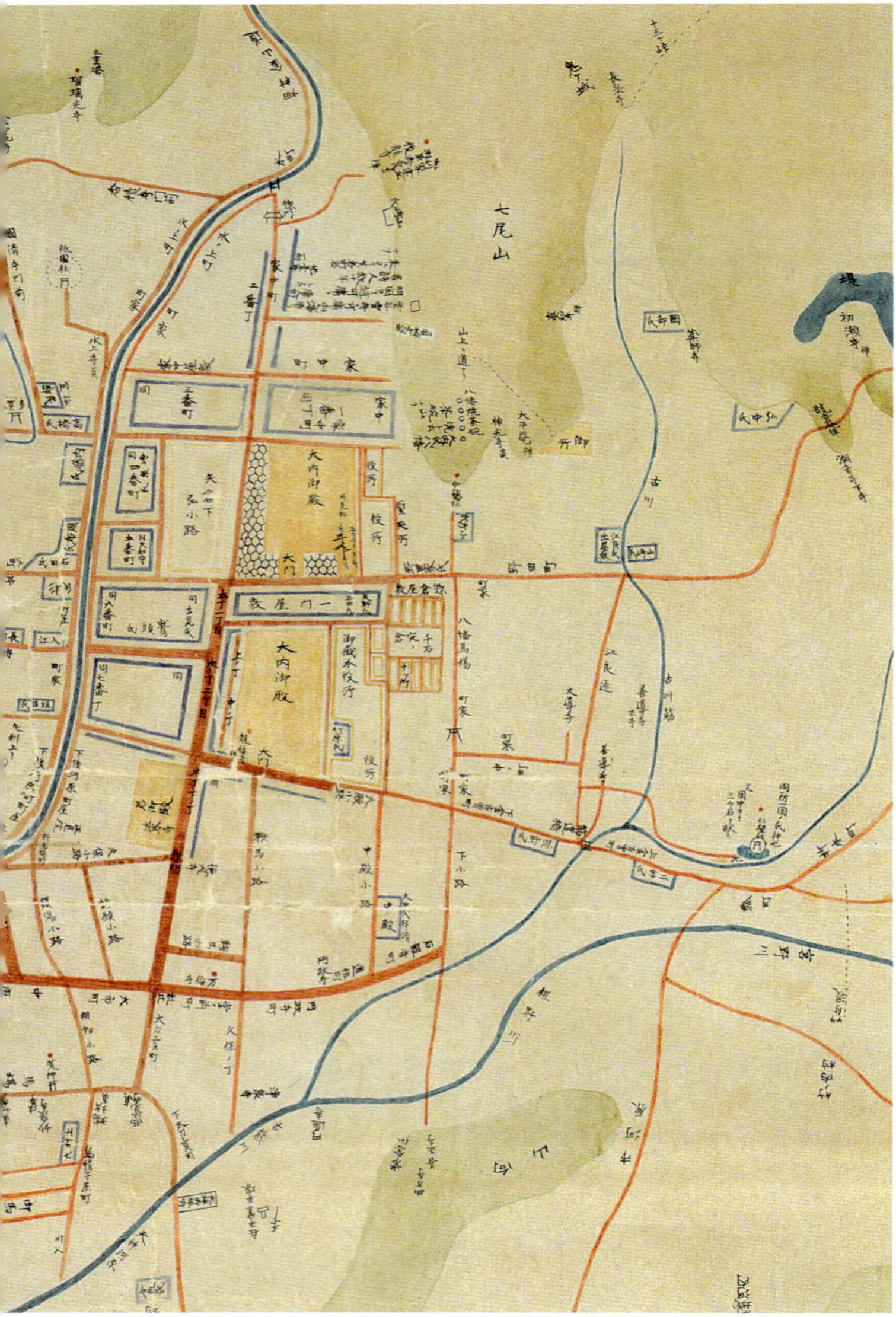

大内氏時代山口古図
（山口県文書館蔵）

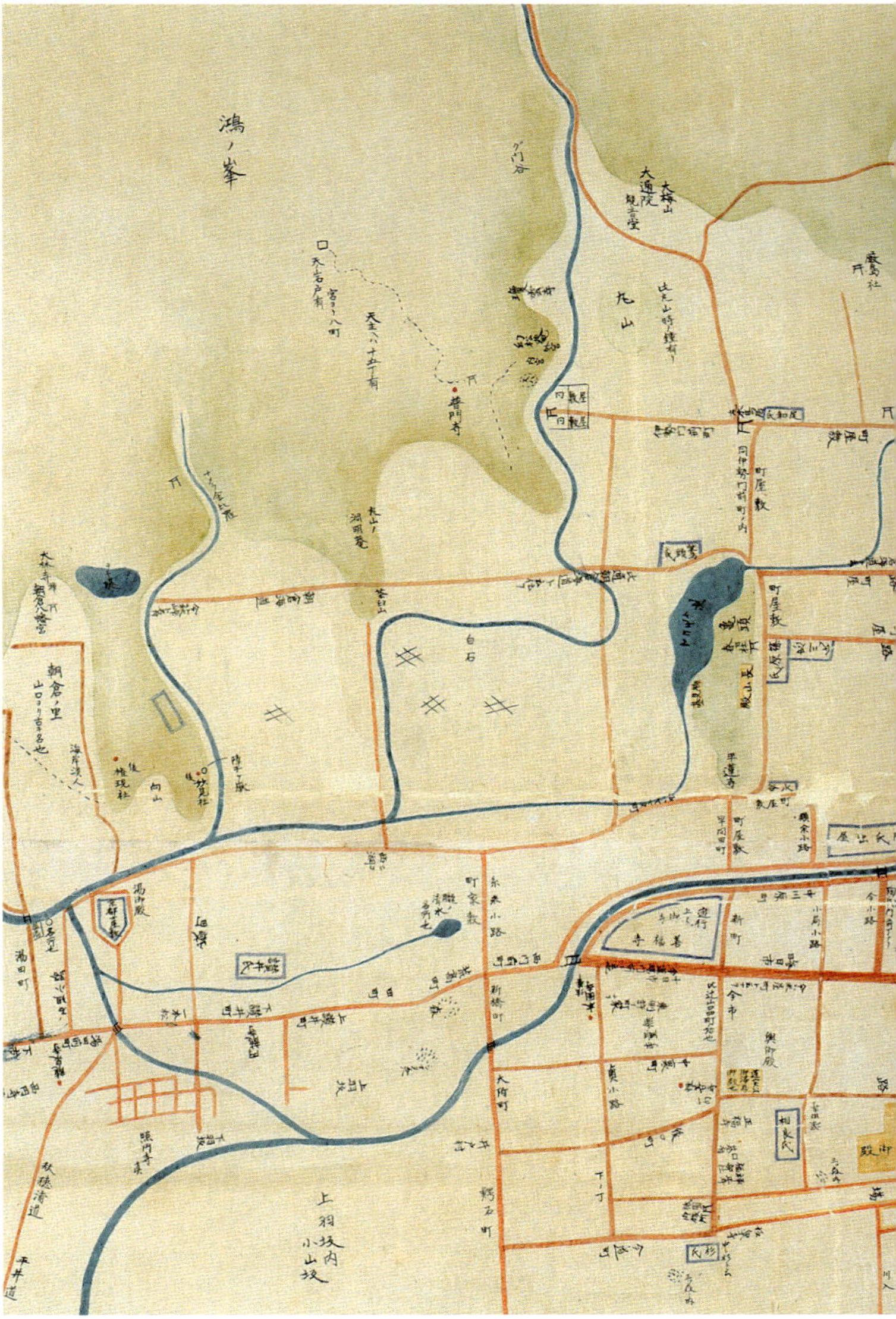
鴻ノ峯
大梅山
大通院
観音堂
丸山
普門寺
白石
朝倉ノ里
向山
湯田町
新町
今市
善福寺
上羽坂内
小山坂
秋穂清道
御殿

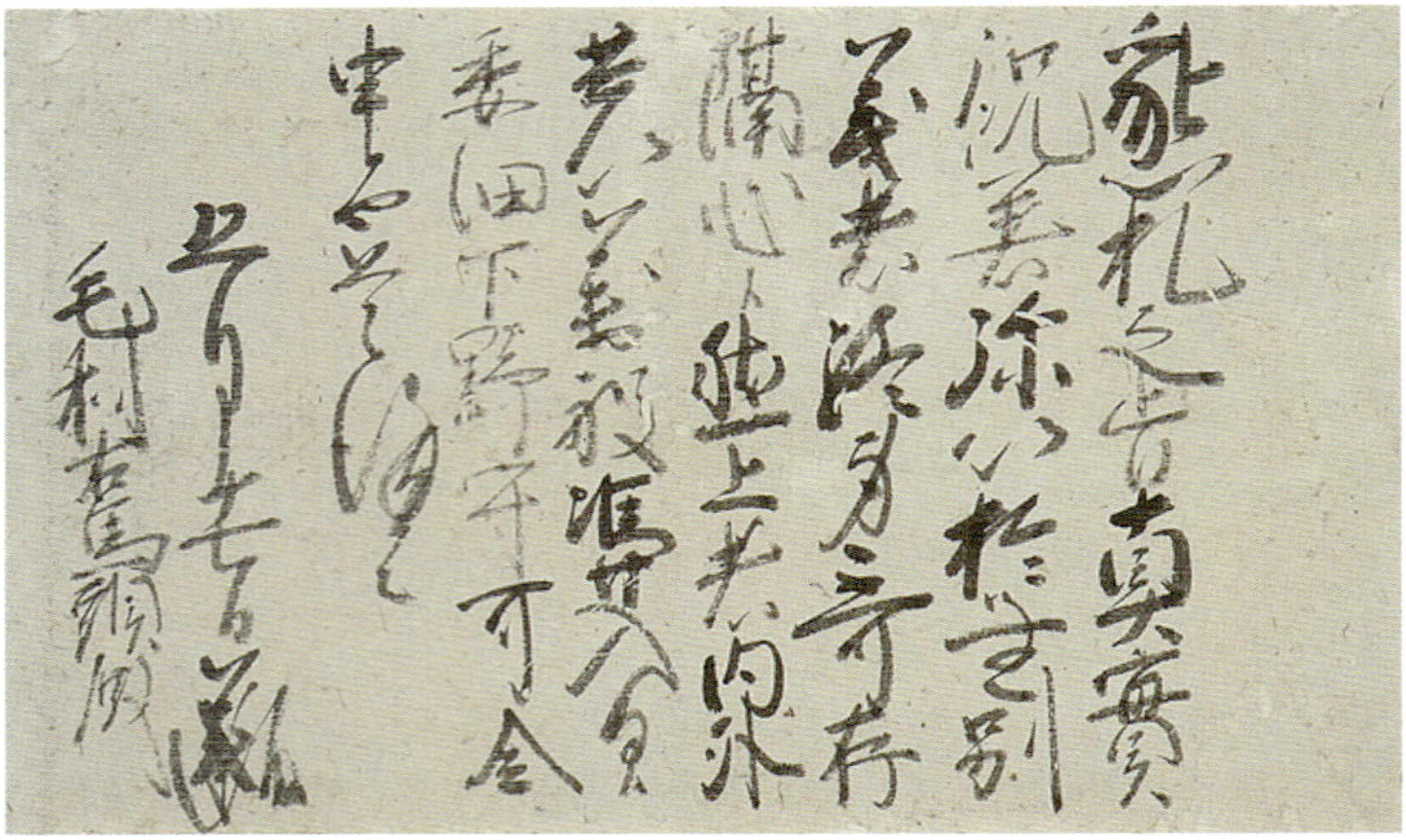

大内義隆書状（天文18年５月17日付毛利元就あて）
『山口県史』資料編・中世２　山口県立山口博物館蔵

大内義隆・義尊の墓
（大寧護国禅寺）

はしがき

大内義隆というと、どのような印象をお持ちだろうか。公家化した〝西の京、山口〟の主、優柔不断、戦争を嫌う、厭世家、といったところであろうか。そして、中国地方の大大名、毛利元就の引き立て役といった印象も大きいであろう。

そうした印象は、基本的には、毛利氏や吉川氏の発展を中心に描かれた、軍記物、『陰徳太平記』によるものである。同書に依拠すれば、より、話は面白く、ダイナミックになることはわかりきっているが、同書は、数ある軍記物の中でも、かなり脚色が多いものであるため、本書では、極力、依拠しないことにした。

となると、使用できる史料は、大内家の軍事・行政に関係する文書が大多数と、幾ばくかの義隆の私信、書状に限られる。京都にいる公家は、日記を書く習慣があるため、畿内・近国の大名や、上洛経験のある大名であれば、公家の日記に登場することで、途端に、情報量が増え、大名個人がどのような人物であるのか、わかる場合もある。

しかし、義隆は、「応仁・文明の乱」で約一〇年の在京した祖父政弘や、「明応の政変」で失脚した一〇代将軍足利義稙を擁し、これを、日本史上唯一の将軍再任官をさせ、やはり、約一〇年の在京をした父義興と異なり、上洛・在京の経験がない。だから、公家の日記に登場したとしても、それは朝廷に関心がある地方大名といった描かれ方である。

そのため、義隆の性格や、人となりがわかる史料は少ない。というより、ほとんどない。ただ、わずかに窺えるものからすれば、怒るときに怒り、優しいところもあるといったものである。それは、〝ほとんどの人間がそうだろう〟と、直ちにいわれてしまうようなものであるが、軍記物にあまり依拠しない、戦国大名人物伝の限界であるので、それは、ご了承いただきたい。

さて、私が、本書執筆の準備の一環で、郷里の山口県内にある大内家ゆかりのお寺にいった際、その住職さんが、「私は県外出身者だが、山口県の人は、昔から、同県内での争いや殺し合いをしない。仲がよいのが特徴だ。戦国大名、大内義隆などはその最たる例で、戦争ではなく、文化の持つ力で地域を治めようとしたのだ」という自論を語られていた。

確かに、山口県は、周防国と長門国という二つの旧国で構成されているが、鎌倉時代後期から、鎌倉幕府執権北条家の一門が両国守護職を兼任（これを長門探題ともいう）したため、政治的には一体で、建武新政・南北朝期に、長門国で厚東家（本姓はなんと物部姓）、周防国で大内家（こちらの本姓は、珍しい多々良姓。詳しくは、本論参照のこと）が分立したものの、大内家が幕府体制下にあった厚東家を滅ぼして両国を統一し、そのまま、両国はほぼ一体な状態で戦国期に突入した。しかも、関ヶ原の戦いの後、安芸国毛利家は、徳川家によって周防・長門二国に移封されたため、またもや、両国は政治的に一体となって明治維新を迎え、現在にいたる。だから、周防と長門の二国は政治的に一体であった時期が長く、確かに、山口県域内の勢力同士が戦争をすることは、あまりない。そのせいか、「長州藩の藩庁が長門国萩だったのに、県庁所在地が周防国山口の山口市に取られて、くやしい」というような声は、少なくとも、私は聞いたことがない。

とはいえ、ご住職の話を聞いた際、いやいや。義隆だって戦争をやりますよとか、義隆が死去した際は違うでしょうとか、江戸幕末の高杉晋作の奇兵隊がらみの内戦があるじゃありませんか、と思って、途中で、何度か首をひねった。しかし、ご住職は、私の不服そうな様子を目にされたはずだが、我関せずといったていで、滔々と自説を論じ終えられた。

私は、ご住職の立派な眉毛に気を取られながらも、途中で気付いた。どうやら、何度もなさっているお得意のお話なので、途中で、聞き手が、少々、首をひねったところで、話を変えようがないのだと。しかも、ご住職は、僧侶でいらっしゃるので、〝争い事は駄目だ〟〝戦争は駄目だ〟〝文化が大事だ〟という趣旨の話が、ご職業柄、話しやすいのだろうなと。恐らく、檀家へのお説法でも似たような、ありがたいご講話をなさっているに違いない。

そこで、私は「いや。ご住職。義隆だって戦争をやりますよ」というべきなのだろうか。ここは、歴史学者の難しいところである。我々は、道徳の教科書を書いているわけでも、小説を書いているわけでもないので、情操教育によかれと思って研究しているわけでもなければ、人を感動させるために研究しているわけでもない。結果、そうなってくれれば、嬉しくないことはない程度の気持ちはどこかにあるが、基本的には史料と呼ばれる古文書や古記録（前近代の人が記した日記のこと）の和風漢文を分析し、それを踏まえつつ、複雑な事象をなるべく、わかりやすく一般の方に紹介するのが仕事だと、私は思っている。

小説の中の登場人物は、いい人は基本的にいいことしかしないし、悪い人は悪いことしかしない。そうしなければ、感情移入がしにくいし、筋の通らない話になるからである。しかし、現実の人間世界はそうもいかない。いい人だって唐突に悪いことをするし、悪い人だって突然、いいことをすることもある。歴史書というものは、研究書であろうと、一般書であろうと、そうした実際の人間世界で記された史料の分析の結果を書いているものなので、小説と違って、すっきりとした読後感は保証できないし、読者に教訓めいたものを与えられるとも限らない。

義隆の前半生は、ご住職のご高説とは異なり、連戦につぐ連戦で、ほとんど、彼は戦場の中で起伏ししている。そして、その集大成的な合戦で、無様に敗れる。しかし、一般の印象と異なり、実際の義隆は、停滞することなく——本当は、気落ちしていたかもしれないが——政治を行い、国を立て直し、以後も、しっかり、合戦をおこなっている。そして、自身の宿願へと突き進む。詳しくは、本論をご参照いただきたいが、義隆は「文治派」に支持されたがために、権臣陶隆房を首領とする「武断派」の前に敗れ去ったとは、言い切れない面もあるのである。

本書にお付き合いいただき、結果、義隆への印象が、少しでも、変わるようであれば、幸いである。義隆が完全な〝文弱の徒〟といえるかどうか、ご自身の目でご確認いただきたい。

大内義隆——類葉武徳の家を称し、大名の器に載る

目次

図版写真一覧

図版写真一覧

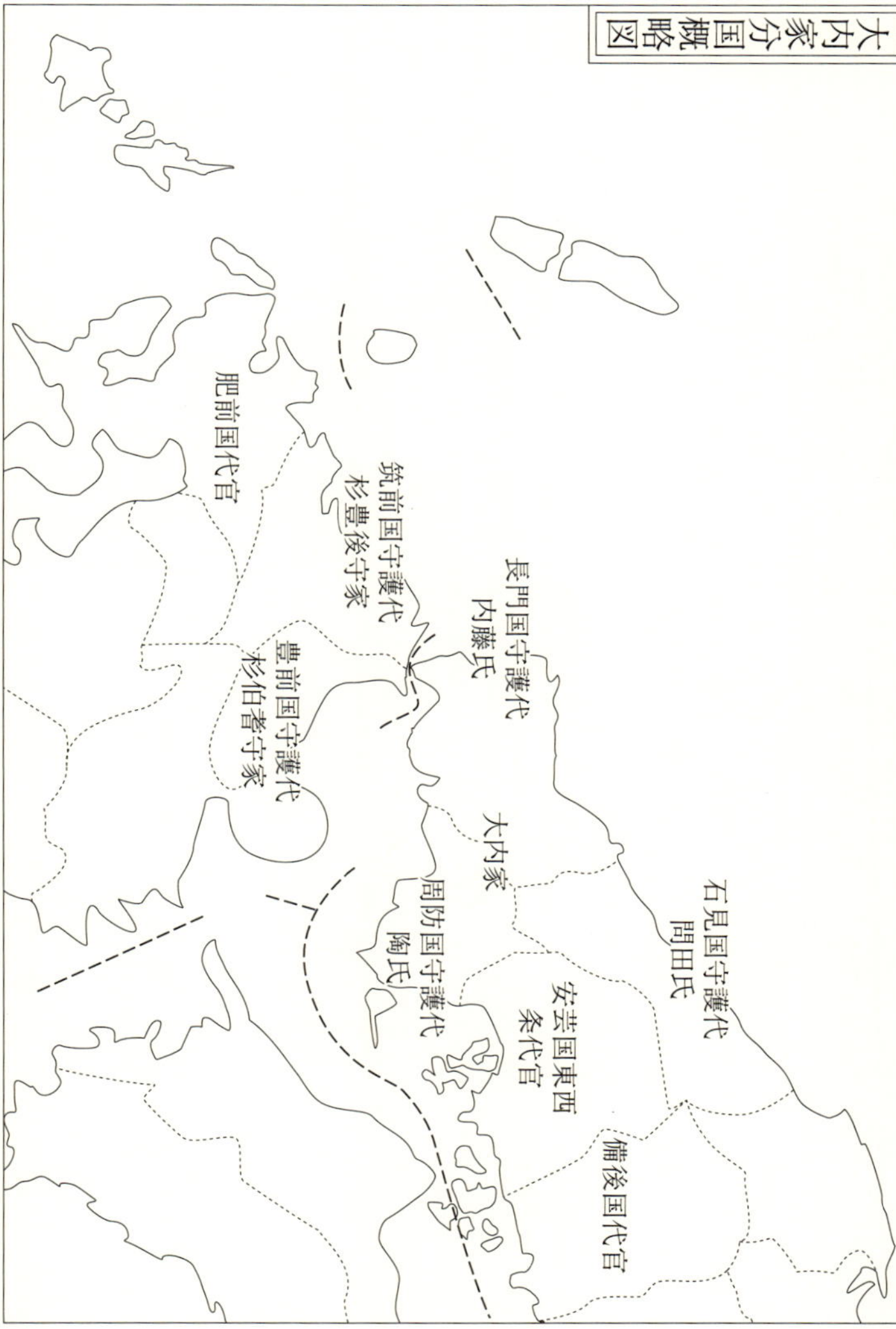
大内家分国概略図
肥前国代官
筑前国守護代
杉豊後守家
長門国守護代
内藤氏
豊前国守護代
杉伯耆守家
大内家
周防国守護代
陶氏
石見国守護代
問田氏
安芸国東西条代官
備後国代官

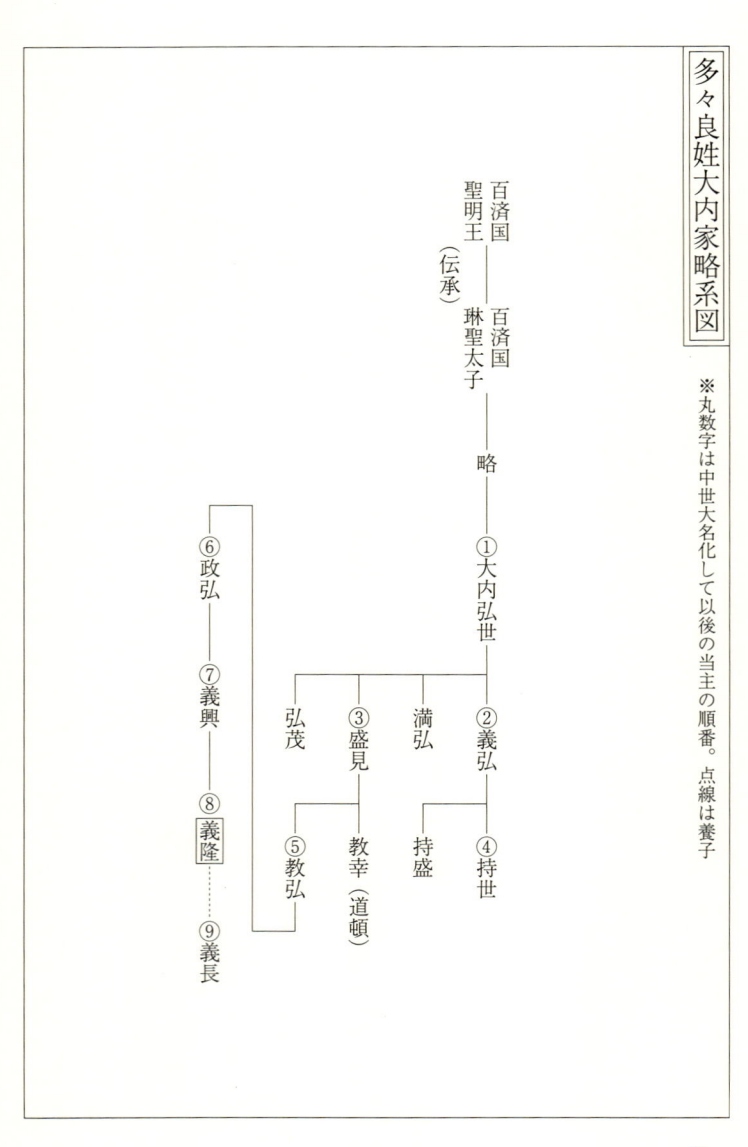

多々良姓大内家略系図

※丸数字は中世大名化して以後の当主の順番。点線は養子

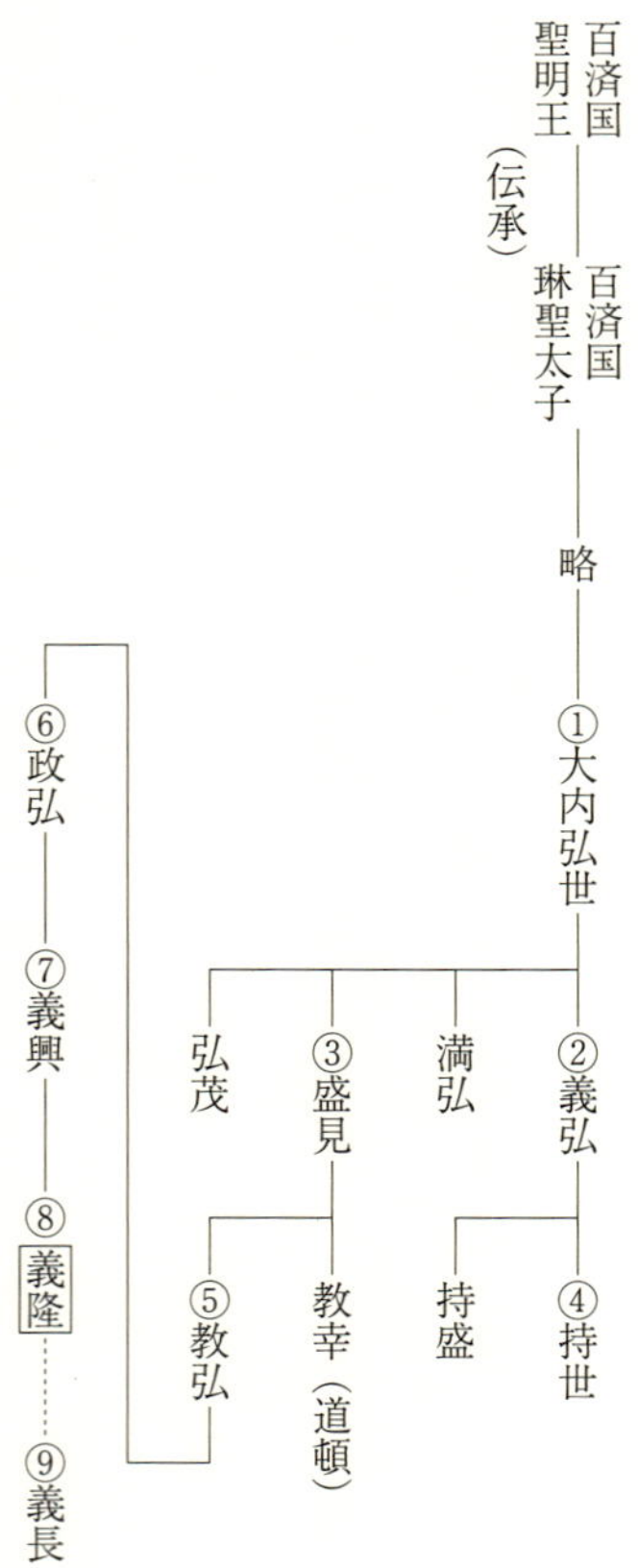

序章　栄光の分国

父義興

享禄一年（一五二八）一二月二〇日、大内義隆の父にして、周防（山口県東部）・長門（同西部）・豊前（福岡県東部・大分県北部）・筑前（福岡県北西部）・石見（島根県西部）・安芸国（広島県西部）と肥前国（佐賀県・長崎県）の一部を支配した従三位左京大夫多々良朝臣大内義興が病死した。五二歳であった。

中世大名としての大内家七代当主義興の人物伝については前著［藤井：二〇一四］をご覧いただきたい。義興は歴史上の有名人とはいい難いが、大内家分国の主都周防国山口に亡命してきた室町幕府第一〇代征夷大将軍（以下、将軍）足利義稙を擁して上洛し、「応仁・文明の乱（一四六七～七七年）」以来、混乱続きの京都に一〇年の平穏をもたらした。その功績は無視できないものがある。義興の偉業に対し、幕府は遣明船派遣の独占権を与えている。

大内家分国

大内家は古代朝鮮にあった百済国の王族琳聖太子の末裔を自称している。しかし、古代朝鮮半島の南部にあった金官国（『日本書紀』のいう任那諸国）の版図に「多羅」と

大内義興肖像画
（山口県立山口博物館蔵）

いう土地［熊谷：二〇〇八］がある。そして、「新撰姓氏録」によれば、周防国の佐波郡には達良郷（中世の多々良荘。山口県防府市）があり、ここの住人である任那の王族が、欽明天皇の時代（六世紀）に功績をたてたため「多々良公」の名字を与えられたという（『角川日本地名大辞典』の「達良郷」）。だから、彼らは渡来人の末裔といっても百済人ではなく金官人の末裔なのかもしれないが、今となっては確かめようがない。

ただ確かなのは、大内家の本姓が源姓でも平姓でも藤原姓でもなく、多々良姓であることである。平安時代までは周防国国衙（律令国家が定めた国毎の地方行政機構。国府とも。周防国の国衙は現在の山口県防府市）の有力在庁官人（国衙職員）であった。鎌倉時代は京都の六波羅探題（鎌倉幕府による西国支配のための出先機関）と関係の深い有力鎌倉御家人であった。それが、南北朝期の当主の弘世が周防国と長門国を実力で攻め取って初代大名となり、二代将軍足利義詮の室町幕府体制下に入って各国の守護職を拝領した。

以後、「応永の乱（一三九九年）」で三代将軍だった足利義満と戦って戦死した二代義弘。義満が選定した大内家当主弘茂を破って三代当主となったものの北九州における少弐家との戦いで戦死した盛見。六代将軍足利義教と良好な関係を築き北九州で勢力を拡大させたが義教殺害事件である「嘉吉の変（一四四一年）」に遭遇して負傷死した四代持世。幕府管領家の細川勝元と対立し伊予国（愛媛県）出兵の指揮をとっている際に陣没した五代教弘。細川勝元と対立し同盟相手の山名宗全入道（俗名、持豊）の招聘を受け「応仁・文明の乱」に際して西軍主力部将となった六代政弘。七代義興、八代義隆、九代義長（晴英）と続く。

大内家というと、一般に京都風の優雅な家のような印象があるが、前々著［藤井：二〇一三］で指摘したとおり、初代弘世の死に二代義弘が関与していて、義興の死がほとんど陣没のようなものだとすると、実は、南北朝・室町・戦国期全九代の当主のうち、畳の上で平穏な病死をしたのは六代政弘のみということになる。また、大内家は、一五世紀後半の李氏朝鮮国の官人が記した『海東諸国記』において、「兵最も強し」と称されている。無論、朝鮮側が百済王族の末裔を自称する大内家に親近感をもっている点、割り引く必要があるが、〝西国最強〟の兵を擁するのが大内家なのである。本書の副題で使用した言葉のとおり、大内家は、まさに、武徳の家なのである。

「大名」とは

本書では、日本中世史上の著名な学説、「領主制」論（武家領主の発展を軸に中世史を読み解こうとする議論）の延長線上での「大名領国制」論［池：一九九五］を念頭におき、先行研究［黒田：一九九七］を参考に、戦国期の国規模の武家領主にして、受領官途（朝廷の国司系官職）名に由来せずして他から「〜州」の形式で本国の国号をもって呼称されるような存在（義隆は「防州」）を「戦国大名」ないしは「大名」と呼び、郡以下の規模の武家領主を国衆と呼び、村

大内家館復元門（龍福寺）

落規模の武家領主を地侍（じざむらい）と呼ぶことにする。当然、これは、広大な陸奥（むつ）国（福島・宮城・青森・秋田県）と出羽（でわ）国（山形・秋田県）では通用しない呼び方である。あくまで便宜的な呼称区分ということであって、小規模な国衆と大規模な地侍、そして小規模な地侍と有力農民の差についての説明を用意しているわけではない。また、同様に便宜的な理由で、公家と将軍と大名の家を「～家」と呼び、国衆以下の家を「～氏」と呼び分けることにするが、これも便宜的以上の理由があるわけではない。また、大名の国規模の勢力圏は領国（りょうごく）ではなく分国（ぶんこく）と呼ぶことにするが、これも、史料上明らかにそう呼ばれることが多いからそう呼ぶということであって、特段の学問的含意があるわけではない。

なお、前述したように、本書で用いる「大名」（だいみょう）という語は、「大名領国制」論に即して用いているものだが、近年盛んな、幕府政治に絡む文脈で用いられる「大名」は「たいめい」とよむべきだという議論〔吉田：二〇〇一など〕を否定するものではない。本書の副題中にみえる「大名」は「たいめい」とよむべきだろう。ただ、筆者は、前々著以来、要は実力にもとづく大名権力と、室町幕府地方役職である守護職職権の峻別を軸に南北朝・室町期における地方権力・地域権力の論考をすすめてきた経緯があるため、今更、「たいめい」概念をもって大名の議論を展開しても混乱するため、それはしないことにしている。

分国の政治機構

周防国山口の大内家館（山口市）を中心とした分国の中央政治機構は、先行研究［松岡：二〇一一他］や前々著をふまえてまとめると、側近に囲まれた当主の下に評定（合議）や裁判をおこなう評定衆と奉行衆があり、財政担当奉行の政所と治安維持担当奉行の侍所がある。そして、各種の常設の奉行の他、事案ごとに任務をこなす臨時の奉行があるというものである。

分国の地方政治機構としては、周防・長門・豊前・筑前・石見国に守護代が置かれていて、順に多々良姓陶氏・藤原姓内藤氏・平姓杉氏（杉伯耆守家）・同（杉豊後守家。杉伯耆守家とは、南北朝期以前に分かれた、かなり遠い一族であるため、それほど強い同族意識を持っている形跡はない）・多々良姓問田氏が世襲している。ありていにいえば、大内家当主は彼ら世襲守護代家に奉戴されているような性質もある。

肥前国と次第に版図に組み込まれることになる備後国（広島県東部）については、幕府から守護職を与えられていないこともあり、守護代級役職は「代官」とか「役人」と呼称される。安芸国については少々ややこしく、義隆は安芸国守護職を自称しているが、前代以来、同国は東西条（単に西条ともいう）という広域所領を支配の軸としていたためか、守護代相当の役職が「（東西条）代官」と呼ばれる。肥前国衆龍造寺氏の肥前国代官については、同時代史料で「肥前国代官」と呼称されている。なお、安芸国と備後国の代官は特定被官家で世襲しているものではない。

分国では守護代級の被官（家臣のこと）と有力被官の一部が中央政治機構において評定衆を務め、奉行衆以下は吏僚的な性質の被官が務める。評定衆と奉行衆以下の中央政治機構付きの役職にある者は、基本的に山口住まい、在山口衆となる。

「耶蘇会士日本通信」や「聖フランシスコ・ザビエル全書簡」などイエズス会系の史料によると、山口は、誇張表現であろうが、ポルトガル王国の首都リスボンと同じ規模とされることもあり、日本でもっとも有名な都市と評されている。人口は、「一万人以上」とするものや「一万戸」とするものがあるので、四～五万人程度とみるのが妥当だろう。当時の日本の総人口は現在の約一〇分の一の一〇〇〇万人程度であろうから、戦国時代の山口の人口は、現代にすれば、一〇倍程度の価値があるといってよいだろう。分国内には、それと同規模か、それをやや上回る規模の都市として筑前国博多が存在し、周防国防府・小郡・長門国赤間関周辺もそれなりの規模の都市となっている。

地方行政機構上、守護代級役職の下には、各郡郡代と、大内家直轄城を預かっている城督（戦国期の西中国・北九州地方における城代のこと。同時代史料でそう呼ばれる）が存在する［佐伯：一九八〇他］。大内家分国の基礎税は、段銭（恐らく、春・秋二季徴収。田畠一段ごとに幾らで賦課されるのでそう呼ばれる）で、この段銭賦課実務をおこなうのが郡代や城督である。郡代は守護代家の被官が務めることが多いが、大内家被官が務めることもある。

分国の経済規模

分国の経済規模は春・秋二季徴収らしき段銭の一年間の総収入が不明なので、推測する他ない。ただ、参考までに述べておくと、天文五年（一五三六）に義隆期分国が筑前国に賦課した勅使下向に伴う加増段銭（通常の段銭とは別に特別に賦課される段銭）は三〇〇〇貫である。一貫（一文銭一〇〇〇枚）を時価一〇万円で計算すると、これは三億円程度となる。だから、周防・長門・石見・豊前・筑前・安芸・肥前国の七国で単純計算すれば、一回で二一億円程度の臨時増税が可能な規模ということになる。また、義隆期分国は当時、中国大陸に存在した明帝国に対し、通称天文七年度の遣明船を三艘、通称天文一六年度の遣明船を三ないしは四艘派遣していて、遣明船派遣による抽分銭収入（事実上の主催者収入）は、一艘につき三〇〇〇～四〇〇〇貫文とされるので［橋本：二〇一一他］、前者では九～一二億円程度、後者では一二～一六億円程度の収入を得ていたということになる。また、義隆期分国の場合、好調な石見銀山より毎年五〇〇枚の銀が上納されたという。その情報・価値の判断は難しいが、仮に一枚五～一〇貫文（五〇～一〇〇万円程度）で計算すれば二億五〇〇〇万～五億円程度の収入となる。

　義隆期分国の、わかりやすい、ほぼ毎年の恒常支出としては、後奈良天皇への「今年の御礼」という献金がある。これは毎回、四〇〇〇疋（四〇貫文）前後、すなわち四〇〇万円前後の支出である。臨時支出は自身と被官の官位昇進に伴う天皇への献金が多いが、多額のものとしては、天文五年の後奈良天皇即位式費用の二〇〇〇貫文つまり、二億円程度の支出がある。

　連年おこなっている合戦にかかる諸経費は相当なものだろう。兵一人に一日で米一合しか食べさせなかったとすると、兵一万人の場合、一日で一万合、つまり、一〇石の兵粮を消費することになるので、兵一万を一月養うには三〇〇石、半年養うには一八〇〇石の兵粮が必要という計算となる。一八

○○石の米は約二七万キロなので、現代の感覚によって米一キロ三〇〇円で計算すると、これは八一〇〇万円程度となる。兵一万が一年在陣すれば一億六二〇〇万円（一六二〇貫程度）相当の兵粮米が必要ということになる。となると、二億円程度の利益があがらなければ、その戦争は短期的には赤字ということになる。但し、戦国時代の兵粮は、大部分が略奪と、戦場周辺地域からの献上でまかなわれていたであろうが。

分国の法

分国における裁判はこの時代にしては整備されている。法廷となるのは、山口の大内家館殿中だとは思うが、奉行衆の邸宅で開かれることもあったかもしれず、詳しくは不明である。やりかたは三問三答といって訴人（原告）と論人（被告）が文書によって三度問答をおこない、決着がつかなければ法廷で直接対決するという鎌倉・室町幕府風のスタイルを基本としている。対決の際、召喚命令を無視して出廷しなかった場合は、ほぼ無条件で敗訴となる。判決に過誤があるとして訴訟を提起する越訴も存在し、当主に直接訴える庭中直訴も存在する。裁判をおこなう際は、関係する奉行衆に礼銭という手数料でもあり賄賂でもある銭を贈る習慣があり、同時に、山口は当時としては物価が高かったらしく、裁判が長引くと在山口の滞在費がかさみ、かなりの出費を強いられたようである。

分国の法については『中世法制史料集』の「大内氏掟書」が著名である。本書ではこれを多用するが、これは、実際に発給された単行の法令（殿中の壁に張り出されたものが多いため大内家壁書とも呼ばれる）・裁許状（判決を記した文書）・職務規定を戦国後期から江戸期にかけての後世の者がまとめたものである。だから、これは「今川仮名目録」や「甲州法度」と異なり、戦国期に編纂された法典ではない。では、分国における法典的役割を果たしたのはといえば、それは鎌倉幕府法である「御成敗式目」ということになろう。

以上のような分国の政治や法の仕組みは、大内家が南北朝・室町期以来、長い時間をかけて徐々に形成したものであり、戦国期に突如完成したものではない。このように説明すると、整然とした官僚機構によって分国が運営されていたかのようであり、確かに、そうしたところもあるが、結局は各役職の任にある人個人の家格や威権によって権限の大小が決まるアバウトな部分も存在する。だから、近世の研究でなされているような、各役職の権限分掌の精査をしても、それほどの益はないだろう。

大内家御家人

また、大内家当主と主従関係にある者、つまりは「被官」は、鎌倉幕府制度にならってか、単に「家人」に尊敬語をつけただけなのか、「（大内家）御家人」と呼ばれる。大内家関係の同時代史料を通覧する限り、彼らが家臣と呼ばれることはほとんどない。本当は、同時代史料では、被官よりも「家人」の方が使用頻度は高いが、古代や中世前期と異なり、中世後期における家人や郎従や郎党や被官の違いに拘泥してもあまり意味もなさそうなので、本書では最近の大方の傾向に従い、被官の語を使用することにする。

なお、本書では、一般書の性質上、一々ことわらないが、福尾猛一郎氏の『大内義隆』（吉川弘文館、一九五九年）と、米原正義氏編『大内義隆のすべて』（新人物往来社、一九八八年）と、山本浩樹氏の『西国の戦国合戦』（吉川弘文館、二〇〇七）をひろく参考にしている点、お断りしておく。

第一章　治世の開始

1　代替わり徳政

義興の死は急ではあったが、義興は死去前から嫡子義隆を引き立て「両屋形」体制とでもいうべき権限移譲期間があったため、義隆の治世開始時にさほどの混乱はなかった。

「興」と「隆」

義隆の「義」字は足利将軍家より拝領した将軍家の名前の上の字だが、下の「隆」字は、父の義興が、大内家菩提寺周防国氷上山興隆寺（山口市）と、自身の「興」字を念頭に付けた名前で、文字通り、息子の代での更なる興隆を願ってということだろう。ここで、「大内義隆略系図」を掲げておく。

琉球国副使

享禄二年（一五二九）一月二六日、『実隆公記』によると、大内家在京雑掌阿川淡路入道真牧（俗名勝康）が周防国の秀益入道の書状を持参し、廷臣（以下、天皇に仕える

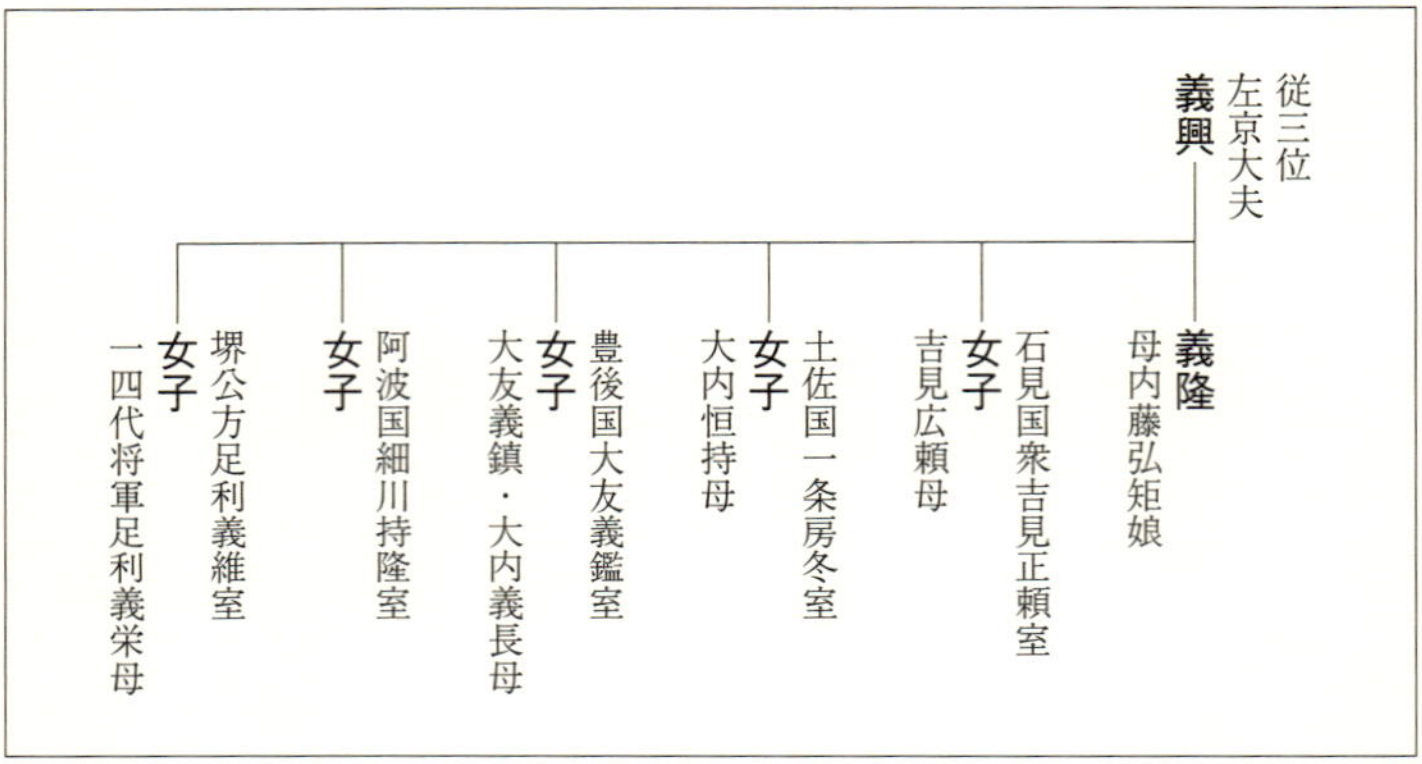

大内義隆略系図

公家を指す）三条西実隆（さんじょうにしさねたか）に対し、僧体らしき琉球（りゅうきゅう）国副使の権大僧都（ごんのだいそうず）昇進の周旋を依頼する。在京雑掌とは、京都で外交活動や交渉窓口を務める被官のことで、恐らく、京都六条界隈に屋敷を持っている（「若宮」）。これは大袈裟にいえば、現在の大使館に相当しよう。

翌年、崔瀚（さいかん）を正使とする琉球国使節が明帝国を訪れる。『明史（みんし）』は、「琉球国使節団は明国を訪れる前に日本国に行き、日本国王足利義晴（あしかがよしはる）よりの新しい勘合符（かんごうふ）と金印（きんいん）を求める書簡を託された」とする。

ここまで、大内家は、先行研究［伊藤：二〇〇三・橋本：二〇〇五・須田：二〇一一他］が明らかにしているように、明・朝鮮・琉球国といった東アジア諸国との交易に熱心であった。琉球国副使への厚遇は、義隆もそうだということのあらわれであろう。

家督継承の挨拶

同年と思われる二月二日付で、義隆は石清水八幡宮（いわしみずはちまんぐう）（京都府八幡市）の田中（たなか）清勝丸（せいしょうまる）（後の教清（きょうせい））よりの家督祝儀に返礼を述べる（『石』

八〇八)。義隆が当主として単独で発給したものとしては古いものとなろう。義隆は二月一〇日付できたるべき出陣に備え、奢侈を禁ずる(「掟」一七六)。

このころ、大内家は、分国全土を対象とした徳政(借金帳消し令・売却所領の返却令のこと)を発する方針を持っていたが、三月二四日付でそれにあたっての細則(「榊」)を布告する。この細則は先行研究[太田:一九八二]に詳しいが、全一〇条からなる細かな規定で、第三条に大内家が所領の買得(購入)を承認した場合は徳政を適用しないこと、第八条に段銭未進によって没収された土地には徳政を適用しないこと、第一〇条に御城米(分国要地に点在する大内家直轄城で備蓄・管理した米のこと)よりの借財には徳政を適用しないといったことがうたわれている。

義隆は三月二八日付で九州探題の渋川氏よりの音信に返事をする(『佐』二八—三三一~二頁)。同氏の音信は義隆の家督継承に対する祝儀であろう。ちなみに、渋川氏は、将軍足利家の一門であることと、すでに有名無実化しているとはいえ、九州支配のための幕府役職である九州探題職を保有するため、文書作成上の礼法である書札礼の上では、大内家からある程度、尊崇されている。例えば、この義隆の文書では、文末定型句の書止文言が「恐々謹言」の格上である「恐惶謹言」で、あて先が「謹上　探題人々御中」と、同格の場合はつけない「謹上」がついている。しかし、このころの大内家が九州での合戦に際して探題渋川氏を大義名分上利用することはほとんどなく、渋川氏は、実情としては、大内家傘下の一国衆と、さほどかわりない。

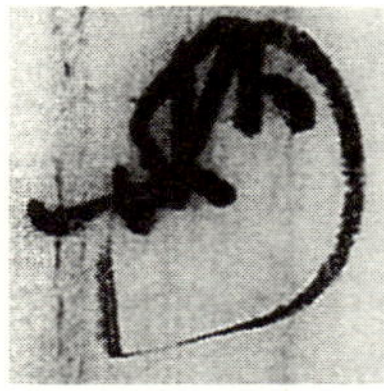

A型 享禄2年（1529）
（『山』3-1049頁）

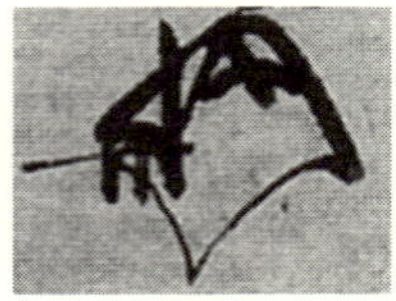

B型 享禄5年（1531）
（『山』3-297頁）

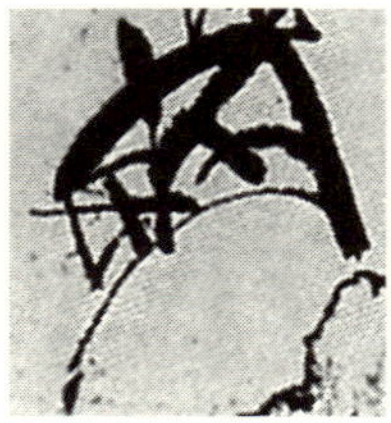

C型 天文3年（1534）
（『山』2-155頁）

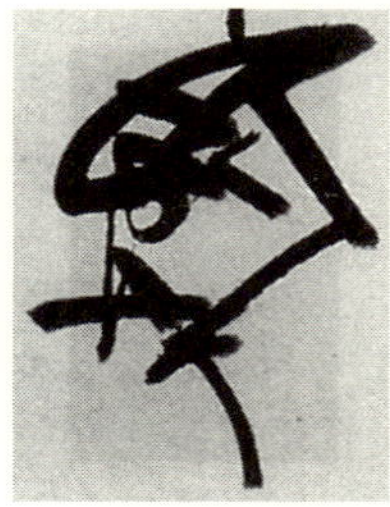

D型 天文11年（1542）
（『山』2-943頁）

義隆の花押型一覧

毛利氏家中の動揺

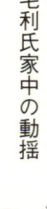

義隆はA型の花押（サインのこと）型からすればこのころらしき四月二二日付で安芸国衆竹原小早川興景に対し、同毛利元就の家中（家臣団のこと）で発生した「錯乱（騒動のこと）」の早期の鎮定を伝え、もし、なおも不慮の事態が発生したらば、相談いただきたいと述べる（『小』一―四五一頁）。ここで、「義隆の花押型一覧」を掲げておく。

大内家からみれば、竹原小早川氏や毛利氏は、先行研究［黒田：一九九七］を参考にいえば、いわゆる「外様国衆」である。以下、これを「大内家の命令を受け付けるが、被官とまではいえない傘下の領主」という意味で用いる。その従属度は、①大内家の命令を受けている。②大内家当主偏諱（義隆の「隆」など、名前の一文字）を受けている。③大内家より所領の充行（授与のこと）・預置（貸与のこと）を受けている。④一族の子弟が大内家当主の側近になっている、といった諸点があてはまればあてはまるほど強くなる。

一方、大内家当主の意向を奉じて発給される分国の公文書の「奉行人奉書」や「被官連署書状」

に加判(かはん)（署名）している者の場合は、それはすでに大内家の家中入りをしている、つまりは大内家の正規の被官になったとみなされる。

竹原小早川氏は、他の安芸・石見国の外様国衆と比べるとかなり早く、室町中期ごろまでには大内家に従属する姿勢をみせていたため、外様国衆といっても、かなり、従属度が高い家である。それと比べると、毛利氏の大内家への従属度は低く、元就自身、先代義興の生前に、出雲(いずも)国の戦国大名尼子(あまご)家（元は出雲国守護職を保有した佐々木京極(ささききょうごく)家の守護代）の傘下に入っていたことがある。これを踏まえれば、前述の毛利氏における「錯乱」というのは、恐らく、大内家の代替わりを契機に発生した、毛利氏家中における親尼子派と親大内派の対立・騒動をさすと思われる。

しかも、毛利氏家中の親尼子派は、元就の先代当主である、毛利幸松丸(もうりこうまつまる)（兄、興元(おきもと)の子）の母親の実家である芸石(げいせき)国境地帯の有力国衆、高橋(たかはし)氏の勢力をも背景にしていたらしく、元就にとっては、やっかいなことであった。しかも、九歳で死去した幸松丸の死因は「合戦の後の首実検(くびじっけん)に参加していて、気分が悪くなって死去した」というものであるので、元就には甥の死について、後ろ暗いところがあったかもしれない。

ただ、このときの「錯乱」は親大内派を看板とする元就が勝利をおさめたらしく、以後、毛利氏は、義隆が死去するまで大内家傘下の外様国衆でありつづけることになる。ちなみに、当時、大内家と尼子家は同盟関係とまではいわないが、休戦状態にある。

四月二三日、大内家分国の執政とでもいうべき最有力被官、周防国守護代陶興房の嫡男陶興昌が死去する。周防国海印寺（山口県周南市）にある興昌の墓には二五歳で死去したとあるが、同時代史料がなく、死の詳細を明らかにすることはできない。興昌の死により、興房の次の陶氏当主は、興昌の弟陶隆房（後の晴賢）ということになった。歴史にもしもは禁物だが、興昌が次の陶氏当主になっていたらば、義隆の命運も変わっていたかもしれない。

高橋氏攻め

五月二日、毛利元就は、大内家の安芸国東西条代官弘中隆兼や備後国衆和智氏の援軍を得て、石見・安芸国衆高橋弘厚の安芸国高田郡松尾城（広島県安芸高田市）を攻撃する（『毛』二五一）。隆兼の弘中氏は清和源氏の末裔を称する、通称、岩国源氏の一族である。同一族は「兼」を通字（名前につくことが多い字。例えば、大内家は「弘」、尾張国織田家や甲斐国武田家だと「信」）とする。「二宮俊実覚書」（『吉』五六一）によると、東西条の軍勢は、大内家権力が動揺した時であっても四〇〇〇の兵を動員できていたらしいので、大内家の勢力が盛んな平常時であれば、攻撃用に三、四〇〇〇の兵は動員できるだろう。一方、このころの元就の動員兵力は、このころに元就が大内家に提出したり、毛利氏被官から提出されたりした軍忠状（戦功報告書）が、敵一名の首を挙げたとか、味方の将兵二名が矢や礫（投石）で負傷したといった調子で記されているので、一〇〇〇程度のものであろう。義隆は五月一九日付で安芸国衆宍戸隆家に対し、情勢不安のため備後国に軍勢を送ったので、元就とよく相談して欲しいと要請する（『山』三―三三二頁）。備後国は大内家と伝統的同盟関係にある但馬国（兵庫県北部）の戦国大名、山名家が守護職を保有していて、先代義興のころより、山名家が大内家に支配を委ねるようになっている国だが、尼子家が虎視眈々と侵略の機会を窺っている国でもある。

半　済　大内家はこのころより筑前国の寺社領を対象とした「半済（はんぜい）」を実施する（『宰』一四―二九七頁）。半済とは、先行研究［三村：二〇〇二］に詳しいが、皇族・公家や中央寺社からなる中央荘園領主（しょうえんりょうしゅ）を保護し、同時に軍勢を養うべく、荘園年貢の半分を軍勢の兵粮料にあて、残り半分は荘園領主に納めさせた、南北朝期の幕府による妥協的政策、「半済」と表面的には同様なものである。ただ、ここでいう半済の発令者は幕府ではなく、大内家である。半済の対象となるのも、荘園というよりは、大内家の直接的庇護をうける、周防国興隆寺や筑前国太宰府天満宮（福岡県太宰府市）や豊前国宇佐（うさ）八幡宮（大分県宇佐市）といった分国内寺社の所領の方がメインである。大内家が大義名分にのっとって大規模合戦をおこなう際は、分国内寺社はそれに協力する義務が発生し、祈禱をおこなうのはもちろんのこと、寺社領年貢の半分を兵粮として供出したり、土地を大内家の客将に貸与したりせねばならない。実は、大内家を大檀家とする分国内寺社領は、大内家当主の准直轄領のようなものである。

半公家半武士　『実隆公記』によると、七月二九日、上洛していた大内家使僧広厳寺（こうげんじ）（山口光厳寺カ）某が、廷臣三条西実隆を訪問する。これは義隆と義隆側近、沼間敦定（ぬまあつさだ）の書状や礼物を贈るためである。敦定の「敦」字は、永正四年（一五〇七）に周防国で没した従一位右大臣転（てん）法輪三条公敦（ぼうりんさんじょうきんあつ）の偏諱の可能性がある。敦定は、縷々後述するように、大内家被官のなかで、最も位（い）階（かい）が高いことからしても、転法輪三条家の家司（けいし）扱いであった可能性が高い。ちなみに、この、奇妙な大内家被官、沼間氏は橘姓である。和泉国南郡沼間荘出身であれば、橘姓楠木氏一党の可能性がある。普段は、義隆の側近にありつつ、山口に疎開してきた公家衆、つまりは、在山口公家衆の世話係をする、武家とも公家ともつかない存在だっただろう。ビジュアル的にも、曖昧な姿形であったかもしれない。

起請文と調略

義隆はA型の花押型からしてこのころらしき八月一〇日付で石見国の外様国衆益田宗兼・尹兼親子に対し、義隆に忠誠を誓うとした起請文（自身が信奉する神仏に誓ってなにごとかの誓約をした文書のこと）の提出に返礼を述べる（『益』二七九）。

以後、義隆は芸石の外様国衆と盛んに起請文のやりとりをするが、大内家は、義隆の次代義長の代で滅びるため、その起請文がまとまって伝来することはなかった。だから、益田氏のような外様国衆が大内家に提出した起請文の内容は残念ながら、直接的には、知ることができない。しかし、それへの義隆の返書が、例えば、中世以後も永く続く家の家文書集である『益田家文書』や『毛利家文書』などに残っていた場合、返書の分析を通じて、最初の起請文の内容をある程度、推測することができる［藤井：二〇一五］。

義隆は八月一三日付で安芸国衆竹原小早川氏被官末長景盛に対し、豊興という者の被官への調略（寝返り工作のこと）の成功を誉め、備後国衆宮平次郎と備後国の「御調輩」との、さらなる協力をうながす（『広』五―二四四頁）。この豊興という者は、天文年間の伯耆国（鳥取県中西部）において尼子家の影響下で活動している山名豊興のことであろう。豊興は出雲国尼子経久に敗れた伯耆国守護職山名澄之の子である。豊興は尼子方勢力として伯耆国で活動をしているが、備後国にも所領をもっていたようで、同国にも影響をおよぼしていたらしい。宮平次郎は備後国の名門国衆、宮氏一族で、御調輩は御調郡の名門国衆、杉原氏一族の、木梨氏や高須氏や山手氏を中心とした国衆連合のことである。彼らは、備後国守護職家筋の但馬国山名家と交信しつつ、大内家の傘下として活動している。

受領の任期　「逍遙公答問」によると、八月二三日、廷臣三条西実隆が、義隆より寄せられた官職や礼法に関する種々の疑問に対し、返答を書く。歴代の大内家当主は、自身に後継者候補ができる前（だから若年時）は周防介という国司系の官職、いわゆる受領官途を名乗る。そのためもあって、義隆は特に、この国司系官職の任期に関心があったらしい。義隆は実隆より「（国司系官職は）四年が任期で、四年過ぎたらば、延任（延長して在官すること）・重任（連続して再度任官すること）などの制度はあるが、「前周防介」のような前官を称するのが望ましい」との指南を得ている。

大内家は九月二四日付で周防国佐波郡郡代阿川孫次郎代に対し、同国衙領徳政（売却所領の返還・借金の帳消し令）の違反の取り締まりを命じる（「宝」）。違反とは、その地を国衙候人（得富・上司・竹屋氏ら。奈良東大寺に由来する国衙役人家筋の地侍集団［三坂：一九三三］）に返還する前に、作毛（収穫物のこと）をすべて刈り取るというもので、基本的には、周防国守護代陶氏被官の非法行為を念頭に置いたものとみてよい。陶氏系の所領は、周防国国衙領を侵略してできているといっても過言ではないため、折り合いをつけるのは難しいものがある。

女子相続

義隆の被官来原盛広《くるはらもりひろ》は一〇月二日付で娘「ふく」の聟来原助宣《くるはらすけのぶ》に対し、自身の死後は自身の給地《きゅうち》（大内家よりの恩賞地のこと）である長門国室津郷四〇石地を「ふく」に譲与し、その名代《みょうだい》を助宣がつとめよとする（『山』二―九三八頁）。但し、離縁した場合は、「ふく」が支配をし、大内家への奉公が連続するよう、新たに名代を立てることとする。戦国大名の被官の家においても、他に男子がいない場合などは、女子への土地譲与がおこなわれることがうかがえる。

古典的な学説［佐藤：一九七四］の影響で、学説の趣旨は別として、南北朝期において、各種の武家領主の家から、庶子分割相続《しょしぶんかつそうぞく》や女子一期相続《じょしいちごそうぞく》（有縁の女性一代限りの相続）の慣行が消え、嫡子単独相《ちゃくしたんどくそう》続《ぞく》に移行するとの印象があるが、室町・戦国期においても、有力大名家の被官となって所領が増加した武家領主の場合は、室町・戦国期においても庶子分割相続や女子相続がおこなわれることがある。

ちなみに、強力な中央権力が消滅した南北朝期以降は、武家領主による全国的に分散した遠隔地所領の経営が不可能になるとの印象もあるが、有力大名家の被官の場合、その大名家の分国の範囲内であれば、分散した遠隔地所領、それも細分化された土地の経営が可能である。南北朝期以降の日本全国の武家領・寺社領が、すべて一円領《いちえんりょう》（単一領主の所領）化するわけではない。

周防国徳政一揆

大内家は、この年らしき一一月一日付で周防国衙目代照海《もくだいしょうかい》に対し、同国佐波郡の国衙領らしき某五箇郷の土民がおこした徳政一揆《とくせいいっき》鎮圧のため、同国守護代陶興房の軍勢を派遣したとしらせる（『風』一〇下―五二〇頁）。同国の国衙は、同国が古くから東大寺の造《ぞう》営料国《えいりょうごく》（再建・修理費用を負担する国のこと）であった関係で国衙周辺に未だ特異な権威を保持していた。ここでいう徳政一揆とは「負債帳消し令である徳政を自分たちにも適用してほしい」という要求を掲げた一揆だろう。分国内、最強といってよい守護代陶興房勢が出動しているが、鎮圧は難しかったらしい。同一揆には民衆のみならず、地侍が多く参加していたためだろう。

杉次郎左衛門家

義隆は一一月五日付で遙か越後国（新潟県）の戦国大名長尾為景に対し、返書と礼物を送る。為景は長尾景虎、後の上杉謙信入道の父親である。為景は先代義興がかつて同盟的関係を結んでいた管領細川家の本家を意味する細川京兆家の細川高国と友好関係にあった。だから、為景が義隆に対し、大軍を率いて上洛し、高国を後援してはどうかという含みもあって義隆が当主になった祝いを述べた可能性もある。ちなみに副状（主君の書状に副えて側近が作成する書状）発給者は、義隆の秘書長的な立場の杉興重（累代、三河守を通称とする家、杉三河守家当主）と、有力被官の杉興相である（『上杉』四二一〜二四）。興相が副状を発給した理由は、興相の父、杉興宣が先代義興に従って在京していた際、為景と付き合いがあったからということらしい。ちなみに、この次郎左衛門を通称とする家、つまりは、杉次郎左衛門家は、推定含みで、弘相―興宣―興相―隆宣―隆相（元相）―長相（元宣）と続く。上の字は大内家偏諱である「弘」、「興」、「隆」、「長」と、毛利氏偏諱の「元」だが、特徴的なのは下の字で、「相」と「宣」字の当主が交互にくるようになっている。この推定が正しければ、最後の長相は、本来は隆相の弟で、隆相同様毛利家家臣となって以後、兄、元相（前名、隆相）の養子になって元宣と改名したというような事情があったのかもしれない。

毛利氏の高橋氏領奪取

一一月二一日、安芸国衆毛利元就が、出雲国尼子経久と敵対する経久の子、塩冶興久の軍勢を引きこもうとしていた石見国邑智郡藤根城（島根県邑南町）の高橋興光（弘厚の子ヵ）を討ち果たし、その所領を奪取する（『毛』二五一）。

ただ、義隆はこの段階では、先行研究〔長谷川：二〇〇〇年〕に詳しい、尼子家における当主経久とその子、塩冶興久の争いについて、いずれに加担するとも決めていない。しかも大内家は尼子家と休戦状態にある。では、何故、元就が、興久と結ぼうとした高橋興光を討ったのかといえば、それは、前述したように、高橋氏を母とする先代当主の故、幸松丸派が家中に残存していて、これと高橋氏の結び付きを元就が警戒していたためであろう。

隠田聞出地

義隆は同日の一二月二二日付で被官山田方明に対し、「隠田聞出地」である長門国豊西郡富成名三町余地を与える（『閥』三―三五一頁）。「隠田聞出地」とは、そのままの意味で、大内家に対して未申告と聞きおよんだ土地という意味である。室町後期の分国においては、所領を持たない被官を意味する「無足」の御家人を救済する措置として、隠地を大内家に報告した者にはその土地が給地として与えられるという、事実上の〝隠地密告奨励制度〟がとられていた。ただ、この制度は「隠地でもないのに隠地と密告する者が続出する」という当然の事態を招き、「大内氏掟書」一四一条にある通り、室町末期の延徳三年（一四九一）に停止が布告されている。しかし、無足被官の事情をかんがみてということなのか、この事例からも分かるとおり、戦国期に入って、この停止措置が解除され、〝隠地密告奨励制度〟はなし崩し的に復活していたようである。

従五位上昇進　義隆は、『公卿補任』などによると、一二月二三日、廷臣転法輪三条実香の取次で従五位上に昇進する。義隆は二三歳である。実香は長く分国に疎開していた転法輪三条公敦の子である。公敦は永正四年（一五〇七）に周防国で死去していたが、『御ゆとのゝうへの日記』によると、息子の実香に対し、義隆の昇進をとりはからうよう伝えていたらしい。義隆は、公敦が死去した七ヶ月後に生まれているので、公敦は死去寸前に、義隆の母である先代義興の妻、内藤弘矩の娘（東向殿）の懐妊を知り、その赤子の昇進は自分が取り計らうとの意志を持ち、それが遺言のようなかたちで京都の実香に伝えられていたらしい。

この年、大内家は、義隆への代替わりに伴い、去年にあたる享禄元年（一五二八）秋までの段銭累積未進分の帳消しなどを発表する（「掟」一七七～八一条）。これは周防国で発生した徳政一揆を受けての措置だろう。鎮圧の兵を出した同国守護代陶興房の進言によるかもしれない。結果として、この措置は義興から義隆への「代替わり徳政（将軍や大名家の代替わりの際に、借金が帳消しになること）」ということになった。

2　肥前国少弐家との戦い

遣明船再興　『実隆公記』によると、享禄三年（一五三〇）一月一八日、義隆は廷臣三条西実隆を介し、周防国松崎天満宮（防府天満宮。山口県防府市）再建の綸旨（天皇の命令書）発給の要請をおこない、後奈良天皇より勅許が下る。わざわざ再建にあたって綸旨を得たのは、再建の箔づけのためだが、義隆の場合、こうしたことがたびたびあるので、要は、オブラートに包んで、事実上の献金を何かにつけてすることで、天皇の覚えをめでたくし、官位の昇進を図ろうということと思われる。実隆は二月九日、義隆に対し、松崎天満宮の他、火災にあった長門国阿弥陀寺（安徳天皇菩提寺。山口県下関市）再建の綸旨を送付する。これらの文書を受け取ったのは、大内家在京雑掌阿川真牧入道で、『後法成寺関白記』によると、真牧は、二月一六日に、近江国（滋賀県）朽木荘に疎開中の一二代将軍足利義晴の岳父（妻の父）でもある前関白近衛尚通より、相模国（神奈川県）の戦国大名、北条氏綱家の春松院や駿河国（静岡県中・東部）の戦国大名、今川氏輝家の菊蔵主とならんで物を賜っている。菊蔵主は後の太原崇孚（雪斎）である。

幕府は三月九日付で義隆に対し、遣明船の再興を許す（『集』三一八四）。この交渉も在京雑掌、真牧入道によるものだろう。

尼子家の内訌

大内家は四月七日付で筑前国太宰府天満宮造営のため、売却した旧社領の享禄三・四年分年貢を造営費にあてよとする（『宰』一四—三〇三頁）。以前、大内家は、室町期において、長門国一宮住吉神社（山口県下関市）再建のため、同社の売却社領の無償返却を命じたことがあった［前々著］。これと比べると、この事例は、売却社領の返還ではなく、売却社領の年貢を天満宮再建の造営費にあてよという判断なので、現実的で、社領を購入していた者からすれば、ありがたい判断であったろう。

義隆は後奈良天皇より再建の綸旨を得ていた周防国松崎天満宮に対し、四月一三日付で寄進をし、周防国守護代陶興房が四月二五日付で同宮造営期間中の法度を定める（『風』一〇下―四九〇頁）。そして、義隆は四月二六日付で、やはり再建の綸旨を得ていた長門国阿弥陀寺の臨時課役（臨時の夫役）を免除する（『山』四―一四八頁）。

周防国守護代陶興房は五月二八日付で安芸国衆毛利元就の一門被官（以下、親類筋の被官を指すことにする）、志道広良に対し、長い書状を送り、出雲国尼子経久と塩冶興久親子の対立について意見を求め、自身は近日中に石見国へ出陣する予定と述べる（『閥』一―四七一頁）。

紙本着色尼子経久像
（山口県立山口博物館蔵）

義隆としても、興房としても、この親子対立については、いずれに味方するか決めかねていたようで、興房は広良に対し、「大内家に対し、伊予守（経久）からも塩冶（興久）からも協力を求める働きかけがあった。今のところ興久に勢いがあるが、結局は「武略」に優れた経久が勝つように思う。大内家は表面的には両方に対してよい顔をし、裏で負けそうな方を援助するようなことをしている。とはいえ、両方ともに滅びるのが最上である。どうすればよいだろうか」といったようなことを述べている。

文面によると、興房と広良は、古い顔なじみだったようである。当時、興房は五六歳で、広良は六四歳である。興房はこの書状で尼子経久を「武略」に優れた将と持ち上げているが、興房自身は、先代義興末期の「(備後国)細沢山の戦い(一五二七年)」で経久勢を圧倒した戦歴をもつ〔前著〕。当時としては老将仲間といって差し支えない、広良としても、興房の控えめな自慢に気付いたことだろう。

ちなみに、この書状によると、義隆も毛利氏の重鎮、志道広良に気をつかっていたようで、義隆は広良がよい鷹を探していると知って「折り悪く、大鷹が手元にいないが、とりあえずこれを」といってこのとき、鷹を贈ったらしい。結局、興房の石見出陣は取りやめになったようだが、尼子経久・塩冶興久の争いについてとった大内家の策は、『三国志演義』で有名な「二虎競食之計(二匹の虎に共食いさせ、共倒れを狙う策のこと)」さながらである。

田手畷の戦い

大内家は七月三日付で長門国住吉神社に対し、檜皮大工より宝殿上葺の費用が三五六貫一五〇文(三五六〇万円程度)と報告があったことを報せ、葺き替えを命じる(『山』四―三九三頁)。義隆は七月一五日付で安芸国衆毛利元就に対し、討滅した高橋氏旧領石見国邑智郡出羽上下郷を与える(『毛』二五六)。

大内家はこれ以前より、肥前国で半済をおこなっていた。だから、同国の各寺社領の年貢は、半分は元からの領主である寺社のものに、残り半分は大内家方部将の兵粮にあてられていた。ただ、同国東門寺(佐賀県神埼市)は、この半済によって荒廃してしまったため、大内家は七月二一日付で、特例として、同寺の借財を帳消しとし、同寺が売却してしまった土地を返還させる徳政をおこなう（『佐』五―三一〜二頁）。

『歴代鎮西志』や『北肥戦誌』などの江戸期に編纂された軍記物によると、八月一五日、「田手畷の戦い」という戦いで、大内家の杉興運が水ケ江龍造寺家兼や鍋島清久・清房に率いられた、肥前国の戦国大名、少弐資元の軍勢に同国神埼郡田手で敗れ、筑前国大宰府に撤退したとされる（『宰』一四―三〇六頁）。

この合戦が、この直後の、義隆による北九州への大規模派兵の呼び水になったことは確かだが、戦いの規模は不明である。筑前国粕屋郡高鳥居城（福岡県須恵町）の筑前国守護代杉興長（杉豊後守家当主）ではなく、その子の興運が代理の将をつとめたのであれば、それほどの規模の合戦ではなかったかもしれない。

江戸期にできた軍記物における、戦国期の少弐家や龍造寺氏の過度な活躍の描写には注意が必要である。肥前国支配の正統性は少弐家にあり、これを支えたのが龍造寺氏で、これを支えたのは鍋島氏だから、江戸期における肥前国支配の正統性は、鍋島家にある、という論法が見え隠れするからである。

とはいえ、何らかの敗戦を蒙ったらしい、筑前国守護代杉興長は、この翌日にあたる八月一六日付で同国太宰府天満宮満盛院の同国侍嶋などの寺領を安堵する（『宰』一四―三一九頁）。これは敗戦の動揺を鎮めるためのものであるかもしれない。

そして、この戦いに関することなのだろうが、大内家の客将であった肥前国衆の西千葉胤勝が、このころ、分国（恐らく、筑前国）から肥前国へ帰国か逃亡した。それをうけて満盛院は、大内家が胤勝への預置地（一時的に貸与した土地のこと）にしていた、元は同社領の同国戸栗他の返還を訴える。しかし、大内家は同地を、名字からして豊後国（大分県中南部）の戦国大名大友家から亡命してきていたらしき客将、小原伊予守への預置地にするとして、九月一四日付でこの要請を退けている（同）。

享禄３年（1530）松崎天神宮再建結縁衆

結縁衆	立　　場
勘解由小路在康	在山口廷臣（陰陽師）
陶　興房	周防国守護代（一門被官）
問田隆盛	石見国守護代（一門被官）
野田興方	一門被官
陶　持長	一門被官
杉　重信（後名重矩）	豊前国守護代
内藤興盛	長門国守護代
杉　興重	評定衆？
杉　興相	評定衆？
沼間淳定	転法輪三条家家司扱いヵ
沼間興国	奉行衆
岡部興景	奉行衆
吉見頼郷	奉行衆
吉見興成	奉行衆
貫　武助	奉行衆

周防国松崎天満宮の再建

一〇月三日、大内家による周防国松崎天満宮の上棟（むねあげ儀式のこと）が終わり、一〇月一四日に遷宮（作事中の神座の移動のこと。この場合は、戻ることを意味する還御のこと）が実施される。義隆は一〇月一四日付の棟札（工事の趣旨を書き記した札のこと）で、同宮に対し、建立をことほぎ、神馬献上を告げる。これには陰陽師を家業にする在山口廷臣の勘解由小路在康や周防国守護代陶興房以下が「結縁衆（工事に賛同する者）」として名を連ねる。

結縁衆については「享禄三年松崎天満宮再建時の結縁衆」としてまとめた。本書の副題のもとである、「寔に類葉武徳の家を称し、重ねて大名の器に載る（大内は武徳の家で、累代、大名である）」はこの棟札にみえるものである。全体としては、「今ここに建立が終わった。ついては、武名を朝廷と幕府にまで轟かせたい」といった趣旨のものである（『閥』四寺社―三六四頁）。

側近相良武任

「壬生家四巻之日記」によれば、一〇月九日、周防介を辞めていた義隆は左京大夫に任官する。義隆側近の相良武任はこのころと思われる一〇月一三日付で周防国佐波郡郡代阿川大膳進に対し、今年分の周防国国衙領と同国阿弥陀寺（山口県防府市）領の作毛については国衙とともに刈り置くように命じたにもかかわらず、秋友因幡守と肥留雅楽允がこれを妨害したとし、たとえ、合戦になってもよいから、両名に対し、国衙と阿弥陀寺による刈り取りへの参加を妨害するなと命じよとする（『山』二―三六九頁）。秋友と肥留は同国守護代陶興房の被官だろう。大内家としては、松崎天満宮の再建を国衙候人に担当させたため、恩賞的に、国衙領系所領の作毛の刈り取りに国衙や阿弥陀寺も関与させることで、守護代陶氏関係者による同領作毛の押領を防ごうとしたということになろう。陶氏被官の勢力拡大が顕著にうかがえる。

この通達をおこなった武任は、先々代政弘の文書業務を支えていた、『正任記』の筆者、相良正任の子か孫である。武任は正任同様、達筆で知られ、正任と同じような文書作成関連の役目を担っていたらしい。最近、研究［中島：二〇一六年］がすすみ、相良正任は、四代持世期被官の森下浄蔭入道（俗名、重家）の子の正家の子であることが明らかになっている。また、先行研究［同］が指摘するように、大内家被官相良氏が肥後国（熊本県）の名門国衆、相良氏と遠い同族である可能性もある。
ただ、三代盛見期の大内家被官に「佐賀良七郎右衛門尉」、四代持世期に豊前国宇佐郡「郡使」をつとめた「佐賀良図書亮」、五代教弘期に豊前国宇佐郡郡代をつとめたらしき「佐賀良弾正忠」といった、豊前国との関係が深い、佐賀良氏という一族もいる（『萩杉』二七・『大分』一―二四三頁・『大分』七―一三七～八頁）。だから、例えば、森下浄蔭入道の子の正家がこの佐賀良氏の名跡を継承して佐賀良正家を名乗り、その子の正任が、五代教弘の命を受けたかして、漢字を相良に改め、肥後国国衆相良氏に接近し、取次役（交渉担当役のこと）をつとめるようになった可能性もある。

「武」偏諱

義隆側近、相良武任の「武」は、大内家の、いわば〝みなし偏諱〟で、時期的にみて、先代義興が与えたものである。大内家が被官や傘下の外様国衆に与えた偏諱は、四代持世・五代教弘・六代政弘の場合、四代将軍義持と六代将軍義教と八代将軍義政の下の字（「持」、「教」、「政」）を偏諱として拝領し、それに大内家の通字の「弘」などを組み合わせることでできていた。

西国では人から拝領した字をまた人に与えることはしないため、四～六代の時期の大内家当主が同被官や外様国衆に与えることができる文字は、大内家通字の「弘」のみだったということになる。ちなみに、持世の場合、「世」は初代弘世の「世」で、人に与えられないため、自分の名前には含まれない「弘」字を与えるしかなかったということになる。

それが、六代政弘期のときに「弘」のみならず、「武」字も与えるようになった。防長地域で「武」といえば、初代弘世が南北朝期に滅ぼした長門国の古族、物部姓厚東家の通字だが、恐らく、それは関係ない。何故なら、「応仁・文明の乱」のころの大内家の執政的最有力被官にして周防国守護代陶氏の当主であった陶弘護（すえひろもり）（興房の父）の嫡男が「武」偏諱を拝領した陶武護（すえたけもり）だからである（武護が庶長子なら話は別になる）。「武」偏諱が厚東家由来なのであれば、従来からの大内家通字でもある「弘」偏諱より等級が劣るものになろうが、陶氏嫡子が「武」偏諱を与えられている以上、等級差はないとすべきだろう。「応仁・文明の乱」時の系譜不明の大内家一門、大内武治（おおうちたけはる）［和田：二〇〇三］の「武」も〝みなし偏諱〟としての「武」偏諱の拝領だろう。

名前のネタ切れ現象

では、「武」字はなんに由来するかといえば、厚東家由来ではないとすれば、「武」字がつく大内家当主がいないため、それは単純に武家とか武士の「武」ということだろう。では、何故そのようなものが創出されたのかといえば、大内家被官が、毎代「弘」字を拝領してそれを上の字にし、被官諸家の一つか二つ程度のバリエーションしかない通字を下の字にすると、冗談めかしていえば、〝名前のネタ切れ〟になって不便だからということもあるかもしれない。

例えば、安芸国衆の家は通字が「景」である家が多いが、そのような家には「弘景」という名前の者が必ずいる。毛利氏は鎌倉幕府創業の功臣、大江広元（おおえのひろもと）の子孫であるため通字が「広」と「元」だが、よみの問題から弘広とは名乗れないため、一度「弘元（ひろもと）」が登場すると、子孫は名前に苦慮することになる（元就の父が弘元である）。この室町後期ごろから存在しただろう大内家被官や外様国衆の〝名前のネタ切れ現象〟は、「武」偏諱の創出と、戦国期の大内家当主が、足利将軍家の名前の上の「義」

字を偏諱として拝領するようになったため解決した。二代当主が義弘である以上、「義弘」という当主はもう登場しないのだから、被官に与えられる字が「弘」、「武」のみならず、下の「興」字であったり、「隆」字であったり、「長」字であったりするので、被官の側は毎代違う拝領偏諱と自家の通字を組み合わせれば、先祖の名前と重複する可能性が低くなるということになる。

一般に、戦国大名家の当主が、室町期と異なり、足利将軍家の名前の上の文字である「義」偏諱を求めることが多くなるのは、より権威を求めて、という文脈で説明されることが多いし、それは正しいと思うが、長い歴史をもつ大名家の被官の家では、これが、〝名前のネタ切れ現象〟の解決につながったかもしれない。

ちなみに、分国における他の〝みなし偏諱〟としては、「正」字がある。正義とか正道からとった文字であろう。一字書き出し状（偏諱を与えるとした文書のこと）の実例としては「萩藩（長州藩）譜録」の「岡利直」にみえる義隆期（天文一九年）の山形正厚の事例がある。前述した森下浄蔭入道（俗名、重家）の子の正家や、正家の子の相良正任の「正」も、その、〝みなし偏諱〟の可能性が高いだろう。もしそうであるならば、正任のよみは「ただとお」であることは間違いないので、「正」は「まさ」ではなく、「ただ」とよむことになる。八代将軍義政の「政」偏諱を拝領した六代政弘の「政」との音通を避ける可能性も高そうなので、やはり、「正」は「ただ」とよむのが妥当だろう。そのような目で義隆期の大内家関係者をみわたすと、確かに「正」字を上に付けた名前の者が多い。

義隆は一二月一一日付で安芸国衆毛利元就に対し、石見国衆高橋氏の旧領同国邑智郡阿須那荘などの支配を正式に認める（『毛』二五七）。よく、これが元就の勢力拡大の契機とされるが、元就がこの地をすぐに安定経営できるはずもなく、それは結果論に過ぎないだろう。

3　細川高国の戦死

石見国矢滝城の戦い

享禄四年（一五三一）二月二七日付で豊前国守護代杉重信（後の重矩。杉氏最有力家、杉伯耆守家当主）が大内家に対し、来年の周防国興隆寺二月会の脇頭役（儀式の補佐役のこと）料二〇貫文（二〇〇万円程度）を同国田河郡に申し触れ、三頭役（同料一〇貫文（一〇〇万円程度）を同国築城郡に申し付けるとする（『山』三―二四七・二八八頁）。大頭役（儀式の主催者役）は重信本人がつとめることになっていたのだろう。同寺二月会は分国最大の宗教儀式である。同役をつとめると、名誉なことには違いないようであるが、かなりの経済的負担を強いられたようで、つ

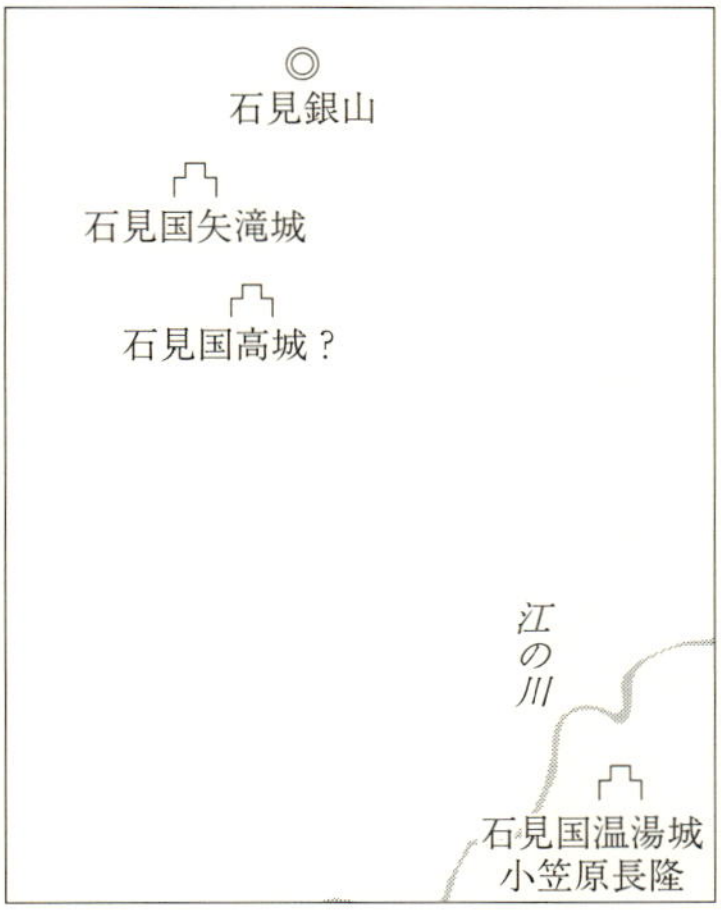

石見国矢滝城の戦い略図
温湯城と矢滝城の直線距離は約15 km。
地形は現在のもの。

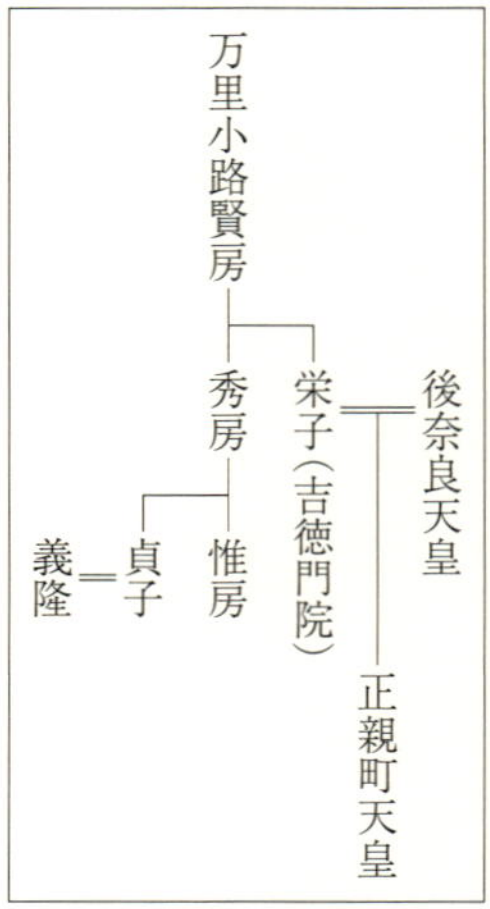

義隆と後奈良天皇の姻戚関係略図

とめあげた際は、徳政（売却所領の返還・借財の破棄など）の措置がとられたらしい。豊前国守護代杉氏の歴代の拠点は、同国京都郡松山城（福岡県苅田町）とされるが、関連史料が乏しく、詳細は不明である。

『銀山旧記』によると、この二月の下旬、石見国国衆で邑智郡温湯城（島根県川本町）城主小笠原長隆が、配下の志谷修理太夫と平田加賀守に命じ、大内家の同国迩摩郡矢滝城（島根県大田市）を攻略したという。これにより、長隆は、大内家領石見銀山を奪取し、三年の間、おびただしい銀を手に入れたらしい。この話が事実としても、長隆が大内家に単独で戦さを挑むとは考えにくいので、これは、裏で、出雲国尼子家と気脈を通じての軍事活動とみてよいであろう。

なお、享禄四年四月七日付の小笠原長隆・小笠原長徳親子の連署感状（戦功の賞状）によると、このとき小笠原勢が落とした城は「太田高城」で、討ち取った部将は「長田若狭守」とある（『島』四八八頁）。太田高城は安濃郡太田の城の可能性もあるが、同地は長隆の本拠の温湯城から少々遠いので、矢滝城と同じ城を指すか、例えば、その近隣にあたる迩摩郡大家荘祖式の大江高山にあった城のことではなかろうか。

義隆の正室と側室

義隆は早くに廷臣万里小路秀房の娘、万里小路貞子を正室にしていた。貞子は、後奈良天皇の亡妻、万里小路栄子（正親町天皇の母。吉徳門院）の姪にあたる。だから、義隆は、広い意味でいえば、天皇と縁つづきになる。また、義隆は、時期不明ながら、『尊卑分脈』によれば、廷臣、広橋兼秀の娘（法名、理広）――彼女は本来、義隆の猶子（養子に準ずる関係のこと）だったらしい――と関係をもち、これを側室にしている。彼女は広徳院御新造と呼ばれる。ちなみに、武家の妻女の意味で知られる御新造は、本来は、新しい屋敷という意味である。また、義隆は、当初は、正室、万里小路貞子の侍女であった廷臣小槻伊治の娘（通称「おさい」）とも関係をもち、彼女は兼秀の養女、広橋兼子として、義隆の側室になっている。

　つまり、義隆は広橋兼秀という廷臣と二重の縁（兼秀の実の娘と養女を側室にしている）で結ばれていることになる。兼秀は、藤原姓の名門、日野家支流、広橋家の当主である。『公卿補任』によれば、大永六年（一五二六）九月より朝廷と武家のパイプ役、武家伝奏の任にある。兼秀が義隆との関係を重視したのは、京都を不在にすることが多い、凋落した足利将軍家に変わりうる武家を物色していたからに他ならないだろう。義隆からすれば、兼秀は岳父ということになる。ただ、年齢的にいえば、兼秀は義隆の一歳年長に過ぎない。武家伝奏兼秀との結びつきは、今後の義隆に大きな影響をおよぼす。

播磨国との接触

「後法成寺関白記」によると、四月二八日、義隆は後奈良天皇より要請のあった京都泉涌寺修理費用の勧進（寺社修理のために金品の寄付をつのること）を分国内

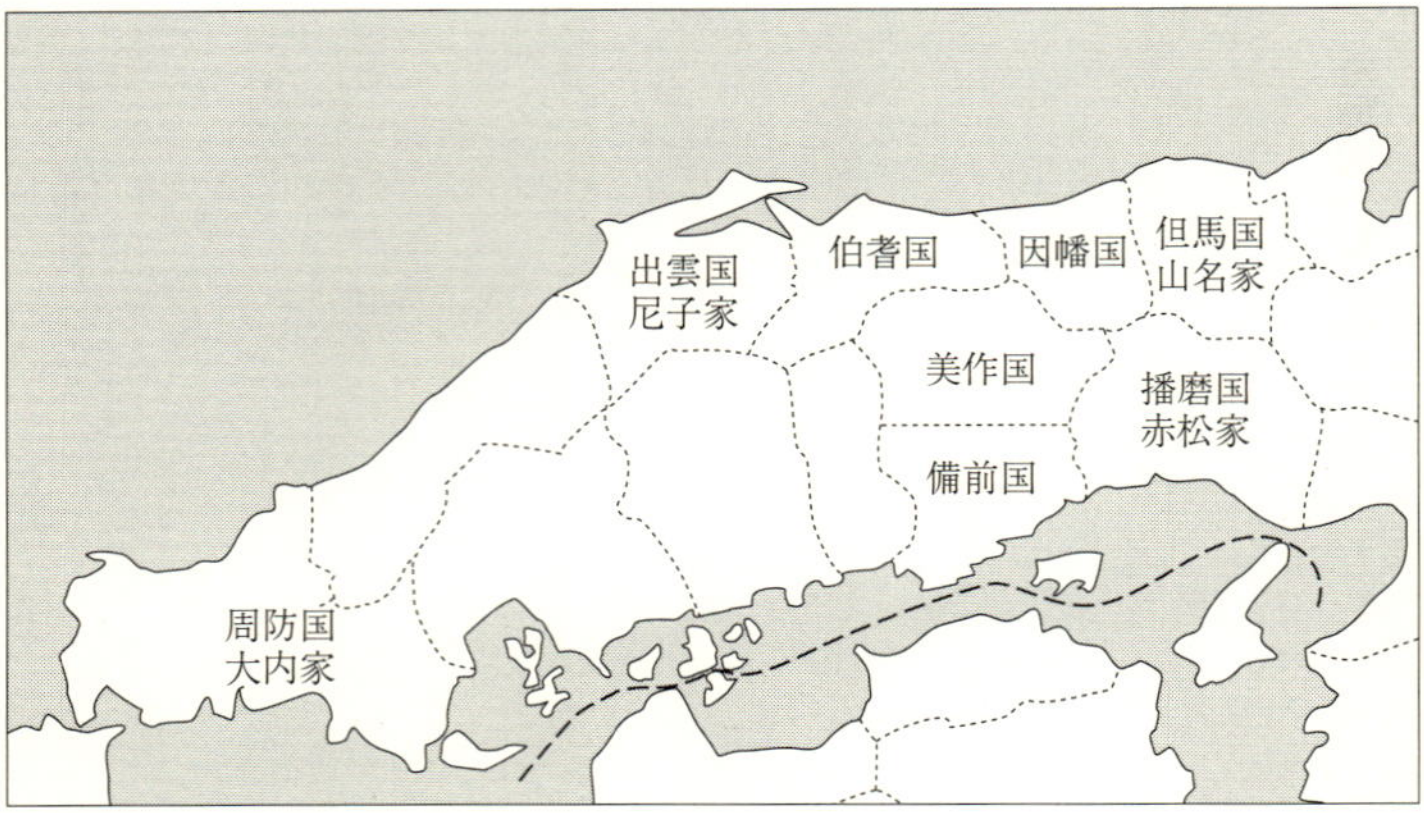

中国地方の情勢略図

でおこなうことを承知しているが、この件は、岳父にして廷臣である広橋兼秀を介して話がすすんでいる。

大内家は五月一五日付で、かねてより陳情をうけていた周防国国衙領を対象とした徳政を発令する（『法制』四一二〇六頁）。陳情は、同国衙が、一〇代将軍義稙が大内家分国に亡命し、これを先代義興が擁して上洛し、約一〇年の在京をし、その後、義興が安芸国へ出兵した際の課役（人夫供出役）を捻出するため、寺領をことごとく売り払い、断絶の危機にあるため徳政をおこなってほしいというものだった。

閏五月一五日、杉氏有力一門家、杉備中守家（杉木工助家とも）当主の杉興頼が播磨国（兵庫県西南部）へ赴く（「萩杉」七〇）。用向きは同国の戦国大名、赤松家への代替わりの挨拶と、出雲国尼子家対策について談合するためであろう。当時の赤松家当主は政祐（後の政村、晴政）だが、義隆としては、大内家と、大内家の同盟相手の但馬国山名家と、播磨国赤松家の三家の同盟によって尼子家を包囲する可能性を探っていたのであろう。山名家は伯耆国への尼子家の侵食を脅威に感じていたであろうし、これまでの経緯からして大内家との関係強化に否やはないはずである。ただ、赤松家は、分国美作国（岡山県北東部）について尼子家の脅威を感じていたことは確かであろうが、山名家と同盟を結ぶとなると、山名家には「嘉吉の変」の後、本国、播磨国を奪われて以来の宿怨があるため、それは難しかっただろう。大内家と山名家、大内家と赤松家の友好関係は以後、同時並行的に継続するが、三家の同盟は成立しなかったとみてよい。

下作職

大内家は閏五月二四日付で周防国興隆寺別当（長官のこと）寛海と地侍らしき野村秀虎の相論に裁許を下す（『山』三―二四七～八頁・二九〇頁）。この相論は、先行研究［太田：一九八二］に詳しいが、興隆寺領長門国吉部村下作職を保有する秀虎が、同地の上級領主にあたる寛海が去年享禄三年（一五三〇）に二月会大頭役をつとめたので、寛海に徳政が適用されるのはもちろんだが、寛海が支配する同地にも徳政が適用されるはずだから、同地の住人である野村氏が先祖代々、諸方へ売却してきた土地を返却してほしいと訴訟したものである。大内家は、大内家が安堵した買得地については徳政は適用しないとの法度を定めているので、当該の土地については、徳政を適用できないとし、秀虎の訴訟を退けている。

分国の各所領においては、年貢を受け取るのみの上級領主と、そのもとで実際の現地経営・耕作をおこなう職である名主職や下作職を保有する下級領主が存在する。また、この事例でもそうだが、大内家分国においては、大名権力が下作職がらみの問題に関与しないということはない。被官や傘下の寺社が下作職を保有していて、それを巡って裁判が発生すれば、どのように規模の小さな職であっても当然、審議し、裁許を下す。

ちなみに、この裁許状の最高位には、石見国守護代問田隆盛の名前があるが、花押を書くべき箇所に「出陣」と書かれている。経緯からして、石見国国衆、小笠原長隆・長徳父子に石見国迩摩郡矢滝城・同郡高城を落されたことに報復するため、石見国へ出陣していたことを指すと思われる。

恐らく、隆盛は、ほどなく高城を奪還し、以後、これを問田氏の石見国における本拠城にしたと推測される。問田氏は、実力では周防国守護代陶氏におよばないものの、多々良姓一門被官中で最高の家格を有する、独特な名族である。

細川高国の戦死

この時期、大内家は出雲国尼子家と直接的な交戦はしていないが、良好な関係にあったとはいい難い。しかし、安芸国外様国衆、毛利元就は、七月一〇日付で尼子経久の嫡孫、尼子詮久（後の晴久）と兄弟契約を結ぶ（『毛』二一〇）。元就としても、尼子家傘下への未練があったに違いない。大内家がこの情報をつかんでいたか否か定かではないが、知っていれば脅威に感じただろう。

一方、京都では政治情勢の激変があり、管領家の細川道永入道（俗名、高国）が、同じく管領家の細川晴元や、その被官筋の三好元長や、播磨国赤松政祐との摂津国天王寺の戦いに敗れ、自害する。入道は四八歳だった。近江国坂本にいた将軍義晴は、道永入道の戦死という情勢激変を受け、慌てて船で琵琶湖を渡り、同国長光寺（滋賀県近江八幡市）に避難する。

義晴は七月二四日付で、周防国守護代陶道麒入道（俗名、興房）と、杉次郎左衛門家当主の杉隆宣に対し、義隆に道永入道の戦死をしらせる御内書（将軍の書状）を送ったこと、側近細川晴広を大内家分国に下向させたことをしらせる。義晴は豊後国の大友義鑑に対しては、道永入道の戦死とともに、自身の近江国避難をしらせ、義隆と相談し、忠節に励むようにと要請する（『六』三一一・三一二）。義晴は以後、近江国南半国で勢力を振るう佐々木六角定頼の比護下に入って再起をうかがうことになる。

細川晴広

このとき、大内家分国に下向したらしき幕府上使細川晴広（官途は刑部少輔）は、先行研究［山田：二〇〇九］によって、織豊期の著名人、細川藤孝（幽斎入道）の養父と指摘された人物である。この晴広の家は、近江国の佐々木大原政誠が八代将軍義政の寵愛を受けて細川氏の名跡を与えられて成立した家だという［設楽：二〇〇二］。晴広については、『兼右卿記』の天文二年（一五三三）七月二九日条に「細川刑部少輔大内申次也」とあるように、大内家申次役（幕府と大内家の交渉担当役）であった。晴広が大内家分国下向上使に選ばれたのは、その申次役ゆえだろう。前後逆の可能性もある。

この晴広の父は、幕府内談衆（将軍義晴の側近集団）をつとめた細川高久（官途は伊豆守）という。先行研究［山田：二〇〇九］によって細川藤孝の養祖父と指摘されている人物である。高久については『大館常興日記』天文九年一〇月八日条に、高久が、周防国に在住している「老母」が九月に死去したため、幕府に数日の休暇を申請したとある。この周防国で死去した高久の母が大内家有縁の女性という確証はないが、息子晴広の履歴を考えると、その可能性は高いとみてよいだろう。その場合、晴

西千葉胤勝攻め略図

晴気城と岩屋城の直線距離は約40 km。地形は現在のもの。

広は大内家有縁の女性の孫ということになる。

西千葉胤勝攻め

大内家は八月六日付で周防国国衙候人に対し、同国衙領・同国阿弥陀寺への長門国阿武郡渡川城（山口市）築城夫役を免除する（『山』二―三七五頁）。つまり、このころ、渡川城の修築をしていたことになる。天災で損壊していたための修築かもしれないが、渡川城は、長門国といっても、周防国山口の北東に位置するため、出雲国尼子勢が、万一、石見国を突破した際に備えての工事だろう。

このころ、恐らく、筑前国の大内勢が、大内家で捕らえていたらしき少弐家被官小田四郎左衛門尉（小田資光の縁類カ）の身柄奪還を狙った同国衆西千葉胤勝の軍勢や肥前国少弐勢と交戦し、これを撃退している（『籠』二七）。前述したように、大内家は、かつて、胤勝を客分として遇し、預置地を与えていたので、これは胤勝の裏切り行為と映っただろう。大内家は筑前国博多津代官にして筑前国御笠郡岩屋城（福岡県太宰府市）城督の飯田興秀［佐伯：一九八五］に、胤勝らへの報復攻撃を命じる。そのため、興秀は山口を出陣し、八月二〇日ごろ、先行研究［菊池：二〇一三］に詳しい、肥前国衆平戸松浦興信の被官、籠手田定経と連絡をとりつつ、長門国埴生に到着する。興秀率いる大内勢は、ほどなく岩屋城に入城し、平戸松浦氏をはじめとした親大内家勢力と連携しながら同国小城郡晴気城（佐賀県小城市）の西千葉胤勝を攻めたものと思われる。

　このころらしき一〇月一四日、筑前国怡土郡高祖城（福岡県糸島市）城督烏田通勝配下の王丸兵庫允らの大内勢が、同城に攻め寄せてきた同国衆水崎治部允を撃退する（『土』五―三〇頁）。治部允は豊後国大友家の筑前国における拠点、志摩郡の国衆である。このころ、肥前国少弐家では、被官水ケ江龍造寺家門と筑紫正門の扱いで、筑前国太宰府天満宮満盛院に対し、大内家方だったらしき筑紫尚門が違乱をする同国御笠郡隈村を返還している（『宰』一四―三二四頁）。龍造寺氏有力分家水ケ江龍造寺氏の台頭がうかがえる。

『御ゆとの丶うへの日記』によると、一一月二九日、後奈良天皇の意向と義隆の同意によりおこなわれた京都泉涌寺再建のための勧進の結果としての奉加銭（勧進に応じて寄進された銭）、計四万疋（四〇〇貫、四〇〇〇万円程度）が京都に届く。

4　豊後国大友義鑑の策謀

平賀氏の内訌

義隆は享禄五年（一五三二）の山口興隆寺二月会挙行後であろう二月一三日付で、来年の周防国興隆寺二月会大頭役を周防国守護代陶道麒入道、脇頭役を長門国阿武郡、三頭役を同国大津郡にすると定める（『山』三─二九七頁）。義隆は、このころ、花押をA型からB型に変える。

四月二九日、安芸国東西条代官弘中隆兼や竹原小早川興景らの大内勢が「狼藉（無礼・非法な振る舞い）」をおこなった同国衆平賀氏被官、桧山十郎左衛門尉の要害を攻め、これを討ち取る（『広』四─二八四頁・「土」五─七頁）。これは、親大内派で平賀氏当主の平賀弘保と、親尼子派の平賀興貞の親子対立に絡むもので、十郎左衛門尉は親尼子・興貞派と考えるのが自然だろう。

周防国国衙候人は、同じく四月二九日付で義隆側近の相良武任に対し、多々良姓一門被官、陶持長（陶氏有力一門家、陶安房守家当主）による国衙領徳政違犯の解決を依頼する（『風』一〇下─五〇〇頁）。同候人のいい分は、先代義興在京中の課役負担の際に、山口で留守をしていた陶弘詮（持長の父。先代陶安房守家当主）より何度か借米をしたものの返済できなかったため、国衙領系所領を陶安房守家に質流れ的に譲与していたが、先年、国衙に対して徳政が発令された。しかし、同家から当該の所領の返還がなかったので、これは事実上の押領であるから、同地からの年貢米をおさめてほしいというものだった。これを受けて、当代の安房守家当主である持長は、すぐに国衙に対し、累積未納分、四九〇〇石余をおさめたらしい。

『御ゆとのゝうへの日記』によると、六月一七日、後奈良天皇は、廷臣転法輪三条実香を介した義隆の申請を容れ、周防国興隆寺へ勅額を下賜する。『歴名土代』によれば、六月二五日、義隆側近沼間敦定が従四位下に昇進する。これは、大内家被官としては最高位階となる。それどころか、当時、義隆は従五位上であるため、敦定の位階は主君義隆よりも上位ということになる。

この月、畿内においては、三好元長が、管領家の細川晴元の要請を受けた石山本願寺（大阪市）法主証如の指令を受けた一向一揆勢力との合戦で戦死する。これにより、元長が支えていた、先行研究［今谷：一九八五］によって著名な、「堺公方」足利義維（将軍義晴の異母兄弟）の勢力が滅亡する。義維の正室は義隆の姉妹であるため、このことは分国と無関係ではない。義維は以後、四国阿波国（徳島県）に避難する。避難先に阿波国を選んだのは、同国はもともと義維を支える三好氏一党の故国であるためと、同国の戦国大名、細川持隆の正室が義維や義隆の姉妹であるためであろう。

足利義維・細川持隆・大内義隆の関係は相聟関係（妻どうしが姉妹である関係。但し、それぞれの婚姻時期は不明）である。これ以前に、義隆が大船団をしたてて堺に上陸していた場合、堺公方義維が正式に将軍になる可能性もあった。将軍義晴が、このころ、義隆に冷淡であるのは、どうみても、そのせいである。

反大内家同盟

『言継卿記』によると、七月五日、廷臣東坊城長淳が豊後国大友家分国へ、同小槻伊治が大内家分国へ下向する。時期的にみて、大内家と大友家の合戦に関係するだろう。

豊後国大友義鑑は七月二〇日付で安芸国の名門国衆武田光和被官の熊谷民部少輔（信直カ）に対し、近江国に避難中の将軍義晴に忠節をつくそうとしたところ、義隆がこれを妨害するので、武田光和・出雲国尼子経久・伊予国の戦国大名、河野通直・豊前国衆宇都宮氏（城井氏カ）・伊予国国衆村上宮内

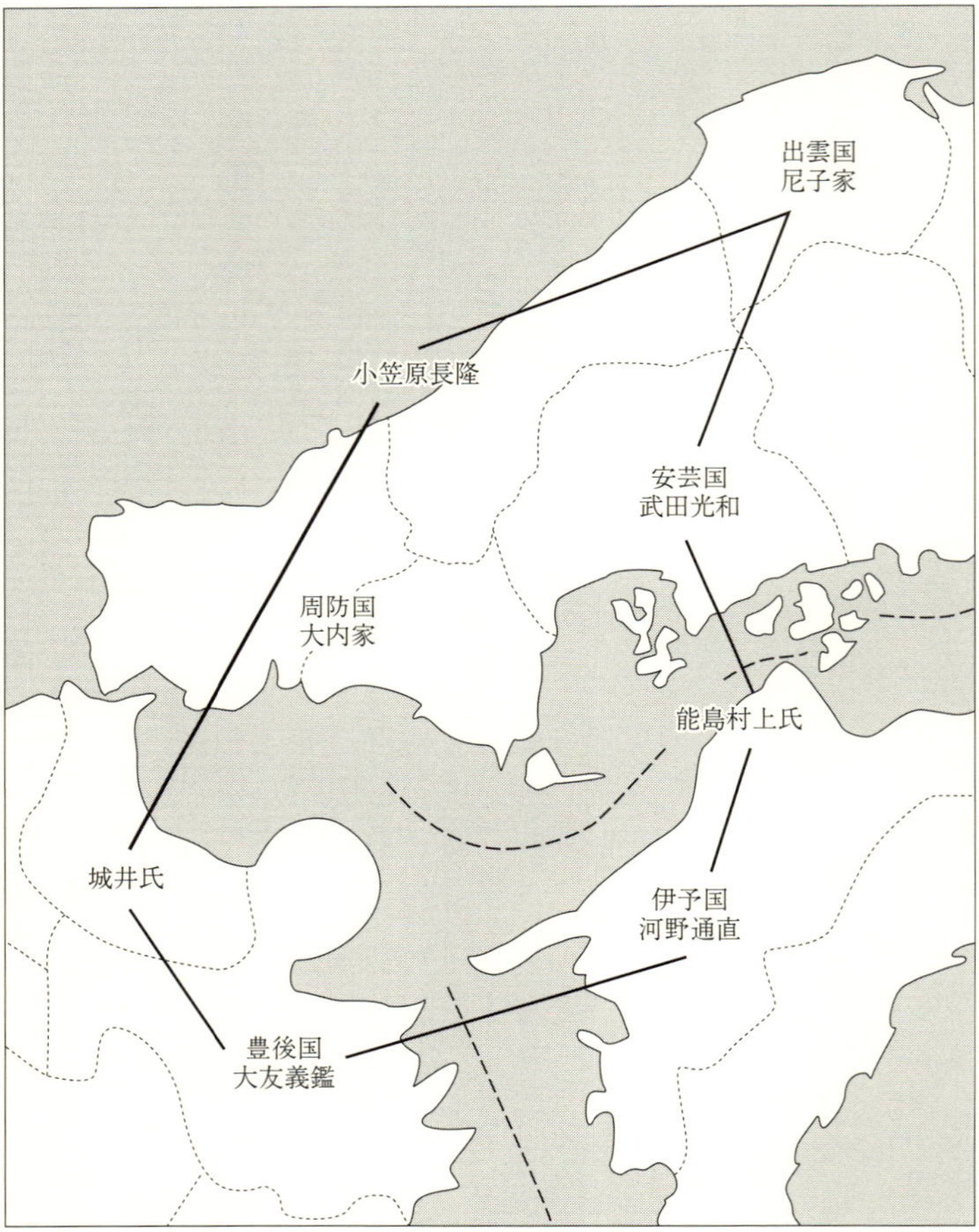

反大内家同盟

大輔（能島村上義益カ）と連携し、自身は大内家分国筑前・豊前国への侵攻を予定していると述べる（『熊谷』一一八）。副状発給者として名前が挙がっているのは、石見国国衆小笠原長隆である。規模からして、西国における「反大内家同盟」と評してよいだろう。豊後国に下向した東坊城長淳は菅原道真の子孫にあたるため、道真を祀る筑前国太宰府天満宮を分国内に抱えている大内家とすれば、無視できない存在である。大義名分の点で大内家を上回ろうとする大友義鑑の深謀遠慮によるかも知れない。

なお、安芸国佐東郡一円を支配している武田氏は、かつて、安芸国守護職を保有していたこともある。そして、八幡太郎源義家の弟、新羅三郎源義光の末裔であり、若狭国（福井県南西部）武田家と同族で、甲斐国（山梨県）武田家とも遠い同族にあたる。だから、国衆といっても家格が高く、明らかに規模も大きい。室町幕府としても、この安芸武田氏と沼田小早川氏は、安芸国守護職の指揮下に含まれない特別な家との判断を有していた。武田氏については、本書の冒頭で示した条件にあわないので、戦国大名と呼称しないが、そのことにそれほど強い意味があるわけではない。

享禄五年七月、近江疎開中の将軍義晴の奏請により、京都で天文改元があった。足利義維の堺公方政権滅亡によるものだろう。しかし、大内家はこれを用いていない。新年号受用の拒否にもみえるが、大内家のみならず、当時、幕府との関係が良好な大友家も旧年号、享禄を用い続けているので、単に両者とも、改元を知らなかっただけだろう。

大友義鑑は八月六日付で筑後国（福岡県南部）国衆三原右衛門大夫に対し、将軍義晴の帰洛を手助けするため上洛を志したが「防州（義隆）」が「牢人（主家から去った武士）」を手なずけてこれを妨害するため、（大内家分国の）筑前国と豊前国に侵攻すると告げる（『島津』一一九四）。ここでいう牢人とは大内家客将となっている元大友家一門被官、田原親董らのことだろう。ちなみに、親董の祖父らしき室町末期の豊後国衆、田原親盛も大内家分国に亡命していたことがあった（『山』四―一四七頁）。

一方、大内家は、八月二〇日付で安芸国の外様国衆、米山天野興定に対し、大友勢が筑前・豊前国に侵攻する気配があるため、その際は協力をと要請する（『山』三―四四四頁）。このころ、筑前国怡土郡高祖城督烏田通勝が自害している。これは大友家の特に、筑前国志摩郡の勢力との通謀を疑われてのことだろう。同国守護代杉興長はその混乱を納めるべく、同国早良郡衆を同城に配置する（「韞」）。

九月一日付で義隆は古代以来続く筑前国宗像大社（福岡県宗像市）大宮司であった宗像正氏に多々良姓一門黒川氏の名跡と偏諱を与え、黒川隆尚と名乗らせる（『山』四―五九三頁）。これは、隆尚の軍事的能力が義隆に評価されてのことらしい。『歴名土代』によれば、隆尚は本姓も改めていて、多々良朝臣黒川隆尚が正式な名乗りとなっている。以後、隆尚は義隆直属の一門格部将として縦横の活躍をみせることになる。

ただ、隆尚の本拠は以後も宗像で、「策彦和尚入明記」によれば、この地は、当時「防之太守一家黒川殿食邑也（周防大内家一門、黒川殿の所領）」と評される。気に入った被官、芸能者と、恐らくは、男色相手に自家一門の名跡を与えることは、足利将軍家がおこなっていることなので、義隆もそれを参考にしたのだろう。黒川氏の他、系譜関係が不明な、室町・戦国期の多々良姓一門被官の名字である鷲頭・右田・宇野氏を名乗る者のなかには、歴代大内家当主の意向で名跡を継承した他氏の者が、相当数いたのではなかろうか。

豊前国佐田城・妙見岳城の戦い

義隆は九月三日付で豊後・豊前国の国境地帯、宇佐郡の国衆佐田小法師（後の朝景）による祖父、佐田泰景領の相続を承認する（『熊本』二―二二七頁）。こうした被官の家の相続申請は、主家・自家の代替わりの際におこなわれるのが一般的だが、それとは別に、大きな合戦の前にもおこなわれる。それは、無論、自身の戦死に備えてということであるが、合戦前に相続申請をおこなうと、来たるべき合戦には討死覚悟で参戦するつもり、という意気込みの表明になるので、審査が通りやすくなるからでもあるらしい。ちなみに、大内家では、平時に被官の家を養子が相続する場合は審査が厳しくなるが、戦死に伴う非常時に被官の家を養子が相続する場合は、大目にみることになっている（「掟」一五四）。

豊前国佐田城・妙見岳城の戦い略図
佐田城と妙見岳城の直線距離は約 8 km。地形は現在のもの。

九月一五日、筑前国の外様国衆、麻生弥五郎配下の大庭加賀守らの大内勢が豊後国大友家の筑前国における最大の拠点、柏屋郡立花城（福岡市・新宮町・久山町）で終日、矢戦（弓矢の射撃戦のこと。あえてそう表現されている場合、刀槍をもってしての白兵戦にはいたらなかったということであろう）をおこなう（『麻生』六二）。この城の城督は、大友家一門被官、立花親貞である。

親貞率いる大友勢は籠城していただけではなく、城外に出撃もした。しかし、九月一九日、筑前国衆河津隆業らの大内勢が、同国西郷に攻め込んできた親貞らの大友勢を撃退し、大友勢部将、宗像氏延を討ち取る。義隆側近沼間興国は九月二二日付で隆業の戦功を称賛するが、義隆よりの「御感料足（恩賞の銭）」一〇〇疋（一貫、一〇万円程度）の輸送を飛脚に委ねている。当時の飛脚は、手紙だけでなく、銭も運んだらしい。また、この文書で義隆の意向は「御気色（「ごきしょく」ともよむ）」と称されている（『宗郡』下―九一・二頁・「前田」）。沼間興国は名字からすれば、転法輪三条家の家司扱いの大内家被官、沼間敦定の近親者だろう。

義隆は九月二四日付で豊前国宇佐郡国衆佐田朝景に対し、豊後国大友家より届いた調略の文書の提出を誉める（『熊本』二―二二七頁）。このころ、北九州の戦局を踏まえ、義隆の出陣が決まったようで、大内家は一〇月二日付で、周防国国衙候人に対し、義隆の近日中の出陣に備え、一〇月七日までに陣夫役二〇人を供出せよと命じる（『風』一〇下―四九九頁）。一〇月四日、豊後国大友勢が、佐田朝景の要害を攻め落とす（『編年大友』一六―三六頁）。朝景は、同じく宇佐郡の大内家直轄城、妙見岳城（大分県宇佐市）にしりぞいて抗戦を続ける。豊前・豊後の国境地帯の要衝である同城は、一〇月一四日に大友勢に攻撃されるが、朝景以下の城兵が防戦につとめ、落ちなかった（『熊本』二―二二九頁）。

正五位下昇進と厚狭出陣

大友勢との戦いの最中ではあるが、『公卿補任』などによると、一〇月二九日、義隆は正五位下に昇進し、岳父で廷臣の小槻伊治らの尽力で、左京大夫と周防介に再任官する。義隆は二六歳である。義隆は、一〇月一二日付で竹中興国の長門国二宮忌宮神社（山口県下関市）大宮司職を安堵する。この文書は天文元年付けで発給されているので、義隆はこのころより、天文年号の使用をはじめたようである（『山』四―一八六頁）。

一〇月晦日、佐田朝景らの豊前国宇佐郡妙見岳城衆らの大内勢が、同城を包囲していた豊後国大友勢を攻撃する（『編年大友』一六―一二頁）。打って出たらしい。歴戦の大内勢のなかでも、朝景をはじめとした宇佐郡衆は山岳戦に慣れた集団である。義隆は一一月一日付で宇佐郡衆に対し、同郡妙見岳城の守りを堅固にするよう命じ、一一月三日付で、「後巻」の軍勢を出陣させたので防戦につとめるようにと、励ます（『熊本』二―二二八頁・「土」五―七頁）。後巻は「あとまき」ともよみ、味方の城を包囲する敵を側面・背面から攻撃することをさす、当時の軍事用語である。

義隆は北九州の戦局を受けて、一一月一五日に周防国山口の大内館を出立し、一一月一九日ごろに小郡、一一月二二日ごろに長門国厚狭に着陣する。義隆は自身の出陣に先立って、分国執政的な有力被官、周防国守護代陶道麒入道の軍勢を先発させる（『熊本』二―二三一・三頁）。義隆は程なく長府（山口県下関市）に陣を進め、道麒入道は九州に上陸する。

対馬宗氏の外交

こうして、風雲急を告げるころ、対馬国（長崎県対馬）の戦国大名、宗将盛の被官、宗盛廉は一二月六日付で豊後国大友家被官臼杵親連に対し、大友家による宗家への連絡に返礼を述べ、肥前国少弐家と大友家が連絡を取り合っていることを喜ぶ（『宰』一四―三二八頁）。また、大内家よりの使僧が度々、対馬を訪れていることを申し添えている。対馬国宗家は、このころは、ほぼ独立勢力となっているが、もともとは、少弐家の有力被官の家筋であった。旧主家少弐家が大内家と戦さをするとなると、少弐家を贔屓にするのは人情というものであろう。少弐・大友家と合戦を展開する大内家としては、少弐家の勢力圏の沖合に浮かぶ対馬の宗家を味方につけるべく、調略をおこなっていたようだが、うまくいっていなかったらしい。こうして、天文元年は暮れていったが、この年、大内家は戦乱のため、筑前国より段銭を徴収できなかった（『宰』一四―三五六頁）。

第二章　北九州の戦乱

1　戦況の変化

天文二年（一五三三）一月五日、筑前国怡土郡高祖城指揮下らしき西左衛門四郎らの大内勢が怡土郡に侵入してきた同国志摩郡大友勢（是松太郎らカ）と戦う（「原田」）。このころ、大内家は怡土郡の名族、原田氏の当主、原田隆種を傘下におさめ、同郡支配を円滑なものにしていた。一月八日、豊前国守護代杉重信らの大内勢が、同国万代平城の麓で、豊後国大友勢と矢戦さをおこなう。一月一〇日、豊前国宇佐郡妙見岳城に籠城する大内勢が豊後国大友勢を撃退する。義隆は「大友勢悉敗北」と評する（『宇』一二―八〇・八一頁）。

筑前国立花城の戦い

一月一六日、筑前国守護代杉興長指揮下の尾仲新左衛門尉らの大内勢が、同国粕屋郡立花城の山麓で立花親貞配下の大友勢と戦う（「轀」）。興長はこのころより文書上、姿を見せなくなり、以降、

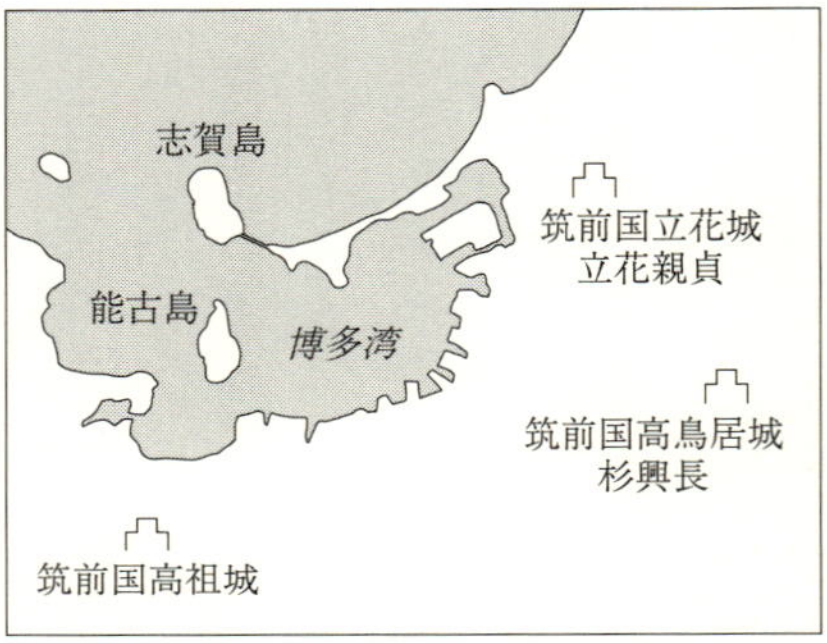

筑前国立花城の戦い略図

立花城と高鳥居城の直線距離は約10km。地形は現在のもの。

子息の杉興運が杉豊後守家当主の座と筑前国守護代を引き継ぐ。

二月一日と二日、多々良姓一門被官格となっていた黒川隆尚らの大内勢が、やはり立花城山麓で立花親貞勢と戦う（『像』一―三三一頁）。隆尚は義隆が特に増派した援軍だろう。このとき、隆尚が指揮する「足軽衆」においては力丸五郎左衛門という者が、敵の、恐らくは名のある武士の首を一つあげている。力丸氏とは、明らかに隆尚の実家、宗像大宮司家関連の名字であるので、ここでいう足軽衆は〝敵に素早く攻撃をしてその様子をみる部隊〟つまりは、威力偵察部隊のことを指すのであって、必ずしも、陣笠・胴丸の軽装歩兵や農民兵をさすわけではない。この時期の足軽衆の中に名のある武士や、弓兵・騎馬兵がいるのはそのためである。少し時代が下れば、鉄炮兵がいることも多い。ちなみに、足軽衆についてのこの用法は『信長公記』にも散見されるので、少なくとも、織田信長の時代でも変わらない。このとき、隆尚率いる大内勢は、その他の「地下人（ここでは雑兵のこと）」も討ち取ったが、「郷人（ここでは現地の地侍や百姓兵のこと）」であるので切り捨てにして首はとらなかったという。

義隆は二月二〇日付で大内家傘下の九州探題渋川氏（貞基カ）に対し、太刀の返礼を述べる（『宇』

一二―八二頁）。

尼子家内訌への対応

ここまで義隆は、父子内訌中の出雲国尼子経久と塩冶興久の双方より援軍を要請されていた。特に経久のもとからは、このころ、上郷五郎右衛門尉という者が、山伏か僧に身を変えてやってきていて、支持を訴えられている（『尼』二四〇）。義隆としては、興久を前面に押し立てて経久を攻めたてるという選択肢もあったはずだが、経久支持を決める。その時期ははっきりとは分からないが、天文元年末ごろのことだろうか。大内家側の尼子家との交渉責任者らしき者は「弘中殿」とあるので、安芸国東西条代官弘中隆兼か、側近の弘中正長（正は大内家の〝みなし偏諱〟カ）である可能性が高い。本書では隆兼と判断しておく（『尼』二三五）。こうして、大内家の支持を得た尼子経久は塩冶興久方への攻勢を強め、天文二年の春ごろ、興久が逃げ込んでいた備後国国衆山内直通（興久正室の兄）領の恵蘇郡木屋原城（広島県庄原市）などを攻め立てる。安芸国国衆毛利元就は、義隆が経久支持を打ち出したのをみて、経久の要請に応じて、経久勢が布陣する備後国の「高（甲山カ）御陣」に被官福原某を援軍として派遣する（『尼』二四〇）。経久勢は天文三年に出陣の目的を達することになるが、大内家への傾斜を強めていた元就への心証を害していたためか、この福原某を出雲国に連行することになる。

ここまで、大内家と尼子家の間をいったりきたりしていた元就は両家がある種の盟約を結んだことによって浮き上がってしまったのである。焦った毛利氏家中は天文三年ごろに「漆谷殿」（親大内家ながら尼子家との交渉もある石見国国衆、佐波氏のことカ）に対し、毛利氏が経久に忠節を尽してきた経緯を説明し、義隆が経久支持を打ち出したのは、元就が義隆に対して「毛利氏としては備後国国衆山内氏と昵懇であるから塩冶殿（興久）も捨てがたいが、父子取相（父と子の争いのこと）だから、父である予州（経久）を支持すべきだ」と助言したことによるのだとする（同）。その上で「最近、尼子家は中国地方の諸侍の不満を買っている。しかし、元就は過分なほどに、おのおの（ここでは芸石備国衆のこと）と和融を図っているので結束は固い。尼子家も元就のようにすれば、中国地方はおろか、天下まで狙える立場にある」と述べる。毛利氏家中としては、漆谷殿の口舌を介して、経久に陳弁するにせよ、強気にでて元就の価値を強調するほうが吉と踏んだのだろう。

立花城攻略

話は前年の天文二年に戻るが、大内家は、三月五日付で周防国佐波郡奉行阿川孫次郎代らに対し、同国衙領・阿弥陀寺領への加増段銭賦課の延期を命じる（『山』二―三七二頁）。周防国では重要寺社領以外での増税措置を検討していたことになる。戦場となった筑前国で天文元年度の段銭を徴収できなかったしわ寄せだろう。

三月九日、筑前国粕屋郡立花城攻めの後方指揮をとっていたらしき周防国守護代陶道麒入道・河津隆業らが同城に調略をしかけ、一定の効果を挙げる。三月二二日、黒川隆尚らの大内勢が立花城を攻撃する。大内勢の兵は「石疵」を受けているので、城壁にせまった際に、城側から投石攻撃を受けたらしい（「轀」・『風』一五―七二頁）。義隆は四月五日付で立花城を攻撃していた黒川隆尚による同城への調略の成功を誉める（『像』二―七〇一頁）。隆尚はこの後、ほどなくして同城を攻略する。立花城攻略をもって、以後、北九州の戦局は大内家優勢に傾く。これは隆尚の殊勲といってよいであろう。

肥前国侵攻

四月六日、周防国守護代陶道麒入道・安芸国衆金明山天野隆重らの大内勢が、肥前国神埼郡石動村・大曲村で同国少弐資元勢と合戦をおこなう（『閥』二―六八四頁）。これは、立花城攻略によって兵力に余裕が生まれたことによろう。対馬国宗家被官宗盛賢や宗盛廉は一一日付で陶道麒入道や博多津代官飯田興秀らに対し、義隆への取次を頼み、大内家が各地での合戦に勝利し、筑前国粕屋郡立花城を攻略したことについて祝意を述べる（『宰』一四―三四八・三五〇頁）。対馬国宗家は、大内家と少弐・大友家を両天秤にかけての際どい両面外交をおこなっていたことになる。このころ、親大内家の肥前国衆平戸松浦興信が肥後国国衆相良長唯に対し、大内勢が筑前・肥前国境での合戦に勝利したとしらせる（『相』三〇九）。

大内家は四月二三日付で延期措置をとっていた周防国国衙領および阿弥陀寺領への加増段銭賦課を改めて免除する（『山』二―三七二頁）。戦局の好転を受けて、周防国への増税は一部中止になったらしい。義隆は六月一三日付で佐田朝景に対し、因幡守の官途称（官職自称のこと。以下、天皇の許可を得た正式任官とは異なるものを指すことにする）を許す（『熊本』二―二三四頁）。これは、豊前国での戦功によるものとみてよい。

このころ、伯耆国東部の勢力と美作国の勢力と備中国（岡山県西部）の一部の勢力が申し合わせ、出雲国尼子経久と敵対するようになる（『尼』二三七）。これは、美作国を版図と自認する播磨国赤松家が塩冶興久に呼応するかたちでおこなった調略によるものだろう。しかし、次第に戦況は経久有利に推移する。

石見銀山 龍源寺間歩（江戸時代の遺構）

石見銀山の奪還

肥前国少弐資元勢の抵抗にあって筑前国大宰府に撤退していたらしい周防国守護代陶道麒入道は七月二日付で肥後国国衆小代重忠に対し、大内方としての出陣を勧める（『熊本』一―一六七頁）。筑後国南部の大友方勢力を脅かして欲しいということだろう。なお、このとき使者をつとめたのが、この後も九州方面への大内家使僧として活躍することになる安国寺真鳳である。「大壮軒」と称することもある真鳳は、「慮外に山口に滞在している」と述べることもあるので、周防国の安国寺（室町幕府初代将軍足利尊氏とその弟、直義が指定した内乱戦没者供養のための禅寺のこと。周防国の場合は、高山寺が指定されていた）の僧ではないだろう（『相』三七八）。博多津代官飯田興秀に書状を託されることもあることからすれば（『相』三七七）、博多聖福寺（福岡市）配下の山田安国寺（福岡県嘉麻市）の僧だろうか。

対馬国宗家被官宗盛賢は七月一一日付で肥前国少弐家被官水ヶ江龍造寺家兼や少弐家一門被官、馬場頼周らに対し、少弐家と豊後国大友家の更なる連携を勧める（『宰』一四―三五〇～五二頁）。対馬国宗家は大内家と少弐・大友家に対して両面外交をつづけているが、本音に近いのは、やはり、こちらだろう。

『御ゆとの、うへの日記』によると、七月二〇日、義隆は廷臣転法輪三条実香と同広橋兼秀を介して後奈良天皇に対し、周防国興隆寺勅額の下賜と、自身の正五位下昇進の礼物として六〇〇〇疋余（六〇貫文、六〇〇万円程度）を献上する。『兼右卿記』によると、七月二九日、京都吉田神社の吉田兼右が、幕臣大館尚氏（後の常興入道）に対し「吉田神社が大破していて再建したいが、修築費用の奉加は他国に依頼しても難しいので、大内左京大夫（義隆）方に依頼したい。ついては将軍義晴より仰せ頂けないか」とする。このとき兼右は尚氏が用意した文書の写しを義隆と幕府の大内家申次、細川晴広に送っている。

『銀山旧記』によると、このころ、大内家が石見国衆小笠原長隆領の石見銀山を攻めてこれを奪還し、被官吉田興種（周防国衆仁保氏一族で廷臣吉田家とは無関係）と飯田興秀に守備を任せたという。そして、八月五日、博多商人神谷寿禎の尽力で、銀と石が混ざった「鏈（鉱石のこと）」を吹き熔かして銀にすることに成功し、以後、大内家に対し毎年銀子一〇〇枚が納入されるようになったとする。しかし、このとき、大内家は尼子経久と和平中で、小笠原氏も、大内家の北九州の合戦に山中備後守という傘下の部将を援兵として送っているので、どこまで信を置ける話であるのか判断が難しい（「笠」）。とはいえ、他の史料からしても、このころから、大内家による石見銀山経営が軌道にのりはじめていたことは、ほぼ間違いない。

筑前守任官

『御ゆとの、うへの日記』によると、八月一〇日、義隆が周防介に筑前守を兼官する。これは、立花城攻略に伴うものだろう。一般の戦国大名にとっての朝廷官位は栄誉以上の意味は、ないことが多いが、大内家の場合は、軍事的成果の帛付けといった、栄誉以上の意味がある。但し、義隆の筑前守任官のことは、『歴名土代』にも『公卿補任』にも記載がないので、取り消された可能性が高い。将軍義晴の抗議があった可能性もあるが、義隆の方が、筑前守では、義隆の宿敵少弐家が自称する大宰少弐と官位相当（官職と位階の相当関係を定めたルールのこと）位階が同じ、従五位下で、どちらかといえば大宰少弐の方が格上だと思って申請を撤回した可能性もある。

九月二日、長門国守護代内藤興盛・林日向守らの大内勢が筑後国三原郡小郡村で大友方軍勢と戦う（「譜録」）。義隆死去後のキリスト教イエズス会系の史料によると、興盛は誇張表現だろうが、一万の兵を動員できたとされる。これ以前、大内家は、筑前国志摩郡における大友家の有力拠点、柑子岳城（福岡市）を攻略し、同城督に仁保興奉を起用する。周防国の名族仁保氏は周防国吉敷郡仁保荘を本拠とする平姓三浦流平子氏（もとは相模国出身の、いわゆる、鎌倉中後期における西遷御家人の典型）のことである。大内家は、九月一五日付で興奉を介し、同城番衆梅月頼致に対し、志摩郡田尻村次郎丸内一〇町地を与えているように、このころより、大内家による志摩郡支配がはじまる（「轟」）。大内家は大友家の筑前国における二大拠点、立花城と柑子岳城を攻略したわけであるから、筑前国における大内・大友戦争は、大内家の完勝に終わったとみてよい。

『八代日記』によると、九月一五日、肥前国に展開する大内勢のもとを訪れていた肥後国国衆相良氏の使僧が同国へ帰国する。来訪は戦況偵察と戦勝の祝いを述べるためであろう。『御ゆとの丶うへの日記』によると、九月二三日、義隆は岳父で廷臣の広橋兼秀を介して、安芸国衆毛利元就を正式に従五位下右馬頭に吹挙する。それを許した女房奉書（宮中女官が天皇の意向を受けて発給する文書のこと）で元就は、かなで「もり」と呼称されているので、当時は、「もうり」ではなく「もり」と発音するのが一般的だったらしい。

大内・大友家と幕府

「室町家御内書案」によると、近江疎開中の将軍義晴は一二月二日付で豊後国大友義鑑の子の大友義鎮（後の宗麟入道）を豊前国守護職に任ずる。豊前国は完全に大内家分国内であり、大友家の支配はまったくおよんでいないが、この時期、大内家は将軍義晴との関係がよくなく、逆に大友家は義晴との関係がよいため、この補任になったのであろう。とはいえ、その効力はほとんどないと考えてよい。

大内家客将で元大友家被官田原親董は防府までやってきた被官足立源七に対し、一二月二九日付で、かつて、源七の父の足立佐渡守が筑前国粕屋郡立花城で親董の父の田原親述が自害した際にともに死んだことを賞し、帰国の際は、豊後国国東郡安岐郷内五貫地他の所領を預け置くとする（『宇』一二―一〇四・四七三頁）。親董はこのころ、大内家分国の主都山口のある吉敷郡内に滞在しながら、豊後国国東郡近辺の旧被官の蜂起を促していたらしい。親董の父の親述は、大友家の拠点、立花城で拘束されていたか、または城将の一人であったものの、同城が大内勢によって攻略された天文二年春以前に自害させられたらしい。城督立花親貞の処置だろう。このころ、豊後国大友義鑑は被官富来民部少輔に対し、同国国東郡姫島沖に大内水軍が現れたため、防戦につとめよと命じている（『宇』一二―一一〇頁）。以後の展開からすれば、これは石見国守護代問田隆盛率いる大内水軍だろう。

2　戦局の好転

肥後国菊池勢出陣

天文三年（一五三四）一月一日付で、義隆は菩提寺周防国興隆寺に太刀・馬を寄進するが、義隆は、このころより花押をC型に変えている（『山』三―二九七頁）。一月三日、筑前国志摩郡柑子岳城督仁保興奉が同城の修築をおこなう（「韞」）。同城は大友家より奪ったばかりで、志摩郡の帰趨は未知数のため、修築を急いだのであろう。義隆はこれ以前、同盟相手の肥後国の戦国大名菊池義宗（後の義武）を通じ、筑後国国衆に同国南部で軍事活動を展開するよう呼びかけていた。筑後国南部での軍事活動というのは、親大友方国衆星野親忠への攻撃をさす。三池親盛らの筑後国衆は一月二三日付で義宗の下知を了承し、北九州で大内勢の総指揮をとっている周防国守護代陶道麒入道に連絡したとする（『相』三〇八）。義宗は肥後国菊池家の当主だが、元は豊後国大友義鑑の弟で、当初は兄の方針に従って菊池分国を大友分国の属国にする尖兵としての役割を果たしていたらしいが、このころまでに大友家の影響力を廃し、菊池家の独自権力を再建すべく、大内家と同盟を結んでいた。

長府在陣

閏一月九日、安芸国東西条代官弘中隆兼が同国国衆毛利元就に対し、従五位下右馬頭任官の礼物を京都の大外記（廷臣の故、押小路師象の家ということヵ）のみならず、長府の義隆本陣にある廷臣小槻伊治に対しても贈るようにと指示する（『毛』二八〇）。隆兼は続いて、九州において、肥後国菊池家の指令を受けた筑後国国衆勢が大友家方、星野勢の恐らく、名のある武士数名を討ち取ったことを伝え、元就のこの春の出陣の有無を尋ねる。大内家側が元就に出陣の有無を尋ねているので、かなり、気をつかっている様子がうかがえる。ただ、関連する同時代史料を通覧するかぎり、隆兼はいわゆる〝戦さ上手〟であるが、ひとたび戦場を離れると、生真面目で丁寧な物言いをするタイプの武士のようなので、その点は割り引いて考える必要がある。

筑後国妙見城の戦い

閏一月一六日、石見国の外様衆益田氏被官俣賀孫三郎（またがまごさぶろう）や桑原興国（くわはらおきくに）らの大内勢が、大友家方筑後国国衆星野親忠の同国生葉郡（いくはぐん）妙見城（みょうけんじょう）（福岡県うきは市）を攻める（『俣』六〇・『閥』三—八七七頁）。この攻撃は、恐らく、周防国守護代陶道麒入道が派遣していた先遣部隊と、経緯からして、三池親盛ら親菊池・大内家筑後国国衆勢による共同攻撃だろう。この後の展開からすれば、ほどなく、城は落ち、親忠は城外へ脱出することになる。同晦日、陶道麒入道が筑前国博多津に到着する（『籠』二三）。

豊前国佐田城の戦い

恐らく、同年の天文三年と思われる二月七日には、大内家客将で元、大友家被官田原親董の呼びかけに応じた軍勢が挙兵し、豊後国速水（はやみ）郡山香で大友勢と戦う（『宇』一二—一二・三頁）。二月一六日には、恵良盛種（えらもりたね）らの大内勢が同郡竈門荘里屋で同国大友勢と戦う（同一四七頁）。これらの大内勢は、豊前国国衆勢と田原親董に内応した軍勢で構成されていたものらしい。但し、この後の展開からすれば、この軍勢は大友勢に敗れる。大友勢はその勢いで大内家分国豊前国宇佐郡佐田荘に攻め込む。しかし、二月二〇日、大内家方国衆佐田朝景は「小勢」を率いて、自身の要害に攻め寄せてきた長野又兵衛尉らの豊後国大友勢を破る（『宇』一二―一一七〜八頁、『熊本』二―二三四〜五頁）。このとき、朝景勢は大友勢の、恐らく名のある武士の首を一四挙げている。前述したように、朝景は一時期、大内家直轄城妙見岳城に撤退していたが、これ以前に、自身の家城に戻っていたらしい。朝景は小勢を率いての山岳戦闘で無類の強さを誇っていたようである。この合戦を契機に、豊前・豊後方面の戦況は大内家優勢になっていく。

肥前国三根郡一揆　二月二二日、長府の義隆が、長門国二宮忌宮神社に参籠する（『熊本』二―二三四頁）。二月二九日、周防国守護代陶道麒入道らの大内勢が、少弐家の本拠、肥前国に進軍し、同国河上神社（与止火女神社。佐賀市）に禁制を出す（『佐』一―二〇七頁）。

義隆と大内家は三月一五日付で長門国忌宮神社に対し、九州静謐を祈念して、毎夜灯料として赤間関の関銭より春秋ごとに三〇貫文（三〇〇万円程度）を寄進する（『山』四―二〇四・二二七頁）。

少弐資元の命を受けた水ヶ江龍造寺家兼は、四月二日付で、大内勢対策のため、肥前国光浄寺（佐賀県みやき町）を中心とした同国三根郡一揆（三根郡内の国衆・地侍連合軍のことだろう）を動員する（『佐』五―一一九頁）。『北肥戦誌』をはじめとした肥前国の軍記物以外の史料で、この時期の資元や家兼の動向がわかるものは珍しい。

豊後国山香郷の戦い　四月六日、大内家は攻勢に出る。豊前国守護代杉重信・同国衆佐田朝景らの大内勢は、豊後国速見郡山香郷・「大群野（大村山山麓）」で大友勢と戦う（『編年大友』一六―一三八〜五四頁）。この地は山岳地帯を降りて別府湾岸まででると、大友家本拠の府内まで

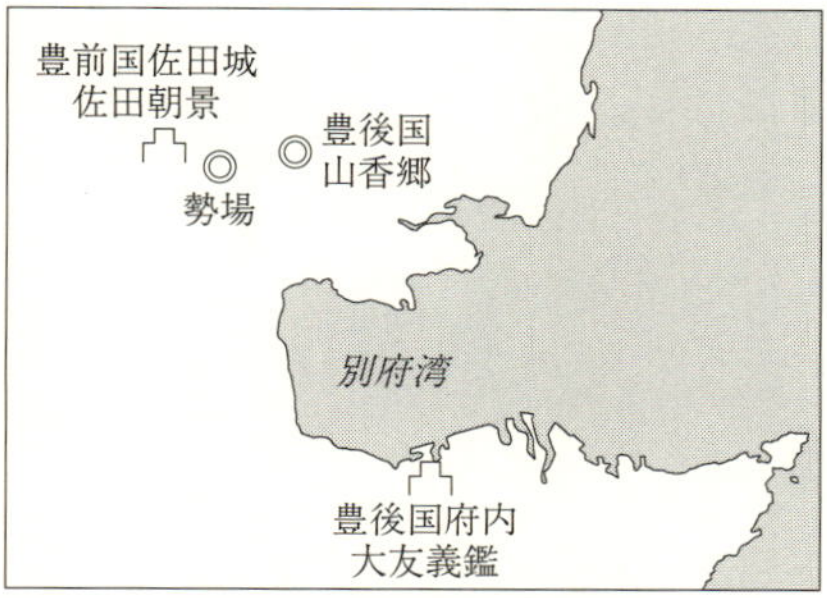

豊後国山香郷の戦い略図
山香郷と府内の直線距離は約25km。地形は現在のもの。

陸路で二〇キロという地点である。この合戦は、大村山山麓、「勢場原の戦い」としてよく知られていて、例えば、田北学編『編年大友史料』などは、大友勢が大内勢を敗走させた戦いとする。しかし、それは「大村陣勢場合戦記」などの、近世以後に編纂された、良質とはいい難い軍記物の影響である。各種の軍記物では大内勢の大将杉長門守が戦死し、もう一人の大将陶美作守が敗走したとするが、いずれも架空の人物である。同時代史料を見る限り、大内勢に目立った戦死者はいないが、大友勢では、田北氏が丹念に紹介した墓碑などに明らかなとおり、大将吉弘氏直・寒田親将・田染慈基らが戦死している。合戦そのものは大内勢の勝利というべきであろう。また、肥前国在陣中の周防国守護代陶道麒入道や、筑後国在陣中らしき長門国守護代内藤興盛が参戦していないので、合戦の規模自体、そこまで大きくないだろう。恐らく、大内勢には、はじめから府内を攻撃する意図はなく、客将田原親董の要請を受けてこの地域で蜂起していた田原系牢人衆を救援・収容するための戦いであったと思われる。

このときも奮戦したらしい宇佐郡国衆佐田朝景は、獲得した首七つを義隆の長府「御座所」に送る（『宇』二一一―一二〇～三頁）。すると、暫くして義隆からの褒詞が、この合戦における大内勢の〝本当の大将〟、豊前国守護代杉重信経由で届く。重信らの軍勢は、恐らく、一旦、豊前国宇佐郡に戻り、休息をとって、新たな作戦行動に従事することになる。

備後面無為

義隆は四月一〇日付で出雲国尼子家との関係が深い石見国衆小笠原長隆に対し、安芸国衆毛利元就に尼子経久と塩冶興久の親子抗争についての意見を伝えておいたので、それを、石見国衆佐波某（興連カ）と相談の上で、経久に申し入れて欲しいとする（『尼』二四二）。義隆は経久支持を表明していたが、それ以前に興久からも支援を要請されていた経緯があるので、穏便な処置を望んだのだろう。そうした、義隆から何度かあったらしき「備後面無為（備後国に潜伏中の塩冶興久の件は穏便に処置して欲しい）」との要請は、内政干渉に近いこともあって、尼子家からは、迷惑がられていたようである（『尼』二三六）。

「今年の御礼」

『御ゆとのゝうへの日記』や『実隆公記』によると、このころ、義隆の使者が京都を訪れる。義隆はこの使者を介し、これ以前に打診のあった後奈良天皇即位礼料の一部負担を承諾する。四月二四日、大内家の使者は尼門跡曇華院（通証宗正カ）を通じ、天皇に同件承諾を言上し、礼物を進上する。天皇はこの年で即位九年目だが、費用面の問題で即位式の挙行は延期になっていた。四月二五日、義隆は廷臣転法輪三条実香らを介し、天皇に「今年の御礼」として計四〇〇〇疋（四〇貫文、四〇〇万円程度）余を献上する。義隆はこのころより、ほぼ毎年、天皇に対し「今年の御礼」と号して三〇〇〇〜四〇〇〇疋を献上することになる。これは官位昇進のための礼金とは別口である。時期的にみて、動機は即位式の料足に苦慮する天皇をいたわしく思ってということだろう。無論、官位昇進のための打算でもある。天皇としては、毎年計算できる、定期的な収入ということで、不定期な大口献金よりも、ある意味、ありがたかったかもしれない。

従四位下昇進と豊後国臼野浦の戦い

『公卿補任』などによると、義隆は四月三〇日に正五位下より従四位下に昇進する。義隆は二八歳である。

五月一八日、石見国守護代問田隆盛・右田興実・能美仲次らの大内水軍が、豊後国国東郡臼野浦・同浦「奥郷」で大友水軍と戦う（『士』一―七頁・『広』四―一二四頁）。この戦いで、兵船・戦闘艦を意味する「警固船」団を率いた隆盛は、当時、十郎を名乗っているので、まだ若年だろう。同じく副将格の右田興実は、系譜関係は不明だが、名字からすれば問田氏同様、多々良姓の一門被官であろう。興実は、管見に入った関連史料による限り、天文八年までは玄蕃助を称し、天文一六年よりは下野守を称するので、玄蕃助を称している当時はまだ、若年だろう。副将格の興実を補佐したのが仲次で、彼は安芸国の海賊衆能美氏の者なので、実際の海上戦闘指揮をとったのは仲次であろう。戦場は浦のみならず、「奥郷」ともあるので、この大内水軍は海上戦闘で勝利をおさめ、上陸したらしい。隆盛が石見国守護代であるだけに、日本海沿岸部の海賊衆がその指揮下にあったか否かが気になるが、それは定かではない。

惣用負担

七月一二日、後奈良天皇は女房奉書の形式で廷臣広橋兼秀に対し、「安芸国のもりもとなり（毛利元就）より任官・昇進の礼銭として四〇〇〇疋（四〇貫文、四〇〇万円程度）が届いた。よい心ばえであると左京大夫（義隆）によく伝えよ」と述べる（『毛』二六七）。これは、多少大袈裟にいえば、義隆と元就の緩やかな上下関係を天皇が公認したことを意味する。

『北肥戦誌』などの軍記物によると、周防国守護代陶道麒入道らの大内勢が、七月一五日に肥前国神埼郡三津山で水ヶ江龍造寺家兼らの少弐勢に敗れたとする。どの程度の合戦であったのか同時代史料では確認できない。義隆は七月一九日付で岳父で廷臣の広橋兼秀に対し、要請のあった後奈良天皇即位礼料の「惣用（そうよう）」負担を必ず勤めると奏聞してほしいと要請する（『蠹』六—七〇頁）。どうやら、この件についての義隆の負担は、当初、費用の一部ということであったが、朝廷と他との交渉が不調であったためか、全額の負担に変更されたということのようである。

塩冶興久の自害

八月一〇日、出雲国尼子経久に対して反乱をおこし、備後国に逃れていた経久の子、塩冶興久が自害する。興久は三八歳であった。

このころ、筑前国守護代杉興運は義隆に対し、義隆が後奈良天皇即位式の費用負担要請を受けた件の祝儀として、太刀一腰と銭一〇〇〇疋（一〇貫文、一〇〇万円程度）を贈る。義隆は八月三〇日付でこれに謝意を述べ、「丁寧之至、古風之儀」と、喜ぶ（『山』二—一五五頁）。興運は世襲守護代といっても、いまだ二代目であるせいか、義隆に親しい印象がある。ただ、常に筑前国に在国しているせいか、守護代ではあるが、評定衆ではないらしい。

筑後国大生寺の戦い

一月ほど時はさかのぼるが、七月二〇日、阿川康次（あがわやすつぐ）らの大内勢が豊後国玖珠（くす）郡で大友勢と戦い、康次が戦死する（「武州」一五—四二頁）。玖珠郡は国東半島や別府湾から離れた内陸部なので、ここで合戦をおこなっている大内勢は、豊前国宇佐郡を出陣し、筑後国南部への進出をめざす豊前国守護代杉重信勢以外には考えにくい。九月一八日、重信らの大内勢が、筑後国生葉郡大生寺（福岡県うきは市）に逃げ込んでいた星野親忠とその一族を討ち取る。重信勢は豊前国宇佐郡あたりから出陣し、南西にあたる豊後国玖珠郡を確保し、そこから北西に進んで大生寺を攻撃したことになる。恐らく、これは、三池親盛ら親菊池・大内家の筑後国国衆勢との共同作戦だろう。この戦勝により、筑後国は概ね、親菊池・大内家勢力のしめるところとなる。

大内家は九月二九日付で安芸国東西条代官弘中隆兼に対し、毛利元就の任官・叙爵礼銭合計六一貫文（六一〇万円程度）が長府経由で京着し、京都より返事がきたため、元就に転送するようにと通知する（『毛』二七四）。元就と朝廷の交渉に大内家が介在することで、上下関係を明確にしようとしたのだろう。幕府が大名家と朝廷の直接交渉を嫌うのと似ている。

『御ゆとの、うへの日記』によると、九月二九日、岳父で廷臣の広橋兼秀と廷臣勧修寺尹豊が後奈良天皇に対し、義隆が即位料献上（惣用負担）の件を承諾したと披露する。一〇月二日、『歴名土代』によると、大内家被官宗像氏男が従五位下・近江権守に任官する。氏男は、黒川隆尚同様、後に多々良朝臣に改姓し、黒川氏を名乗って多々良姓一門被官格化する。

大内勢の圧勝

豊後国大友家被官豊饒栄源入道は一〇月六日付で筑前国太宰府天満宮に対し、同国での離反者続出を嘆き、関係者の「足弱（子供・女性・老人）」の保護を求める（『宰』一四―三六四頁）。大友家としては、同国粕屋郡立花城と志摩郡柑子岳城を落され、本国豊後国では田原氏系牢人が蜂起をし、筑後国でも敗れたため、筑前国の大友方勢力が壊滅的状態になってしまったのだろうことがよくわかる。同天満宮のアジール的、戦災シェルター的な役割も注目される。

一〇月五日と七日、豊前国宇佐郡国衆佐田朝景らの大内勢が夜間の国境警備中に大友勢と交戦する（『熊』二―二四一～三頁）。大友勢はこのころ、豊前国侵攻を狙っていたのか、筑前国大友領関係者の救援をしようとしていたようである。

『大曲記』によると、一〇月三〇日、義隆が少弐家被官水ヶ江龍造寺家兼を仲介者として少弐資元と和睦したとする。これによって、周防国守護代陶道麒入道率いる大内勢の肥前侵攻は一時やんだというが、詳細は不明である。以後、龍造寺氏一族は大内家と親しくなっていき、少弐家家中の恨みを買うことになる。

神道伝授相論

『御ゆとの、うへの日記』や『兼右卿記』によると、義隆はこれ以前に、京都吉田神社の吉田家一族平野兼永に神道伝授を求めていた。が、これに対し、本家の権威を守るべく、吉田家当主の吉田兼右が朝廷に抗議の訴訟をする。ただ、兼右提出の書類は偽文書であったため、兼永勝訴となりかける。ところが、将軍義晴が伝奏勧修寺尹豊をして兼右を勝訴にと介入したため、天皇は一一月一六日に兼右を勝訴とする。

この年の九月に疎開先の近江国坂本から京都に戻っていた将軍義晴は、従来から大内家と大友家の合戦について、明らかに大友家に肩入れしていたので、この介入は義隆への不快によるものであろう。義隆の岳父で廷臣の広橋兼秀は兼永を弁護し、大内家と親交のある曇華院も宮中に参内し「これでは禁裏（朝廷）と大内家が義絶する。そうなると即位式が挙げられない」と抗議したが通らなかった。

勝ちを拾った兼右は「虎の尾を踏むようだった」と述懐する。将軍義晴は義隆に相当不満をもっていたようであるし、義隆も義晴に対し、相当な不満をもったらしい。あるいは、後奈良天皇としても、偽文書を提出した方を勝訴にせざるをえなかったのであるから、義晴に不満をもったかもしれない。

転法輪三条公頼の下向

一一月二〇日、義隆の使者入江若狭守が故、大内義興供養のため、紀伊国高野山成慶院（和歌山県高野町）を訪れる（「土」八―四一頁）。「厳助大僧正記」によると、この一一月、廷臣転法輪三条公頼（実香の子）が周防国に下向する。公頼は甲斐国武田信玄室と本願寺顕如（証如の子）室の姉妹の父として著名である。公頼の下向は、三代盛見の母が転法輪三条家の六代前の当主、内大臣三条公忠の娘か妹といわれていることと、公頼の祖父、転法輪三条公敦が長く周防国に滞在した末、同国で死去していたことと、同家の家司扱いらしき大内家被官沼間氏の縁などによるだろう。義隆は、大方の系図通り三代盛見の子孫ならば、三条家の血を薄くひいていることになる。

一二月一四日、将軍義晴が豊後国大友義鑑に対し、上使として龍眠庵東興・諏訪長俊を遣わし、義隆との和睦を勧める（『六』三二六）。北九州における大内家の圧倒的優勢の戦況を受けてのものだろう。大友家の大義名分は〝義晴に忠節を尽そうとしたところ義隆が妨害するのでこれを討つ〟というものなので、京都に戻っていた義晴が戦況を知って自発的に仲裁を買ってでた可能性もある。ただ、大友家の側としても、これ以上合戦を続けると、まるきり、城下の盟（居城まで攻め寄せてきた敵勢と屈辱的な講和の盟約を結ぶこと）をせざるをえない状況であるので、使者を送って義晴に仲裁を依頼した可能性も高い。

『御ゆとの、うへの日記』によると、一二月二九日、義隆は廷臣広橋兼秀を介し、後奈良天皇に対し、即位式費用献上要請綸旨の下賜と、自身の従四位下昇進と、被官の宗像氏男や外様国衆毛利元就らの昇進の礼銭として、計三三〇〇疋（三三貫、三三〇万円程度）などを献上する。そして、『後奈良天皇宸記』によると、この冬、義隆は兼秀らを介して天皇に対し、即位式費用として二〇万疋（二〇〇〇貫、二億円程度）を献上すると言上する。但し、後奈良天皇の生母、勧修寺藤子（豊楽門院。後柏原天皇の妃）が天文四年（一五三五）一月一一日に死去するため、即位式は延期となる。

3　将軍の上使

幕府上使の下向

義隆は天文四年（一五三五）の正月を長府の本陣で迎える。大内家は二月二四日付で安芸国衆沼田小早川正平被官椋梨盛平に対し、将軍義晴の上使（三福寺・飯尾堯連）の下向を受けたため、豊後国への出陣を中止したと通知する（『小』一―一〇三頁）。

安芸国東西条代官弘中隆兼は二月晦日付で同国衆毛利元就に対し、同吉川興経の不審な行動についての報告を長府の義隆本陣に伝達したと連絡する（『吉』二―四六二頁）。興経は出雲国尼子家と気脈を通じはじめていたのであろう。義隆はこの後、一旦、山口に戻ったらしい。

義隆は三月二二日付で石見国衆小笠原長徳に対し、将軍義晴上使の三福寺・飯尾堯連を出迎えるため、去る一〇日に「開陣」したと述べる（「笠」）。開陣は戦闘態勢を解除したという当時の軍事用語である。北九州に出陣していた安芸国衆沼田小早川正平は三月二三日付で留守をしていた被官椋梨盛平に対し、九州での合戦が終了したので、同国衆が皆、帰国したこと、盛平の子の椋梨弘平も無事帰途についたことをしらせる（『閥』二—四四七頁）。正平は、気の優しい武士なのであろう。

豊後国大友義鑑は五月二日付で将軍義晴を輔弼する近江国六角定頼に対し、交戦中の義隆と和睦せよとの将軍義晴の上意を承ったと述べる（『六』三二八）。『後奈良天皇宸記』によれば、五月一三日、後奈良天皇は周防国に在国する廷臣転法輪三条公頼に対し、来年の即位式に備えて帰洛を命じる。

義隆は六月一六日付で安芸国衆吉川興経に対し、豊前国築城郡高塚・臼田荘一二町五代他を預け置く（『吉』一—三四九頁）。義隆は、興経が尼子家と気脈を通じはじめていることを知っているのだろうが、懐柔の方針をとったらしい。

幕府との関係改善

義隆は六月二四日付で京都の幕臣伊勢貞孝に対し、豊後国大友義鑑との合戦を堪忍するようにとの上意を承知したと将軍義晴へ披露するよう要請する（『宇』一二一—一二八頁）。このころから、幕府と大内家の関係は多少改善されたようで、『後鑑』によると、将軍義晴は七月二三日、幕臣に対し、義隆にあてて猿楽師の観世大夫元忠（後の宗節入道）・同四郎の九州下向の手助けを要請する文書を作成せよと命じている。これは瀬踏み的な意味があるだろう。『李朝実録』によると、七月二三日、朝鮮国を訪れていた大内家使者孤窓西堂が同国宮廷でもてなされている。

義隆は七月二五日付で冷泉隆豊に長門国大津郡日置荘兼行保内三〇石地を与える（『山』二—九四六頁）。隆豊は多々良姓一門被官冷泉氏の当主である。同氏は、先代大内興豊のときに大内と名乗ることを憚り、母方の実家、廷臣冷泉家の名字を名乗るようになったという。隆豊自身は、時期は不明ながら、義隆の周旋で朝廷より正式に検非違使に任ぜられている。その官職名にひきずられすぎかもしれないが、隆豊は、おいおい述べる幾つかのエピソードからしても、義隆の親衛隊長にして、当主直轄軍の有力部将という印象が強い。妻は安芸国衆平賀弘保の娘とされる。

『後奈良天皇宸記』によれば、九月三日、義隆は後奈良天皇に対し、人を介して日華門修理料一万疋（一〇〇貫。一〇〇〇万円程度）を献上する。義隆はそれとは別口で九月二一日には天皇に「今年の御礼」として太刀や馬代三〇〇〇疋（三〇貫文。三〇〇万円程度）を献上する。

大弐申請

『後法成寺関白記』の紙背文書によると、前関白近衛稙家（尚通の子）が一一月二一日付で義隆に対し、将軍義晴が、義隆への神道伝授（平野兼永によるものヵ）を承認したとしらせる。以前、平野兼永による義隆への神道伝授は、本家筋の吉田兼右によって妨害されていたが、このころ、幕府と大内家の関係が修復されつつあったことで、判断がくつがえったらしい。近衛稙家は妹（後の慶寿院）が義晴の正室である関係もあり、この件で義隆が気分を害しているであろうことを心配していたようである。この問題は吉田家当主としての兼右のプライドによって引き起こされたとの印象が強いが、どうやら、それは枝葉の問題で、結局のところ、幕府と大内家、義晴と義隆の関係によって左右された問題だったようである。

『後奈良天皇宸記』によれば、一二月二二日、義隆は岳父で廷臣の広橋兼秀を介し、後奈良天皇に対し、大宰大弐任官を申請する。大弐は、古代の朝廷の九州出先機関であって、九州諸国を総覧し、外国使節を接待し、外国商船との貿易を管理する役所、大宰府（中国風にいうと都督府）の現地長官官職である。申請の名目は日華門修理料献上の功績である。これを受けて天皇は、一二月二七日に女房奉書を発給し、義隆の大宰大弐任官を勅許する。しかし、一二月二八日、天皇は、「旁以不可然（なにかとよろしくない）」という理由で大弐任官を取り消し、発給した女房奉書を取り戻す。『天文日記』によれば、「上意」つまりは、将軍義晴の抗議があったらしい。義晴としては、大弐は大名が任官する先例がない官職であるので、当然の処置ではあろうが、天皇としては、またしても義晴に不快を感じたかもしれない。

『北肥戦誌』などによると、一二月二九日、周防国守護代陶道麒入道率いる大内勢は、肥前国少弐資元を破り、同国三根郡を占領する。敗戦によって、まともな所領と呼べるものがなくなった資元は小城郡多久城（佐賀県多久市）へ、資元の子息、少弐松法師丸（後の冬尚）は神埼郡蓮池城（佐賀県蓮池町）の小田覚派入道（俗名、資光）のもとへ逃亡したという。

4　大宰大弐の含意

天皇即位式

『御ゆとのゝうへの日記』によると、天文五年（一五三六）二月二三日、義隆は後奈良天皇に対し、豊前国宇佐八幡宮上棟儀式の日時定めの申請をし、天皇はその旨を了承する。これは、時期的にみれば、不首尾に終わった大宰大弐任官運動の一環とみてよいだろう。天皇は三月一日に陣定（朝廷での評定）を開き、宇佐宮上棟儀式の日時を四月九日とする（『宇』一二―一六三〜五頁）。

二月二六日、後奈良天皇は、義隆が献上した費用によって、即位の礼をおこなう。天皇としては、即位式の直前に元来皇室と関係が深い宇佐宮上棟儀式の日時定めの申請を受け、式直後に、形式的にとはいえ、それについての陣定を開けたことに満足しただろう。義隆としては、九州における朝廷政治に関与した実績を積んだことになる。

大弐任官

『御ゆとのゝうへの日記』によると、五月九日、後奈良天皇は廷臣広橋兼秀を介しての義隆の昇殿資格授与申請を許可する。これにより、義隆は、いわゆる殿上人となる。

『公卿補任』によると、五月一六日、天皇は義隆を改めて大宰大弐に補任する。即位式費用負担の賞だろう。前年の天文四年一二月に廷臣三条西公条が大宰府長官、大宰権帥を辞めているので、義隆は臣下としては大宰府長官ということになる。公条の次の権帥は廷臣正親町三条公兄で、義隆の死去翌年、天文二一年一月の任官なので、朝廷側も義隆を臣下としての大宰府長官にするよう、気をつかったのであろう。

このときの義隆による大宰大弐任官運動は、累代、大宰少弐を自称する武藤家、つまりは通称少弐家を実力のみならず、官職的にも上回ろうという意識のあらわれとみてよい。幕府役職である肥前国守護職は、大内家が庇護する九州探題渋川氏が保有すべきものなのか、少弐家が保有すべきものなのか曖昧なものであるから、義隆が大弐に任官することで、朝廷権威面においても、少弐家を上回れば、いわば、大義名分上の〝駄目押し〟になるのである。大弐任官は、利用できるなら朝廷権威だろうが幕府権威だろうがどちらでもよかった「次善の策」〔堀：二〇一二〕であるわけがない。

また、大宰大弐の中国風呼称は「都督」とか「都督長史」なので、明や朝鮮と交易・交信をする際、義隆が、一般の太守や刺史よりも上級の、日本の正統な地方長官という印象を強める狙いもあったと思われる。実際、義隆の次の大内家当主大内義長（晴英）は大弐に任官していないにも関わらず、『明史』で「山口の都督」と呼ばれていて、義長の実兄である豊後国の大友義鎮は「豊後国の太守」と呼ばれて、差がつけられている。

ところで、義隆は、未だ大弐任官前の、この年二月付の朝鮮国礼曹（朝鮮国の外交部門）参判（次官）あて書状（『広』三―一四一六頁）で、「日本国王臣左京兆尹兼都督長史武衛次将多多良朝臣〈義隆〉」と署名している。三代将軍義満は明帝国に対し「日本国王臣源」と称したが、これは、明皇帝の臣下（外交儀礼上の謙譲の姿勢にもとづく「外臣」の意味）にして日本国王の源（足利義満）という意味とされる。しかし、義隆の場合は、無論、日本国王を自称したわけではなく、日本国王の臣下義隆という意味である。中世日本人が国外向けにいう「日本国王」は義満以来、足利将軍家をさすとされるが、ここでは、朝廷官職がつづくことからみて、天皇をさすとみるのが自然だろう。現在、室町期の日本国王は足利将軍家をさすという理解がすっかり定着しているが、すべての史料においてそうであるとは限らないようである。

それはさておき、これはいわば、フライングの大弐＝都督長史自称なので、義隆はよほどこの肩書で外国と交渉をしたかったということになる。また、日本の史料ばかりみていると忘れがちだが、左兵衛佐（さひょうえのすけ）に任官して外国と交渉をすると、肩書は「武衛次将」と将軍号になる。明や朝鮮や琉球といった外国人からみれば、この肩書は「王都の行政長官にして、地方軍政府次官にして、王軍の副将」という風にみえるだろう。外国との交易・交信をおこなう西国諸大名の場合、自身の帯びる朝廷官職や幕府役職を中国風呼称（例えば、九州探題は「都元帥（とげんすい）」や「総官（そうかん）」で、守護職は「太守」や「刺史（しし）」）した際の〝外国人うけ〟も重要であろう。

また、先行研究［佐藤：一九七一年］によってよく知られているように、義隆は大弐任官後、大府宣（だいふせん）という絶えて久しい文書様式を復活させている。これは、大宰府が古代において発給していたものであるが、もはやこれは、義隆の復古趣味という一言でかたづけるべきではなく、むしろ〝一周まわって新しい〟とでもとらえるべきだろう。中世前期までの日本では、公家も武家も、三位以上の位階にいたり、家政機関である政所（まんどころ）を開設することをもって一種の政治ステータスにしていたが、義隆が大宰府行政をおこなう建前で大府宣を発給すると、それは、政所開設とは異なる理屈による開府（役所を設けて属官をおくこと。古代中国の漢帝国では、丞相・大司馬・御史大夫と上級の将軍に許された特権）ということになるのである。

少弐資元の自刃

『御ゆとの、うへの日記』によると、六月二日、周防国に在国していた廷臣転法輪三条公頼が帰洛し、後奈良天皇に礼物を献上する。六月一六日、公頼と入れ替わるように、義隆の岳父で廷臣の広橋兼秀が勅命により、京都を出発する。義隆の即位料献上協力を賞するためである。『高野春秋』などによると、義隆はこのとき、岳父兼秀を介して、天皇より菊・桐紋を拝領したらしい。

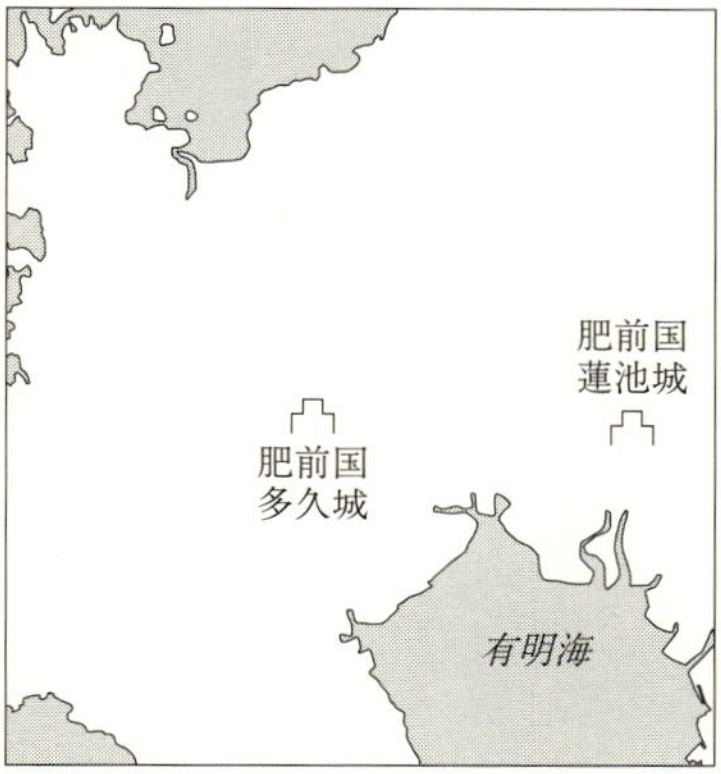

肥前国多久城の戦い略図
多久城と蓮池城の直線距離は約25 km。
地形は現在のもの。

このころ、義隆は、豊後国大友義鑑との和睦に関する談合のため、有力被官弘中正長を豊後国へ派遣する。正長は享禄二年の段階では「御厩奉行」（『宰』一四―二九六頁）である。同奉行は大内家当主直属の厩舎の管理をするのだろうが、在山口の大内家被官で大内家館に出仕する者は、出仕の際に「三間厩」や「五間厩」で着到を届けることになっているので、その出仕管理業務も任務と思われる（「掟」一三五～七条）。正長は義隆の秘書的被官の一人と思ってよい。部将としての働きが顕著な東西条代官弘中隆兼と同族だろうが、いずれが本家か定かではない。一方、大友義鑑は、一門被官清田兵庫頭を山口の義隆のもとへ派遣する（『大分』八―三四六頁）。これによって両家は和睦成立にまた一歩近づくことになった。

八月二九日、義隆は廷臣勧修寺尹豊と同広橋国光（兼秀の子）を介して後奈良天皇に即位式の祝いとして物を献上する。九月一日、方仁親王（後の正親町天皇）が義隆より献上されてきた緞子・唐糸を天皇に進上する。

『北肥戦誌』などによると、九月四日、周防国守護代陶道麒入道らの大内勢が、肥前国少弐資元が立て籠もる小城郡多久城に攻め寄せる。資元は、衆寡敵せず、自刃する。資元は四八歳であった。大内家の軍事活動は、恐らく、大友家の黙認を得たものだろう。義隆の大弐任官は、〝大弐が下僚の少弐を誅伐する〟という演出に繋がったことになる。ただ、資元の子息、少弐松法師丸は、蓮池城の小田氏に匿われていたため、少弐家の命脈は保たれることになる。

九月一五日、大内家は客将田原治部少輔が知行していた長門国厳島神社（山口県下関市）領半済分一〇石三升余地を同社修造のため返還する（『山』四―一二三〇頁）。治部少輔は豊後国大友家攪乱に功績があった田原親董かその近親者だろう。旧主家、大友家との話がつき、帰国したか所領の交換があったのだろう。

加増段銭

この秋、大内家は、筑前国に段銭三〇〇〇貫（三億円程度）を賦課する（『石』五六七）。

そして、九月二三日付で豊前国宇佐八幡宮領への加増段銭（通常とは別に賦課される段銭）を免除し（『宇』二二一―一七〇頁）、一〇月一三日付で周防国国衙領と同阿弥陀寺領への加増段銭の賦課を停止する。時期的にみてこの加増段銭は後奈良天皇の即位式終了を伝える勅使広橋兼秀下向に伴うものだろう。となると、具体的には、大内家の即位式料支出分（二〇〇〇貫、二億円程度）の補塡と、勅使接待費用と、兼秀にもたせる天皇への御祝儀費用といったところだろう。この様子からすれば、加増段銭賦課の対象は、恐らく、分国全土である。となると、前述したように、一国三〇〇〇貫（三億円程度）の七国分で、合計二万一〇〇〇貫（二一億円程度）の臨時増税計画だったかもしれない。

余計なことながら、どうせ段銭を免除することになる分国内有力寺社領に対しても毎度、段銭を賦課するのは何故かといえば、それは、有力寺社は、賦課命令を受けると、段銭免除を記した文書を発給してもらうことになるため、文書の発給手数料でもあり、賄賂でもある「礼銭」を発給者である、当主・守護代（評定衆）・奉行衆・郡代といった有力者に納めるので、彼らからすれば、ある程度の収入になるためである。

陶道麒入道の凱旋

『歴名土代』によると、九月一七日、大内家被官沼間（ぬま）隆清（たかきよ）が従五位下に昇進する。官職は以前より左近将監（さこんしょうげん）であったらしい。隆清は沼間敦定の次男で、この後の位階昇進のことを鑑みると、父同様、転法輪三条家の家司扱いで、仕事は在山口公家衆の世話係兼取次のようなものだろう。

『北肥戦誌』などによると、一〇月二九日、周防国守護代陶道麒入道が肥前国・筑前国を平定し、周防国に凱旋する。道麒入道は局地戦で多少、敗北することはあっても、終わってみれば勝利を収めていたという型の指揮官である。長い大内家の歴史の上でも、屈指の良将といってよい。道麒入道が少弐資元の遺児、少弐松法師丸の捜索を人任せにして、本格的におこなわなかった理由は、肥前国の国衆と豊後国大友家を過度に刺激することを避けたためだろう。大内家の肥前国支配は、以前より、少弐家残党の蜂起を鎮圧しながら徐々に影響力を浸透させていくという手法をとっていた。あまり強引なことをせず、いつも受けて立つという姿勢をとることで、〝王者の経営〟のような印象を与えようとしていたのではなかろうか。肥前国は山口からかなり遠いので、その方がかえって効率的なのだろう。先行研究［菊池：二〇一三］に詳しい、義隆側近にして博多津代官飯田興秀らによる平戸松浦氏被官籠手田定経への武家礼法伝授も、こうしたソフトな方針にのっとった戦略的なものなのかもしれない。

長門国国衙

大内家は閏一〇月一八日付で長門国二宮忌宮神社に対し、同国富成給内の、かつて聞出地とされた土地を富成鍋千代丸（とみなりなべちよまる）（後の隆助（たかすけ））に与えると通知する。これは隠地であるとの密告にもとづいて大内家が土地（聞出地）を没収し、密告者に与えたところ、元の持ち主（富成氏）が隠地ではないと越訴し、今度は大内家もその主張を認めたという事例である。勝訴側（富成氏）も謀書の罪でペナルティを課されているので、際どい裁判であったようである。勝訴の理由は書かれていないが、隠地疑惑のあった土地によった公役の勤仕実績が認定されたといったところだろう（『山』四―一五四頁）。ちなみに、この富成氏は長門国国衙の在庁官人の家で、戦国中期のこの時期においても、在庁官人の家は、他に、三井（みい）・包富（かねとみ）・武久（たけひさ）氏がある（『山』四―一八四頁）。偶然、周防国の国衙も国衙傒人達によって、細々と存続しているため、大内家分国は、本国周防国と准本国長門国で国衙の影響力が残存しているという珍しい戦国大名分国ということになる。ただ、彼等は国衙周辺に住まう半分地侍、半分神官のような存在で、古代以来の国衙機構が残存しているという意味ではまったくない。

平賀弘保の苦衷

義隆は閏一〇月一六日付で安芸国衆平賀弘保に対し、同国東西条代官弘中隆兼を介して、起請文を受け取ったとし、所領の安堵を伝える（『平賀』五四）。このときの弘保の起請文提出は、息子で出雲国尼子家方の平賀興貞との対立が深まったことへの危機感によるものであろう。起請文の内容は、義隆へ忠誠を誓うとした内容であったとみてよい。弘保は厳しい立場に立たされていたようだが、平賀氏の家譜（『平賀』二四八）によると、弘保の娘聟は義隆の信頼篤い多々良姓一門被官の冷泉隆豊とされるので、それは、弘保にとってはわずかな救いだろう。

弘保と興貞の父子間の合戦はこのころから激化し、義隆は弘保への援軍として、同国東西条代官弘中隆兼の他、杉隆相（すぎたかすけ）（隆宣の子）・弘中興勝（ひろなかおきかつ）らを派遣する（『平賀』七二）。興勝は、系図上、隆兼の父とされることが多いが、同時代史料をみる限り、隆兼の父は、先代義興期において官途称を隆兼同様、中務丞（なかつかさじょう）→三河守（みかわのかみ）と変遷させていた弘中興兼（ひろなかおきかね）とみるべきであろう。では、弘中興勝（右衛門尉（うえもんのじょう）→下野守（しもつけのかみ））はといえば、隆兼からみて、年上の親類といったところであろう。これにより、合戦はおおむね平賀弘保方が優勢となり、一一月七日には、弘中隆兼らの大内勢は、平賀興貞が籠城する安芸国賀茂郡（かも）頭崎城（かしらざき）（広島県東広島市）に攻め寄せる（『広』四—二八五頁）。ただ、興貞は、以後、しばらくの間、同城近辺で抵抗を続けることになる。

上方との交渉

この一一月、幕府政所執事伊勢家被官蜷川道運入道（俗名、親順）が大内家分国に下向する。当時、筑前国御笠郡岩屋城にいた博多津代官飯田興秀は、道運は「京都已来知人（先代義興期に在京していたとき以来の知人）」とした上で、武家礼法に関心がある者として、色めきたっている（『籠』三〇・三二）。『天文日記』によると、一二月二四日、このころ、義隆の使者として沼間敦定が上洛している。そして、恐らく敦定本人が、大坂の本願寺証如を訪問する。用向きは、義隆の遣明船派遣につき、瑪瑙（宝石の一種）を融通してほしいというものであった。敦定本人らしき使者は、証如の手元によい瑪瑙がなければ、加賀国（石川県南半分）の瑪瑙を取り寄せてほしいとの義隆の意向を示す。義隆は瑪瑙の産地は北陸であるとの感覚をもっていたようだが、証如を便利屋あつかいするあたり、三好元長を自害に追い込み、義隆の義兄弟、堺公方足利義維の政権を瓦解させた一向一揆の恐るべき実力を正確に理解していない様子もある。

『公卿補任』によると、一二月二五日、周防国に赴いていた廷臣広橋兼秀が帰洛する。『後法成寺関白記』によると、一二月二七日、義隆昇進交渉のために上洛していた被官沼間敦定と大内家在京雑掌西院大夫が廷臣近衛尚通を訪問する。敦定は前述したように、義隆の被官であり、廷臣転法輪三条家の家司扱いであったらしき者で、義隆と同じ従四位下の位階を保有する。一二月二八日、義隆は左兵衛権佐に任官する。大宰大弐は留任したが、左京大夫は辞官する。

第三章　安芸の戦乱

1　大内家諸大夫と率兵上洛計画

従四位上昇進と大内家諸大夫

『歴名土代』によれば、天文六年（一五三七）一月六日、義隆は従四位下より従四位上に昇進する。義隆は三一歳である。昇進がやけに小刻みであるのは、被官の沼間敦定と同じ従四位下では都合が悪かったからかもしれない。同日、多々良姓一門被官の冷泉隆豊が従五位下に昇進し、従来からの検非違使は留任する。隆豊は以前から左衛門少尉を称していたため、結果として、五位の検非違使の尉ということになった。かつて、源義経がそうであったように、この官位の者は「判官」とか「大夫判官」と呼ばれるので、以後、隆豊は「冷泉大夫判官」などと通称される。五位の尉になって「衛門大夫」などを通称とする大内家被官はいなくもないが、「大夫判官」は珍しい。また、隆豊は、時期不明ながら、恐らく幕府政所執事伊勢貞孝の周旋によって、幕府

天文6年（1537）大内家関係者官位表

名前	本姓	通称・注記	年齢	父親	立場・役職	官位
大内義隆	多々良	―	31歳	大内義興	当主	従四位上大宰大弐左兵衛権佐
沼間敦定	橘	沼間備前守	不明	不明	転法輪三条家家司扱いヵ	従四位下大蔵大輔
毛利元就	大江	芸州毛利	41歳	毛利弘元	（安芸国衆）	従五位下右馬頭
宗像氏男	宗像	―	26歳	宗像氏続	被官	従五位下近江権守
沼間隆清	橘	沼間淳定朝臣二男	不明	沼間敦定	転法輪三条家家司扱いヵ	従五位下左近将監
冷泉隆豊	多々良	大内冷泉判官	25歳	冷泉興豊	被官	従五位下検非違使
原田隆種	大蔵	原田	不明	原田興種	（筑前国衆）	従五位下弾正大弼
陶　隆房	多々良	陶	17歳	陶　興房	被官	従五位下中務権大輔
陶　持長	多々良	陶兵庫頭	41歳	陶　弘詮	評定衆ヵ	従五位下
杉　興重	平	杉三川守	61歳	杉　弘隆	評定衆ヵ	従五位下
相良武任	藤原	相良中務大丞	40歳	相良正任	被官	従五位下中務大丞

『公卿補任』と『歴名土代』を使用した。立場・役職欄の（　）つきのものは外様国衆という意味。分国内の一般社家は除いた。

御伴衆（格式としては、幕府外様衆の下、幕府奉公衆の上）にもなる（『山』二―九四六頁）。この厚遇は間違いなく義隆の引き立てによろう。『歴名土代』によれば、一月八日、陶隆房（道麒入道の子）・陶持長・杉興重・相良武任・外様国衆原田隆種が従五位下に昇進する。同日、隆房は中務権大輔に任官し、武任は中務大丞に留任し、隆種は弾正大弼に任官する。特定大名家の被官が、ここまで多く正式に五位に昇進することは異例である。これは、直接的には即位礼の恩賞の一環ということだろうが、義隆がやがて父義興同様、公卿になることを見越しての措置で、大内家はみずからを武家公卿家と自認し、朝廷側もこれを認めていたということだろう。そのようなことであれば、少々大袈裟な気もするが、四位・五位の大内家被官は「大内家諸大夫」と評してもよいだろう。一月一四日、大内家被官の従四位下沼間敦定が大蔵大輔に任官する。一連の大内家被官の昇進・任官交渉は敦定がしあげをしたとみてよいだろう。ここで大内家関係者の官位状況の把握のため「天文六年大内家関係者官位表」を掲げておく。『公卿補任』によると、一月二三日、廷臣持明院基規が「正月御酒勅使」として周防国山口へ下向する。三月七日、安芸国衆毛利元就の軍勢が、石見国衆高橋氏残党が籠城していたらしき安芸国高田郡生田城（広島県安芸高田市）を攻略する（『山』三―九七三頁）。『御ゆとのゝうへの日記』によると、五月二二日、義隆は人を介して後奈良天皇に去年の大宰大弐任官と「今年の御礼」として馬・太刀を献上する。六月二〇日、義隆は臨済宗の禅僧、策彦周良に対し、来たるべき遣明船派遣に備え、早々に下向するようにと要請する（『宰』一四―四八五頁）。周良は丹波国出身の京都天龍寺の僧で、大内家主催の遣明使節団の副使をつとめることになる。

『銀山旧記』によると、八月一六日、出雲国尼子家が大内家領石見銀山を攻め、その守将吉田興種・飯田興秀を討ち取り、同山を奪取したとする。しかし、明らかに両名は以後も生存している。また、『旧記』は、これによって有力石見国衆の小笠原・福屋・三隅・益田氏が尼子家傘下に入ったとする。同銀山が一時的に尼子領になったようなことがあったのかもしれないが、従来から尼子家に近しい小笠原氏や福屋氏はともかく、益田氏が尼子家傘下に入った形跡はないので、これらの話の信憑性は低い。とはいえ、時期的にみて、なにかしらの攻防があった可能性はある。

毛利隆元の山口下向

一〇月一〇日、義隆は山口に滞在していた義兄弟の廷臣万里小路惟房（義隆の正室万里小路貞子の兄弟）・同持明院基規や、多々良姓一門被官冷泉隆豊・側近

毛利隆元像（常栄寺蔵）

杉隆宗（興重の子カ）らとともに筑前国筥崎宮に参詣し、法楽和歌会をおこなう（「土」五—三二頁）。

『李朝実録』によると、一〇月一三日、義隆の使者松屋禅師が朝鮮国を訪れる。『御ゆとの丶うへの日記』によると、一一月二四日、義隆は岳父で廷臣の広橋兼秀を介して、後奈良天皇に銭一〇万疋（一〇〇〇貫。一億円程度）を献上する。名目は不明ながら「正月御酒勅使」下向の礼と即位の祝儀だろう。『天文日記』によると、一二月一日、石山本願寺証如が義隆に瑪瑙を五つ贈る。これは堺の豪商らしき「堺ひらや」が仲介し、取次は石見国守護代問田隆盛がつとめた。

一二月一日、安芸国衆毛利元就の嫡男毛利少輔太郎（後の隆元）が、義隆への挨拶と自身の元服のため、周防国山口に入る。その山口滞在中の記録である「毛利隆元山口滞留日記」（『毛』三九七）によると、宿所は大蔵院という寺であった。最初に隆元を出迎えた大内家被官は、陶氏でも杉氏でも内藤氏でもなく、「福嶋殿父子、毛利右京殿・宗次郎」である。福嶋親子は大江姓の福嶋親長・源三郎（親弘とも。親広の誤伝だろう）のことで、毛利右京と宗次郎も大江姓の者だろう。義隆は、大江姓毛利氏の少輔太郎をなぐさめるために、あえて大江姓の被官に応接させたとみてよい。義隆は一二月六日に少輔太郎を引見する。「滞留日記」は、山口の町衆が少輔太郎の出仕の様子を褒めたと得意げに記しているので、当時の山口は、地方都市として相当に繁華だったのだろう。一二月一九日、義隆は少輔太郎の元服式をおこない、これに「隆」偏諱を与え、毛利隆元と名乗らせる（『毛』三〇二）。大内家側とすれば、先々代政弘より「弘」偏諱を受けた毛利弘元（元就の父）・先代義興より「興」偏諱を受けた毛利興元（元就の兄）以来の、正統な毛利氏当主という感覚があったかもしれない。

義隆の上洛計画

　幕府は一二月二一日付の文書で、本来は幕府直属国衆で、現実的には大内家の外様国衆、石見国周布武兼や安芸国平賀弘保らに対し、義隆の上洛に従軍せよと命じる（『閥』三―五七三頁）。天文五年の京都は七月に近江国延暦寺（滋賀県大津市）の衆徒・近江国六角定頼連合軍と法華宗（日蓮宗）宗徒の合戦である、いわゆる「天文法華の乱」によって上京が広範囲に焼け、義隆に神道伝授をした平野兼永は暴徒に殺害されている。九月には管領家の細川晴元が入京しており、将軍義晴は天文三年九月より疎開先の近江国から京都に入っていたが、いかにも心細く、義隆に上洛を要請したものと思われる。

　幕臣大館高信（常興入道の子）は一二月二九日付で豊後国大友義鑑に対し「大内大宰大弐（義隆）が上洛を了承したので、ともに上洛をし、忠節をつくせとの御内書が出た」としらせる（『編年大友』一七―五九頁）。九州大友勢の上洛というと現実感が薄いが、大内勢の場合は、「応仁・文明の乱」時の政弘、一〇代義稙を支えた義興と、義隆の祖父と父の先例があるため、現実感がある。

義隆としても、圧倒的優勢な戦況であったにもかかわらず、大友家と和睦しようとしているのは、父祖以来の率兵上洛に魅力を感じてのことだろう。であれば、義隆の官位昇進欲求は、単なる名誉欲にもとづくものとか、戦国大名の官位インフレの一事例として、かたづけるべきではないだろう。上洛後の京都政界における政治的立ち位置のことをみすえつつのものと考えるべきではなかろうか。

2 外交の虚と実

筑前国の関所廃止

天文七年（一五三八）一月九日、義隆は安芸国衆米山天野興定に対し、同毛利元就との約定にもとづき、杉備中守家当主の杉興頼を元就の本城である高田郡吉田郡山城（広島県安芸高田市）の南、約七キロの地点にある坂要害（同）に配置するとしらせる（『山』三―四四五頁）。これは出雲国尼子勢対策とみてよい。一月一三日付で義隆は興頼に対し、備前守の官途称を許しているが、これは箔づけのためだろう（「萩杉」七二）。興頼は享禄四年五月に播磨国へ赴き、恐らく、同地の戦国大名赤松家と尼子家対策の談合をしていたが、任務を終えて帰国していたらしい。

義隆はC型の花押型と前後の政治状況からして、この年と思われる一月二七日付で元就に対し、「(毛利氏) 家中で錯乱が発生した際は、皆に合力するよう申し遣わしている。恐らく、否やはないだろう。諸勢が遅れることはない。詳しくは弘中隆兼が申す」としらせる（『山』四―六八一頁）。これは元就の子息隆元が山口に来たことへの返礼だろうが、錯乱とは状況からして、親尼子派の蠢動を想定しているであろう。

「隆元山口滞留日記」によると、一月二三日、山口で義隆と談合していたらしき、豊前国守護代杉重信と杉氏有力一門家、杉勘解由左衛門尉家当主の杉興道が、豊後国大友家との和談に備え、豊前国へ下向する。

二月六日、大内家が筑前国太宰府天満宮の小鳥居信元に対し、同国桂昌院領六町地などを返還する（『宰』一四―四四二頁）。しかし、同時に申請のあった檜物関所再興の申請については「当国諸関は、すべて破却なされたので、今更応じられない」との理由で却下する。寺社は、かつての荘園同様、儀式や費目ごとに関所を設置し、その通行税である関銭で儀式費用などを賄っていたことが多かったのだろうが、その申請は通らなかった。筑前国は大友勢との合戦の戦場になったため、前年の天文六年ごろ、大内家としては、すべての関所を撤廃することで、商人の往来を増やし、博多を中心にしたこの地域の商いを振興しようとしたのだろう。一国レベルでの関所廃止は、織田信長の政策として有名だが、義隆のそれも先行するものとして注目されるべきである。但し、周防国など、分国内の他の国の関所は、以後も維持されている点は注意を要する。義隆は二月一〇日付で肥前国衆平戸松浦興信に対し、対少弐家合戦と遣明船派遣に際しての毎度の協力について謝意を述べる（「松浦」）。

筑前国衆麻生氏事件

このころ、大内家の外様国衆で筑前国遠賀郡花尾城（福岡県北九州市）城主麻生弥五郎と麻生氏一門で遠賀郡山鹿の国衆山鹿氏の間で何かの事件があったらしい。前後の状況からすれば、山鹿氏が死去した機会をとらえて弥五郎が同国衆秋月種方を語らって山鹿領を接収しようとしたということらしい。それを知った義隆は激怒し、弥五郎の誅伐を命じる。この事件が知れるのは、この年ごろと思われる二月一五日付の義隆書状で、この書状は、義隆が九州方面の交渉役につかうことが多い前述の安国寺真鳳にあてたものである（『相』三七四）。義隆はここで「西堂（真鳳）が、これほどのことに意見をよこさないとは、心許ないことである」とする。義隆の性質がわかる同時代史料は少ないが、怒るときは怒る人であったことは確かである。この後、弥五郎は花尾城を脱出し、豊後国大友家のもとへ逃げ込んだらしい。空城となった同城は大内家の直轄城となり、有力被官高石兵庫助が城督となる。

養子恒持の元服

二月二五日、「毛利隆元山口滞留日記」によると、義隆の養子、大内恒持が元服する。恒持は摂関家出身の、いわゆる公家大名として知られる土佐国（高知県）の戦国大名一条房冬の次男とされる。母親は房冬の側室であった義隆の姉妹（義興の娘）という。しかし、安芸国厳島神社（広島県廿日市市）の社家棚守房顕（「房」は陶興房の偏諱）の「房顕覚書」では、恒持の「御袋」は「伏見殿御息女」とする。この姫宮は、『二水記』大永元年（一五二一）六月二一日条に、明日、婚姻のため土佐へ旅立つとの記述がある伏見宮邦高親王の姫宮玉姫のことである。すると、義隆は、皇族と摂関家の血をひくとはいえ、大内家の血をひいていない者を養子にしたことになる。

しかし、房冬が死去（一五四一年）した後、土佐一条家の当主は房冬と正室玉姫の間にできた一条房基が継承したのに、「房顕覚書」では、恒持の母は恒持の死去（一五四三年）後、悲嘆に暮れて周防国に赴いたとしていて、すっきりしない。順当に考えれば、恒持の母はやはり、房冬側室である義隆の姉妹で、恒持の死後、周防国に赴いたのも彼女だろう。つまり、「覚書」は正室の玉姫と側室の義隆姉妹を混同したのである。ちなみに、「覚書」は玉姫が嫁いだ先を房冬の父親の一条房家という誤解もしているため、恒持について「一条殿（房家）ノコケ（後家。玉姫のこと。但し、誤解、養母の可能性はある）子」としている。

やはり、義隆は姉妹の子、つまりは甥を養子にしたのである。そう考えれば、先代正室の子が当主となったため先代側室としては土佐国にいづらくなり、そこにきて実家に養子に出していた実の息子が死去したので、悲嘆に暮れて実家に戻ったということになろう。では、恒持の「恒」はどこからきたのかというと、順当に考えれば「大内殿御先祖次第」などでいう百済王族琳聖太子の嫡男にして、推古天皇や聖徳太子より多々良姓を賜り大内県に住んだという伝説上の人物、多々良正恒の「恒」字だろう。「正」字を選ばなかったのは、すでに「正」字は大内家の〝みなし偏諱〟にしていたためかもしれない。

この場合、被官に与える〝みなし偏諱〟の下の字を養子の上の字とする点に、多少、ひっかかりを感じる。そこで、もう一つ、可能性を挙げると、当時の常磐井宮家の当主、恒直親王の偏諱も考えられる。親王は大覚寺統の血脈をひく同宮家最後の当主にして、後柏原天皇（後奈良の父）の猶子で、永正九年（一五一二）の親王宣下の際、大宰帥になっている。だから、親王は大宰大弐の義隆からみて、名目上、上司ということになる。だから、義隆がその縁をつたって同宮家の通字を拝領した可能性もなくはない。

ちなみに、陶安房守家当主の陶持長は、恒持が元服する前から持長を名乗っていて、恒持が死去する前に隆満（たかみつ）と改名しているので、「持」は偶然の一致である。改名は、恒持を憚ったということであろう。また、「房顕覚書」によると、この恒持には同母弟に「チャチ（茶々カ）若君」という者がいる。

火事が多い町山口

「毛利隆元山口滞留日記」によれば、三月七日、周防国山口で火事が発生し、「本町家」と呼ばれる中心街らしき町屋が一〇〇ほど焼失する。罹災者は四、五〇〇人程度だろう。その際、在山口中であった安芸国衆毛利隆元の伴衆が鎮火に奔走したため、義隆から褒められている。隆元の在山口中、例えば、二月二五日には二代義弘の菩提寺である香積（こうせき）寺の門前、二月七日には大内家菩提寺興隆寺の円林（えんりん）房、三月四日には五代教弘を祀った築山（つきやま）神社の門前、八月二八日には山口市街の出入り口である鰐石（わにし）で火事がおきている。山口は木造建築が密集していて、火事がおきやすい土地だったのだろう。

周防介再任官

『歴名土代』によると、三月八日、義隆はこれ以前に辞官していたらしい周防介に再任官する。普通の武士はこうした国司系官職を指す受領官途を名乗るとき、任期など気にしないし、そもそも、朝廷の許可をとらずに自称することが多い。しかし、義隆は任官する際、逐一朝廷より正式な任命を受けている。しかも、廷臣三条西実隆に対し、国司系官職の任期の問い合わせをおこない「四年である」との回答を得ていた。義隆が周防介の辞官と任官を何度か繰り返すのはそのためだろう。

大宰大監

同日、「除書部類」によると、義隆の奏請により「山口興家」という架空の人物が大宰大監に任官する。これは朝廷の九州出先機関である大宰府の現地長官たる大宰大弐としての属官官職の推薦ということである。これをおこなうと、義隆としては九州における名目的な朝廷政治に関与できたことになるし、朝廷側としても九州の人事に名目的に関与できたことになる。前述したような、大宰府で「開府」をしたというアピールでもあろう。山口興家とは「山口を興こす家」という程度の意味だろう。以後、義隆が大宰大監に推薦する架空の人物の名前は、慣例として縁起のよい名前になっているが、その時々の義隆の心境や、置かれている政治的状況に即して名付けられている。冗談めいた雰囲気もあって興味深い。先行研究［山田：二〇一五］によると義隆は全部で一三例の正式な吹挙をおこなうことになる。

「隆元山口滞留記」によると、三月一一日、山口の大内館殿中で能がおこなわれ、これを、義隆と、在山口中の「土佐之公家」と、毛利隆元らが観覧する。「土佐之公家」とは、土佐国一条家の家臣団のことで、風体が公家風だったのだろう。一条家の者は、二月二五日におこなわれた大内恒持の元服式に参列するために来ていたものに違いない。

大内・大友家同盟の成立

三月下旬ごろ、義隆は陶安房守家当主の陶隆満（前名、持長）・豊前国守護代杉重信・杉勘解由左衛門尉家当主の杉宗珊入道（俗名、興道）を、豊後国大友義鑑は被官田北親員・山下長就・臼杵鑑続を筑前国秋月に派遣し、両家の和睦が正式に成立する（『宰』一四―四四三頁）。大内家は重要な合戦や外交交渉や寺社参詣の当主代参には、大内家と同族の多々良姓一門被官をつかう習慣があるので、この使節団は、正使が隆満で、副使が重信で、目付（監察）役が宗珊入道といったところだろう。この和睦によって、大内家は筑前国粕屋郡立花城とその周辺所領を獲得するかわりに、志摩郡内のものを中心とした幾つかの筑前国内の旧大友領家を大友家に返還したらしい。後述するように、筑前国国内の大友旧領をすべて大友家に返還したというのは誤解である。戦況からしてもありえない。後年、義鑑は義隆のために援軍を出しているので、以後の両家の関係は、大内家を格上とする、この時期なりの同盟関係になったといって差し支えないだろう。「隆元山口滞留記」によると、四月二日、義隆は山口を訪れていた土佐国一条家家臣を湯田まで見送る。湯田は山口の南はずれにある温泉地である。

C型の花押型からしてこのころのものらしき四月二四日付で、義隆は石見国の外様国衆益田全久入道（俗名、宗兼）に対し、入道の子、益田尹兼への家督譲渡承認の礼物に返礼を述べる（『益』二五七）。大内家の外様国衆の家々は、この戦国中期までに家督継承の際、大内家の承認を得ることが多くなっていた。それは無論、家督継承に大内家の介入を許すことになるから、従属度の強化を表す。筑前国国衆麻生氏のように、本家当主には大内家より誅伐命令がでる一方で、庶流の家は大内家の側近化するといった場合もある。義隆は五月六日付で石見国衆周布武兼に対し、義隆上洛に協力するとの返事を幕府に出すよう求める（『閥』三―五七三頁）。

五月一二日、安芸国厳島社大願寺尊海が朝鮮国（尊海は高麗国と呼称している）渡海のため、筑前国博多津に入る（『宰』一四―四四九頁）。

同盟成立の諸影響　義隆は五月二〇日付で豊前国宇佐八幡宮物検校に対し、豊後国大友家との和睦成立につき祈禱したことを誉める（「益永」）。宇佐宮としては、社領が豊前と豊後国に点在するため、当時は大内家に対しても、大友家に対しても、よい顔をせねばならず、難しい面があったろう。

大内家は本州周防国を本国とする大名であるが、宇佐宮のある豊前国は九州の国である。同国は南北朝期（一四世紀なかごろ）に大内家の支配下に入って以来、このときまでで、すでに二〇〇年近くたっている。当時生きている、生粋の九州人からすれば、鎌倉初期（一三世紀初頭）には九州に移住している元有力鎌倉御家人の肥前国少弐家（武藤氏。関東武士出身。藤原姓）はともかくとして、鎌倉中後期（一四世紀初頭）に本格的に移住した大友家（関東武士出身。源姓を自称）や薩摩国（鹿児島県西部）の島津家（惟宗氏。摂関家近衛家荘官の出身。源姓を自称）とであれば、大内家は、「よそ者」具合で大差ないとすべきであろう。

だから、江戸時代の九州各地で編纂された各種の軍記物は、戦国期の大内家と少弐・大友家との合戦を中国勢対九州勢の構図をとって、後者に思い入れをもって描くが、それに引きずられないよう注意する必要があろう。豊前や筑前国の軍勢を主力とした大内勢と少弐・大友勢が戦った場合、それは九州勢対九州勢の戦いでもあるのである。

これ以前、大内家は、有力被官仁保興奉に城督をさせていた筑前国志摩郡柑子岳城をみずから放棄する。和睦時の取り決めによる措置だろう。同城番衆梅月頼致は大内家に対し、大内家直轄城の早良郡安楽平城（福岡市）の城番衆への配置換えを希望し、六月一〇日付で希望を容れられている（「轀」）。しかし、義隆は六月二四日付で筑前国博多善導寺を祈願所にし、課役免除のことは同聖福寺・承天寺なみとする（『宰』一四―四五〇頁）。博多を引き続き大内家領とするための措置だろう。

『公卿補任』によると、この六月、義隆は兵部権大輔に任官する。左兵衛権佐は辞官したが、大宰大弐は留任する。義隆は明らかに、朝廷の武官系官職の歴任に意義を見出している。七月一日、義隆の使者、安芸国厳島大願寺尊海らが博多から朝鮮国に出発する。同国で大蔵経を求めるも「この国では仏を敬わず、寺塔が焼けたので大蔵経はすでにない」と断られる（『宰』一四―四四九頁）。口実かもしれないが、当時の李氏朝鮮王朝は、儒教や朱子学を重んじ仏教を軽んじた九代成宗の子の一一代中宗の時代であるので、ある程度、事実だろう。

少弐家の戦闘継続

安芸国衆平賀弘保は七月一三日付で幕府に対し、義隆上洛に随行せよとの命を承知したと返事をする（『平賀』五九）。七月二八日、御笠郡郡代多賀隆長らの大内勢が、「正門以下残党勢」と称された筑紫正門ら少弐勢による同郡与志岐荘への攻撃を防ぎ、あわせて、少弐勢の拠点らしき、同郡諸田村を夜襲、放火する（「多賀」）。隆長は出雲国尼子家から出奔してきた者であるので、客将あがりの郡代ということになる。

大内・大友家の同盟成立後の大友家と少弐家の関係はわかりにくいが、恐らく、大友家は、表向きは、大内家による少弐家攻撃を黙認するも、裏では少弐家を助けるという方針をとっていたと思われる。正門ら少弐勢の派手な動きは、劣勢を挽回する意図があったのだろうが、大友家としては迷惑であったろう。八月六日、大内家と大友家和睦のために派遣されていた幕府上使龍眠庵東興と諏訪長俊が帰洛のため豊後国を出発する（『編年大友』一七―七九頁）。上使は任務を成し遂げたことになるが、少弐家には強い悪印象をもったろう。

とぼけた毛利元就と生真面目な弘中隆兼

八月一一日付で安芸国東西条代官弘中隆兼が同国衆毛利元就に対し、幕府に提出する返事の文案を送るので作成を急がれよと述べる（『毛』二二五）。返事とは、過日、幕府より元就に出されていた義隆の上洛につき国許で義隆に協力せよという命令に対するものである。このとき、元就は自身の花押を据えた紙を二枚、隆兼に送り、返事そのものを隆兼に書いてほしいと依頼したらしい。それに対し、隆兼は「こちらで作成するのはよくないので、文案を作成してお送りする」という。そして、返事に使用する紙は「切紙ではいけない」と申し添える。元就が隆兼に送った花押入りの二枚の白紙は切紙であったらしい。幕府に対して大名や国衆が返事を出す際は、折ったり切ったりしていない、厚礼な竪紙をつかうべきで、竪紙を切り取った薄礼な切紙をつかうべきではない。元就の毛利氏は、室町期においては、幕府から直接命令を受けることが多い、いわゆる「幕府直属国人」の家であったが、切紙は薄礼だということすら忘れていたのだろうか。元就といえば、陰謀家の印象が強いが、花押入りの紙を送ると危険だとは思わなかったのだろうか。魯鈍を装って隆兼を油断させたにしてはやりすぎであろう。フィクションの世界の中の元就と実際の元就には、かなりのギャップがあるとみてよいのではなかろうか。とぼけた元就と生真面目な隆兼のユーモラスなやりとりである。

大内・尼子家縁組の噂

前年、出雲国尼子家では、当主、尼子経久が隠居分となり、孫の詮久が当主となっていたが、詮久は将軍義晴の上洛要請を受け、美作・備前・播磨国方面への出陣の準備に入っていた。その際、詮久と、同じく上洛命令を承諾していた大内家の間で、縁談が出ていたらしい（『尼』三〇〇）。義隆には正室（廷臣万里小路氏）も側室（廷臣広橋氏と廷臣小槻氏）もいるので、大内家の女性と詮久の縁組ということだろう。義隆には「幼了院電影珠光信女」を戒名とする享年一五（天文二〇年没。天文六年生まれ）の娘がいたことが知られているが、このときは一歳であるため、他に年長の娘がいたか、あるいは養女を迎えた上でということであったかもしれない。しかし、いずれにせよ、実現しなかった。

筑前国花尾城の直轄城化と諸情勢

一〇月六日、前豊前国宇佐八幡宮大宮司到津氏の愁訴を受けた大内家は、筑前国遠賀郡花尾城城督高石兵庫助に対し、豊前国企救郡到津荘へ花尾城修築人夫役賦課の停止を命ずる（「土」四―一〇頁）。同じ大内家分国であるため不思議はないが、筑前国の城の修築人夫役が越境して豊前国に賦課されることもあったことになる。また、前述したように、筑前国衆麻生氏の本拠、花尾城が大内家直轄城化していることもうかがえる。このころ、義隆の仲立ちにより、石見国の外様国衆益田尹兼と同三隅隆周の縁組が成立したため、隆周は一〇月一六日付で尹兼に三所領を割譲する（『益』二二二）。これで益田氏を上位とする両家の盟約が固まる。

近江国六角定頼は一〇月二四日付で豊後国大友義鑑に対し、将軍義晴の上意によって義隆と和睦し、筑前国内の大友旧領が返還されたことに祝儀を述べる（『六』四〇六）。「策彦和尚入明記」によれば、一一月二五日、出航が延期になっていた遣明使節団副使の策彦周良が筑前国太宰府天満宮に参詣する。『公卿補任』によると、一一月二九日、周防国在国中であった廷臣持明院基規が帰洛する。

『歴名土代』によると、一二月三日、義隆の養子大内恒持が従五位下に昇進する。恒持は一五歳である。これ以前、大内家は外様国衆平賀弘保の居城、安芸国賀茂郡白山城（広島県東広島市）に、城番衆として石井元家らの大内勢を配置していたが、元家は同城で困窮したと大内家に泣訴したようで、大内家は、このころらしき一二月一四日付で元家に対し、ひとまず平賀弘保と大内家で共同管理しているらしき同郡造果保要害（広島市）に移り、弘保と相談しながら（必要のあるときに）白山城に登城せよと命じる（『広』四―二九五頁）。

一二月一四日、『歴名土代』によると、多々良姓一門被官の右田隆量・同野田隆方と、豊前国守護代杉重矩（前名、重信）が従五位下に昇進する。

証如のこだわり

一二月二〇日、本願寺証如は義隆の求めに応じて珍しい馬を贈るに際し、書札を添えるも、必要以上に丁寧に記したことを後悔する（「天文書札案」）。これは、証如が、親交のある青蓮院宮坊官の鳥居小路経厚より、義隆が参議だと聞かされたので、書止文言（書札礼によって定まる、文書の文末の定型句）を「恐々謹言」よりも丁寧な「恐惶謹言」と書いてしまったが、参議の件が誤解だったため、プライドが傷ついたということである。証如は「参議は殿上人の官職だ」と自嘲する。当時、義隆は参議ではないので、悔しがるのはもっともである。しかし、義隆は天皇から昇殿資格を得ているので、殿上人ではある。ちなみに、証如はよほど悔しかったらしく、天文一六年（一五四七）に義隆あての書状を作成した際は、書止文言を「恐々謹言」にしている。証如としては、胸のつかえはとれたかもしれないが、その時の義隆の位階は正三位であるので、すでに公卿である。

但し、この問題は、実は、なかなかに複雑で、厳密にいえば、その時々の証如の僧位（そうい）・僧官（そうかん）と義隆の官位を比べた上で、証如の自嘲が妥当か否かを検証する必要がある。本書とまったく関係ないので深入りはしないが、僧位・僧官と俗人の官位の比較については、中世に限っても、鎌倉時代の『弘安（こうあん）礼節（れいせつ）』から『大乗院寺社雑事記（だいじょういんじしゃぞうじき）』文明三年（一四七一）八月二七日条まで、色々な説があるため、現代の研究者にとっても難問であり、恐らく、当時の人も確たる理解を持っていなかったものと思われる。だから、証如も人に聞いたり、間違えたりしたのであろう。

3　それぞれの本音

正四位下昇進

『公卿補任』によると、天文八年（一五三九）一月五日、義隆は従四位上より正四位下に昇進する。義隆は三三歳である。このころ、出雲国尼子勢が毛利氏と親しい備後国衆長野氏の同国三次（みよし）郡志和地（しわち）城（広島県三次市）を攻略する。尼子家は二月五日付で安芸国衆吉川興経に対し、大内家の動静をしらせるよう求める（『尼』三二八）。興経は大内家との手切れに踏み切りつつあった尼子家方に寝返ることになる。大内家は二月一九日付で筑前国筥崎宮に対し、義隆養子大内恒持元服につき馬・太刀を寄進する（『宰』一四―四九〇頁）。

「除書部類」によると、三月二三日、義隆の奏請により「筑紫海静」という架空の人物が大宰権大監に任官する。この仮名は、時期的にみて、遣明船の航行の安全を願ったもので、「九州の海は静まっている」という意味だろう。三月二六日、大内家は当主義隆の正四位下昇進につき、同国太宰府天満宮に太刀・馬を寄進する（『宰』一四―五〇八頁）。

陶興房の墓（山口県周南市建咲院）

陶道麒入道の病死

四月一八日、周防国守護代陶道麒入道が六五歳で死去する。道麒入道は先代義興以来の大内家筆頭の被官で、出雲国尼子経久や九州の少弐家を相手に次々と勝利を挙げた。大内家分国史上、屈指の名将と評してよい。特に義隆期となってからは、大部隊を指揮することに長け、大負けをせず、最終的に勝つという型の指揮官であった。これだけの戦場経験をしながら天寿をまっとうしたのも、この時代にしては稀有なことである。享年の六五は当時の武士としては長命だが、道麒入道があと一〇年生きていれば分国の命運も変わっていただろう。道麒入道の戒名は「大幻院殿透麟道麒居士」と、麒麟（聖人の善政がおこなわれると現れるとされる想像上の動物）の二文字が入っているので、これが死去すると、物事の終わりを意味する獲麟（古代中国春秋時代の魯国の君主、哀公が狩猟で麒麟を捕獲した記事によって、魯国の歴史書『春秋』が終了することからくる、物事の終わりを意味する語句）の感が否めない。

遣明船出航

「策彦和尚入明記」によると、四月一九日、正使湖心碩鼎・副使策彦周良をはじめとした大内家主催の遣明使節団（通称、天文七年度）が、肥前国五島奈留浦より出航する。

碩鼎は臨済宗の禅僧にして筑前国博多聖福寺の住持である。周良は前述したように、丹波国生まれの京都天龍寺の僧であったが、天文六年に義隆によって山口に招聘されていた。この使節団の船は三艘で構成されていて、一艘あたりの抽分銭（要は収入）は三〇〇〇〜四〇〇〇貫（三億〜四億円程度）とされているので、すべて帰国すれば、大内家は九〇〇〇〜一万二〇〇〇貫（九億〜一二億円程度）の収入を得ることになる。前述したように、天文五年に大内家が筑前国に賦課した後奈良天皇即位式費用負担等に伴う臨時加増段銭は三〇〇〇貫文であったので、遣明船派遣による収益は一艘につき、分国内一国分の臨時加増段銭と同等かややそれを上回る程度のものということになる。ちなみに、「古簡雑纂」に収録された（天文五年）五月二四日付幕臣飯尾尭連書状（幕臣大館常興入道あて）によると、義隆は遣明船派遣に備え、薩摩国の戦国大名島津貴久に対し、硫黄一万斤をおくるようにとの幕府文書の発給を求めていたので、これがうまくいっていれば、このときの遣明船には証如に融通してもらった瑪瑙のほか、相当量の硫黄が積載されていたはずである。

大内家は四月二三日付で筑前国観世音寺（福岡県太宰府市）に対し、九州探題渋川貞基（後の義基）が知行していた同国御笠郡西林寺領半済分を返還する（『宰』一四―五〇九頁）。貞基は死去したわけでも大内家と手切れになったわけでもないので、単なる半済給与の終了ということらしい。本拠地である肥前国で少弐勢が蜂起したため筑前国に避難したものの、大内勢の後援により肥前に帰国したため扶養措置を終了した、といったところだろう。落ち着き先は父祖の縁からすれば肥前国三根郡綾部城（佐賀県みやき町）であろう。同城は少弐家一門被官馬場氏の勢力圏なので難しそうであるが、先行研究［川添：一九七八］が指摘するように、天文一四年に渋川貞基（当時は義基）は三根郡光浄寺に対し、「郡役」免除を通知する文書を出しているので、綾部城でなくとも、三根郡内のいずれかである可能性が高い。

義隆は四月二四日付で安芸国衆竹原小早川興景に対し、中務少輔の官途称を許す（『小』二―二七一頁）。ここまで義隆は、被官や傘下の外様国衆にあてた、いわゆる「官途状」という官職の吹挙状を作成する際、文章後半に「挙申京都（任官について京都に吹挙する）」という定型句を使用してきた。但し、天皇に対し、本当に吹挙するわけではない。しかし、この後、使用文言を変化させるため、この興景への中務少輔の官途称許可は、「挙申」文言使用の最終例に近いものである。

石見銀山奪還

『銀山旧記』によると、この五月下旬、大内家は一時的に尼子家領となっていたらしき石見銀山を攻めて奪還する。大内家は内田正重という者を奉行とし、「昆布山谷」で銀を吹きはじめ、結果、毎年、大内家に対し、運上銀五〇〇枚を納入するようになったとする。大内家よる銀山開発が進んでいたことは、他の史料からもうかがえるので事実だが、内田正重という大内家被官は銀山関係の史料以外では確認できない。ただ、正重には大内家の〝みなし偏諱〟らしき「正」字がついている点に信憑性がある。

しかし、このころ、石見国那賀郡小石見で大内方と尼子方の小競り合いがあり、これは尼子方が優勢であったらしいこととは、齟齬する（『尼』三四五）。当主尼子詮久は、これを勝負どころとみたようで、尼子家傘下に入った安芸国衆吉川興経に対し、大内家と敵対している安芸国国衆武田氏への更なる協力を要請する。興経は武田領へ援兵を派遣していた。

恒持の養嗣子昇格

六月一九日、『歴名土代』によると、義隆の甥で養子の大内恒持が従五位下から従五位上に昇進し、周防権介に任官する。恒持は一六歳である。周防介ではなく、権官（正官に准ずる官のこと）である点は見逃せないが、周防介は大内家世子や大内家当主が若年時に称する受領官途なので、恒持が養嗣子になったということだろう。「房顕覚書」では恒持は「介殿」と呼ばれていて「権介殿」とは呼ばれていないので、権官のことは、一般にさほど知られていなかったかもしれない。恒持が養嗣子に昇格した事情は、義隆に実子が未だ誕生しないことと、単純に義隆が恒持を気に入っていたといったところであろう。

幕府での審議

将軍義晴は六月二一日付で義隆に対し、幕府料所筑前国鞍手・遠賀郡河上の年貢を催促する（『宰』一四—五二六・七頁）。大友家との和睦成立を受けてのことだろう。

義隆としても同地が大内家の管理下にあることを幕府に公認されることになるので、メリットはある。六月二八日、幕府内で、大内家被官杉興重による民部大輔任官について審議が持たれる。この件は将軍義晴御台所近衛尚通娘（後の慶寿院）と将軍岳父近衛尚通親子の申し出によったらしい。近衛親子と、杉氏の有力一門、杉三河守家当主の杉興重にどのような関係があったのか不明だが、これ以上の推薦者は存在しないといっても過言ではない。このときは、大名家の被官が八省の次官である輔に正式任官するのが異例であるため審議がもたれたのだが、足利家と由緒の深い式部大輔と治部大輔でなければ、「時代も時代であるし、例がなくもない」ということで許可されている（『引付』上―一四六頁）。

審議では問題になっていないが、申請が民部少輔ではなく、格上の民部大輔である点も興味深い。当時、従五位下の位階を有する興重は、若年時に兵庫助（正六位下相当）を称し、壮年になって三河守（従五位下相当）を称していたので、昇進したとはいい難い民部少輔（従五位下相当）ではなく、民部大輔（正五位下相当）の任官を申請したのだろう。『歴名土代』によると、興重は確かに、この月、民部大輔に任官している。従五位下民部大輔は、それこそ、大名なみの官位である。

一門部将右田興実の憂鬱

大内家の命を受けた筑前国筥崎津駐屯中の右田興実と門司依親は、七月三日付で同国守護代杉興運被官河内山河内守によって年貢未進が累積していた筥崎宮領高木村を筥崎宮に引き渡す。興実は天文三年五月には豊後国国東郡臼野浦で大友水軍と交戦していたので、義隆より水軍指揮能力を評価されていたのかもしれない。興実はこのときは門司関の門司依親を副将にして大内水軍を率い、筥崎津に駐屯していたらしい。状況からして、肥前国少弐家攻撃の後援だろう。分国において地方行政をおこなうのは、基本的に守護代・郡代や城督だが、一時的な駐屯部将が行政に関与することもある。この事例のように、部将が尊貴な多々良姓一門被官であった場合、守護代や郡代らの非違に関する訴えを持ち込まれることもあった。興実はこの問題にその後も関与したが、しだいに面倒になったようで「よかれとおもって仲裁したが、双方聞く耳をもたないのでどうしようもない。このようなことは本来、社家奉行が裁くべきなのだ」と腐る。おまけに仲裁を試みた際に興実が出した返書が証拠文書として裁判で利用されたことに憤慨し、「興実の返状が一〇〇通あったところで、公的な証拠になるわけがない」と憤慨している(『宰』一四—五一一～五頁)。

どうでもよいことながら、中世後期ともなると、通称官途を割りあい自由に選べるせいか、この河内山河内守の他、例えば、右田右京亮・右田右馬助のような、多少、名字との兼ね合いで、冗談めいた通称官途を選ぶ者もいる。この場合、文書上で使用される名字と官途称の頭文字をくっつけた略称は「河々」とか「右々」になるが、これは当時のセンスとしてどうだったのだろうか。

折紙銭と諸情勢

大内家は七月四日付で、三代盛見の菩提寺、周防国国清寺(こくせい)(山口市)に管理させていた同国寺社より献上されていた折紙銭(おりがみせん)を同国高嶺大神宮(同。山口大神宮)に追加の造営費として寄進する(『山』二—九一四頁)。大名家は、節句や祝いごとがあると、分国内寺社より祈禱を実施した旨を記した巻数(かんず)という報告書とともに礼銭を贈られることがあるが、その際の礼銭は、銭現物たる現銭ではなく、金額のみを記した紙である折紙銭の場合も多かった。今風にいえば、キャッシュレスで便利なのだろうが、折紙銭は、要は現銭化の先送りということなので、誰かが誰かから取り立てをせねばならない。義隆はこれを追加造営費にあてよという名目で同大神宮に寄進しているので、現銭化は寺社間でなすことになる。義隆としては、造営費をうまく捻出したことになるだろう。

大内家は七月一七日付で太宰府天満宮満盛院に対し、同国早良郡戸栗・重富を借り上げて小原隆元に預け置いていたが、小原がこの春に帰国したので、同地を返却するとする。「隆」は明らかに義隆の偏諱だが、小原氏は豊後国大友家被官の名字なので、恐らく、大内家に亡命した客将が、大内・大友家の和睦成立により、帰国したということだろう（『宰』一四―五二七頁）。この月、明帝国の商船が周防国に来着し、義隆は同商船から文物を購入する。また、『明史』によれば、大内家主催の遣明使節団（通称、天文七年度）が明帝国寧波に到着する。

八月四日、大風により長門国忌宮神社の宝殿などが倒壊する（『山』四―一六五頁）。同社は海に近いせいか、朽壊や倒壊が多い。同日、「おべに孫衛門縁起」によれば、大内家領石見銀山付近で洪水が発生したため「昆布山」で山崩れがおき、一三〇〇人余りが水に流されたという。『御ゆとのゝうへの日記』によると、八月六日、義隆は後奈良天皇に対し、「今年の御礼」として太刀・馬代四〇〇〇疋（四〇貫、時価四〇〇万円）を献上する。

大内家は八月七日付で周防国松崎天満宮十月会大行事役に関する、同社家と杉次郎左衛門家当主、杉隆宣の被官紺搔物兵衛の相論につき、社家を勝訴とする（『山』二―六一二頁）。社家お抱えの番匠（大工のこと）が、武家被官の紺搔（染物屋のこと）に商売替えした後も、社役（ここでは、大行事役。社家お抱えの有力職人や町人が輪番で務めていたらしき、同宮で一〇月に開催される儀式の役）をつとめるべきか否かという興味深い相論であったが、社家から身分が離れても、社役はつとめよという判決であった。『李朝実録』によると、八月一二日、大内家使者の龍穏東堂が朝鮮国宮廷を訪れ、饗宴を受ける。

出雲国尼子家の蠢動

このころより、塩冶興久の敗死以来、水面下で進んでいた尼子家と大内家の対立が表面化する。義隆は八月九日付で安芸国衆米山天野興定に対し、興定が、同国賀茂郡高屋に布陣した同国衆平賀興貞勢に対応するべく、早々に出陣したことを誉める（『山』三―四四五頁）。天野興定と平賀興貞は名前の音が同じで紛らわしいが、天野興定は大内家外様国衆で、平賀興貞は出雲国尼子家傘下の国衆である。義隆はこのころより花押型をD型に変える。

義隆は九月一三日付で安芸国衆毛利元就に対し、元就が調略文書三通を提出したことを誉める（『毛』二一三）。文章は、多少意訳すると、「興禅寺への御書状を詳しく拝見した。三品（従三位、大内義興）のときより今までの御協力について書いてあった。そのことはよく承知している。とくに小笠原計策状（調略文書）三通も拝見した。（元就の）ご心底についてはよろこばしく思っている。はてさて、（あれは）なんのための佞説（よこしまな説のこと）であったのか。（元就の）御不審については驚いている。予（義隆）としてはまったく（元就を）疑っていない。恐らく、貴所（元就）と予を仲たがいさせようとする佞者（よこしまな者のこと）の所行であろう。疑心をいだかれるな。右のことは、一つとして偽りを述べていない。尊神は照覧あれ」というものである。

冒頭にみえる興禅寺とは、安芸国興禅寺（広島県安芸高田市）住持の策雲竹英のことで、竹英はこのころ元就嫡子隆元のつきそいで山口にいたらしい。この文書は、元就が尼子方につこうとしていると義隆に言上する者がいて、義隆が元就への疑念を深めていると知った竹英がそれを元就に報せ、恐らく、あわてたであろう、元就が自分や父弘元や兄興元が、いかに大内家につくしてきたかの説明をした上で、改めて大内家に忠節を誓うとして提出してきた起請文への返事といったところであろう。

佞説とか佞者といった文言がでてくるが、「小笠原計策状三通」とは、元就が実際に受け取っていた尼子方石見国衆小笠原長隆・長徳・長雄三代の調略文書であろうから、火のないところに煙はたたぬ、ではないが、元就にも疑わしい動きがあったのであろう。

ちなみに、少なくとも、当該期の西中国地方では、起請文の提出を受け、相手が格下の者で、略礼の返書を送る場合、文章の後半で「尊神可有照覧」といった文言をつけて、神仏の名前を挙げて誓約をしてきた者に対する略礼のエクスキューズにすることが多い［藤井：二〇一五］。

実は、これ以前、尼子家は前述した備後国三次郡志和地城のみならず、某国北城・安芸国山県郡壬生城（広島県北広島町）を攻略していた（『毛』一五一二）。これにより、元就は備後国・安芸国山県郡内の諸権益や、苦心の末入手していた高橋氏旧領、石見国邑智郡阿須那などを失うことになっていた。つまり、この時期、元就は所領を激減させていたのである。元就としてはこのまま大内家に付いていてよいのか、相当に迷ったはずである。しかし、結局、タイミングが良いのか悪いのか、嫡子、隆元を山口に出仕させていたこともあって、元就は大内家の傘下に留まることを決断したのであろう。

九月一七日、毛利元就ら大内勢が同国安南（あんなん）郡戸坂で尼子方軍勢と戦う（『尼』三六〇、三六二）。このとき、毛利勢の岡又四郎（おかまたしろう）は、松田経通（まつだつねみち）被官の近藤民部左衛門尉（こんどうみんぶざえもんじょう）を討ち取る。尼子勢部将、松田経通の命令は「足軽申付」であったので、この合戦は前哨戦といってよい。経通の子がこの合戦で負傷していることからすれば、この松田勢の足軽衆（威力偵察部隊。前述）の指揮は経通の子がとっていたらしい。

将軍義晴の憂慮

『大館常興日記』によれば、このころ、義隆は飛脚を送り、幕臣伊勢貞孝を介して将軍義晴に対し京都の騒擾（そうじょう）（騒動のこと）を見舞う。騒擾とは、具体的には、管領家の細川晴元とその被官筋にあたる三好範長（みよしのりなが）（後の長慶（ながよし）。元長の子）の争いに伴うものである。そうしたところ、義晴は幕臣大館常興入道に対し、義隆にあてて「阿州（あしゅう）が動かぬよう協力いただければありがたい」との趣旨の御内書作成の文案を練るよう命じる。「阿州」とは、四国は阿波国の足利（あしかが）義冬（よしふゆ）のことである。義冬とは、かつての「堺公方」足利義維のことで、彼は、将軍義晴の異母兄弟にあたり、前述したように、正室は義隆の姉妹である。だから、義冬と義隆は義兄弟にあたるのだが、義冬の正室、つまりは義隆の姉妹は、天文七年に、将来、四代将軍となる足利義栄（よしひで）を産んでいる。

そうしたわけで、将軍義晴としては、義冬・義栄親子と義隆が結びつくことを警戒していたのである。義隆が積極的に義冬に接近していた形跡は特にないが、義冬は、やはり義隆の姉妹を娶っている阿波国細川持隆に庇護されていて、かつ、同国出身の三好家との関係が深い。将軍義晴としては、義隆が足利義冬・義栄親子を奉戴し、三好範長と結んで上洛してくれれば、自分の天下はくつがえると思っていたのではなかろうか。実際、範長（長慶）の死去後に三好家の実権を握った、通称、三好三人衆は一三代将軍義輝（よしてる）を殺害し、この義栄を一四代将軍にすえることになる。

ちなみに、義隆の養嗣子大内恒持がこのころ病気になり、大内家の評定が休止となっている（『宇』一二一―一二三頁）が、この恒持の縁で大内家は土佐国一条家との関係も良好である。義隆は、その気になれば、大袈裟ではなく、将軍義晴包囲網を形成できるのである。義晴を支え、九月に入京し、相国寺（しょうこくじ）万松軒（ばんしょうけん）にいた近江国六角定頼が、義隆に気をつかうはずである。

恒持の名前

『歴名土代』は大内恒持がこの年の六月一九日に従五位上周防権介となった際、同時に将軍義晴の「晴」偏諱を拝領し、「晴持（はるもち）」に改名したとする。また、近藤清石氏の『大内氏実録（おおうちしじつろく）』所収の「大内系図」は、恒持の別名として、晴持の他、「義房（よしふさ）」を挙げる〔近藤：一九七四〕。

しかし、義隆は、この年の一〇月三日付で岳父で廷臣の広橋兼秀に対し恒持の昇進についての礼状を書いているが、文章は「恒持加級幷周防権介申入之処（恒持の昇進と周防権介任官について申し入れしたところ）……」とはじまっている。つまり、義隆は、周防権介任官の後も、恒持を恒持と呼称しているのである（「甕」）。また、厳島神社社家棚守房顕の「房顕覚書」や「房顕日々記」においても、恒持の名前は、恒持が天文一一年に死去するまで一貫して恒持と書かれている。これらからすれば、恒持は生前、恒持のままであった可能性が高い。『歴名土代』などのいう「晴持」は、元服時の名前ではなく、死後に義晴より賜った贈名（諡）であろう。

一〇月一四日、豊後国大友義鑑の使者臼杵鑑景が上洛し、将軍義晴に大内家との和睦成立を言上する。これを受けて義晴は両家に上洛を命じる（『宰』一四―四三八～四一頁）。幕臣大館晴光（常興入道の子）は義隆を「大内都督」と呼んでいる。

通津万盛

大内家は一〇月二一日付で、被官通津万盛と、万盛の所領である豊前国時元大石寺名の名主職にして豊前国守護代杉重矩被官である成恒氏種の裁判につき、万盛による氏種の名主職改易の訴えを却下する（『大分』八―三六三～七頁）。両者は一〇月二五日に和解するが、在山口御家人らしき通津万盛に対して収められる九州よりの年貢が、周防国小郡着の契約になっている点が興味深い。同地は港湾部近くに倉庫でもあり、それなりに都市化していたのであろう。また、場合によっては、被官は所領内の名主（下作）職の更迭をおこなう際、大内家に届け出が必要であることをうかがわせる点も興味深い。そして、豊前国守護代杉重矩が自身の被官から「殿様」と呼ばれている点も注目される。通津氏は名字からすれば、鎌倉期以来の大内家の所領、周防国玖珂郡通津郷の領主であろう。

細川持隆勢の備中派兵

この一〇月ごろ、備中国に上陸した阿波国の細川持隆勢が出雲国尼子勢に破れる（『尼』三六二）。持隆勢の備中派兵は、播磨国赤松政村（前名、政祐、後の晴政）の要請による。政村は尼子家と交戦し、この前後に播磨国飾磨郡英賀城（兵庫県姫路市）まで落とされて

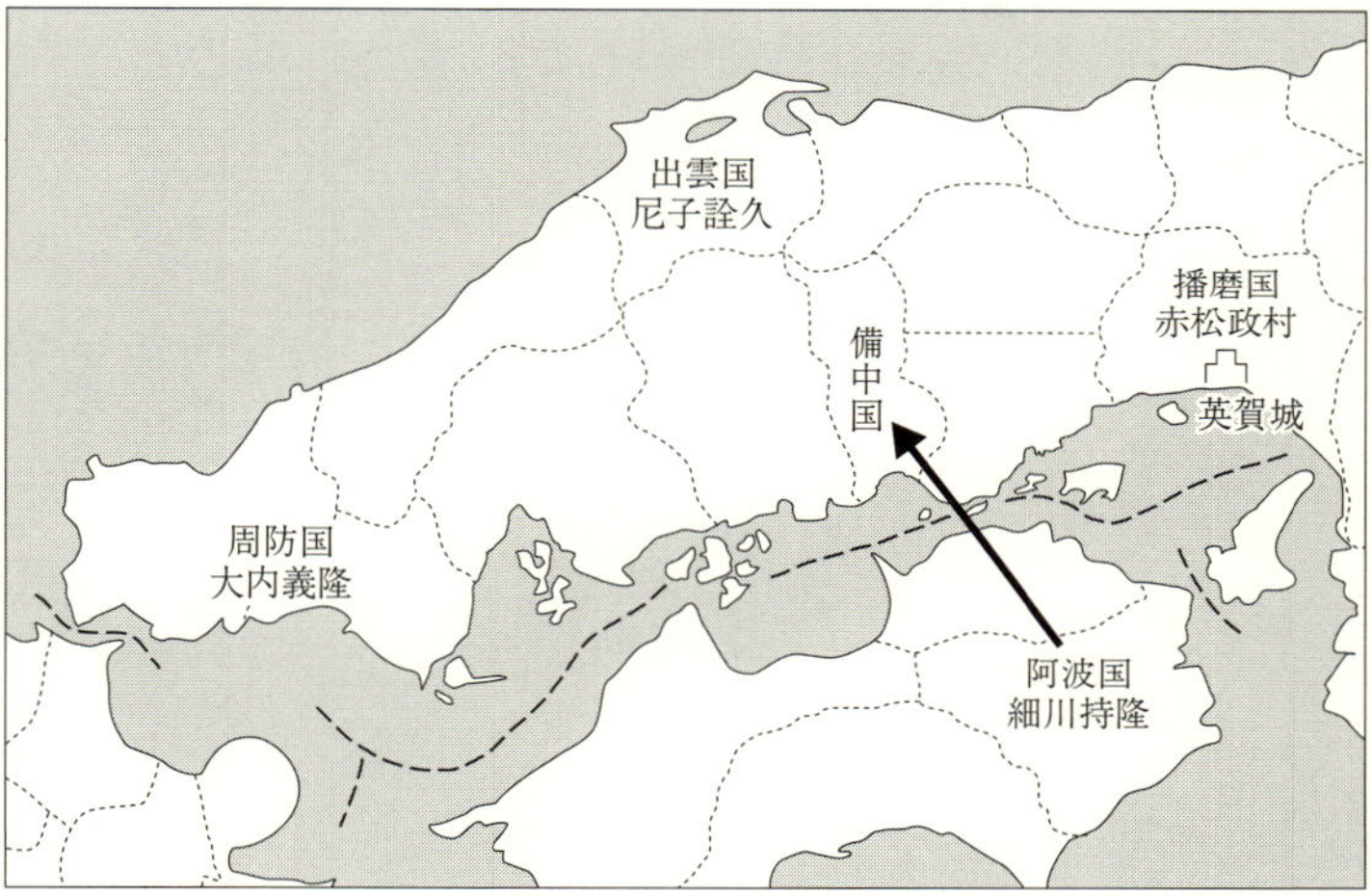

細川持隆の備中派兵略図

いた。赤松政村の要請に応じた持隆の心象には、祖父、細川之勝が備中国守護職家、細川勝久の養子になっていたことがあったろう。持隆は義隆の姉妹を正室にしているが、持隆が義兄弟の義隆に援軍要請をした形跡はない。結果論だが、あと一・二年遅ければ、持隆の備中派兵は義隆との連携が可能であった。とはいえ、義隆としては、これに呼応すると、持隆が庇護する足利義冬の奉戴を標榜してのことかと将軍義晴に思われてしまうだろうから、いずれにせよ、援軍はだしにくいものがあったろう。

義隆の願文

一〇月二九日、大内勢は筑前国夜須郡に攻め寄せてきた筑紫正門らの少弐勢を破る（『宰』一四―五三〇～一頁）。このころと思われる一一月一〇日付で奉行衆吉見弘成は周防国松崎天満宮大専坊（山口県防府市）に対し、義隆の防府入りに備え、恐らく、大専坊に設置される予定の御座所の畳を替えるべく畳差の四郎左衛門を派遣したと通知する（『山』二―六五八～九頁）。そして、御座所の古い畳は、今度、「会所」にする予定の「御次之広間」の破れた畳と交換し、見苦しくないようにせよとしている。出陣先にまで畳職人を派遣する以上、義隆は普段は畳敷きの部屋で生活をしていたことになる。

義隆は一一月一七日付で太宰府天満宮に北九州での戦いの戦勝を祝して備前長船らしき宗久の太刀などの寄進をする（『宰』一四―五三〇～一頁）。寄進状の大意は次の通りである。

「長年、藤原冬尚（幼名、松法師丸）は（大宰）少弐を僭号し、管国を侵略し、朝廷の権威を軽んじ、（足利）将軍家の命に逆らってきた。そこで（義隆は）朝敵治罰（の将）に任命されることは数度におよんだが、（冬尚が）肥前国を押領して年月が過ぎるのみであった。臣（義隆）は大宰大弐に補任された日より凶賊を征伐し、民を安んぜようと考えてきたが、東北干戈（対尼子戦争）が終わらぬまま時が過ぎた。さて、去る一〇月二九日、敵の重臣筑紫正門兄弟以下の賊徒が（筑前国）夜須郡に襲来したため、（義隆は）軍勢を励まし、力戦して大勝した。これは単に武略のなすところではない。神明の徳と（菅原道真を祀る）聖廟の擁護によるものである。ますます管国を安穏なものとし、左衽な振る舞いはさせない。よろしく尊神の明慮のあらんことを」。

義隆が、藤原姓武藤氏、つまりは、少弐家の大宰少弐を「僭号」、つまりは、僭称と非難しているのは、自身の大宰大弐をはじめとした官職任官が朝廷に願い出ての正式なものであることを意識しての発言だろう。義隆が大宰大弐になった動機は、やはり、少弐家を大義名分の上でうわまわるためとみてよい。そして、「左衽」という表現も面白い。この語句は、「（着物が）左前」という意味で、モンゴル人国家である元帝国との合戦を控えた鎌倉幕府の「高麗不審条々」にもみえる。右前の文化民俗を自認する日本人からみて、異民族・蛮族の風習を蔑む独善的ないい方である。大内家は異国人である古代朝鮮百済王族の末裔を自称しているので、あえて「左衽」という言葉をつかう必要もないように思うが、どういうことだろうか。特に深い意味はないのかもしれないが、義隆は百済王族の末裔であるので、蛮族の末裔ではないと思っていたのかもしれない。ちなみに、「左衽」な元・高麗連合軍（モンゴル人・中国人・朝鮮人などの連合軍）を追い払った日本勢の主力は少弐勢である。

ところで、義隆の宿敵で、これ以前に肥前国神埼郡勢福寺城（佐賀県神埼市）に入城していたらしき、少弐冬尚の「冬尚」という名前は気になる。冬は南北朝期の少弐家当主、少弐冬資の「冬」をとったのだろうが、これは、二代将軍足利義詮に敵対した義詮の庶兄、足利直冬（尊氏の庶子にして直義の養子）の偏諱である。冬尚は九州南朝方である征西府より大宰府を取り戻す戦功を挙げたが、最終的には時の九州探題今川了俊入道（俗名、貞世）の手の者に暗殺されている。少弐家にとって、吉例とはいい難いだろう。しかも、「冬」は現在の将軍義晴の潜在的競争相手で、庶兄にあたる阿波国足利義冬をも連想させる。幕府の受けも悪いだろう。この辺り、少弐家の外交能力の質の低下が感じられる。とはいえ、一応いっておくが、少弐家はなにも、肥前国で暴政を展開していたわけではない。義隆による少弐家非難は、これを打倒しようとする義隆の側のレトリックというものである。

こうして北九州の戦局は一旦落ち着くが、その一方で、安芸国を戦場とした尼子方と大内方の合戦が本格化していく。このころ、義隆が大内家方安芸国衆平賀弘保支援のために配置していた同国賀茂郡造果保要害の大内勢が、尼子方国衆となっている平賀興貞の攻撃を防ぐ（『広』四―二九二頁）。

一二月三日、宇野隆定・白井房胤らの大内水軍が、現在の広島湾近辺で安芸国衆武田水軍と戦う（『広』五―二八二頁）。隆定は名字からすれば多々良姓一門被官だろう。房胤は広島湾沿岸部の国衆で、「房」は陶興房の偏諱、「胤」は平姓千葉一族の通字である。義隆期大内水軍のうち、陶氏の息がかかった部将の一人である。

大友義鑑の不満

一二月五日、豊後国大友義鑑が幕府に対し、日向国（宮崎県・鹿児島県東部）国衆伊東氏（代々、大和守とある）の弾正大弼任官・肥前国国衆有馬氏（代々、左衛門尉とある）の新たな官職への任官に苦言をていしている（『編年大友』一七―一二九頁）。九州において将軍偏諱と官職を与えられるのは、大友家の他、薩摩国島津（代々、陸奥守とある）・肥後国菊池（代々、肥後守とある）・肥前国国衆千葉・肥前国少弐氏で、その他の者（伊東氏や有馬氏など）は皆、大友・島津・菊池家の被官なみにするべきという。

また、西国の大部分を支配しているのは大内と大友家であって、～大夫を称するのはこの両家のみとする。事実上の武家公卿家である義興・義隆親子の官位上昇は戦国期武家官位インフレの一事例として埋没させるべきではないと思うが、インフレがおきていたことは事実である。旧族大名といってよい義鑑としては秩序を壊されるようで不満だったのだろう。しかし、義鑑は大内家の官位上昇に対する不満は述べていない。大内家は特殊なのでしかたがないという諦めがあったか、自分自身の官位上昇に色気がなくはなかったからかもしれない。

惣国損亡

一二月一八日、豊前国宇佐郡の役人（赤尾氏や橋津氏だろう）が宇佐八幡宮に対し、天文五年春秋段銭の受取状を送る（『宇』一二―一二三九頁）。分国の基礎税である段銭について、その詳細がわかる史料は多くないが、これによれば、春・秋二季の賦課であることがわかる。

この年、筑前国は、一国すべてが不作であったことを意味する「惣国損亡」と評される（『石』五六四）。年貢減免の駆け引きのための発言である可能性もあるが、筑前国は長く大内・大友家間の合戦の戦場になり、かつ、肥前国少弐家との合戦は継続しているため、地域社会に大きなダメージがあったことは確かだろう。

4　尼子詮久の「安芸遠征」

防府出陣

「房顕覚書」によると、天文九年（一五四〇）一月九日、義隆と養嗣子大内恒持が、山口を出陣し、周防国防府に本陣を置く。これは出雲国尼子詮久勢の安芸国への侵攻に対応するためである。一月一三日付で義隆は安芸国衆米山天野興定に対し、防府に到着したこと、先手勢の出航が近いことを報せ、西条（東西条）に出仕し、杉隆宣と相談されよと命ずる（『山』三―四四六頁）。東西条代官は長く弘中隆兼が務めてきていたが、これ以前に杉次郎左衛門家の杉隆宣が同代官に起用されていたらしい。弘中隆兼は「塩冶興久の乱」の際に尼子家との交渉責任者であったため、義隆に警戒されたのか、出雲の知人との合戦をさけさせようという温情なのか、同代官を外されたらしい。

『大館常興日記』によると、二月二二日、幕府では、大内家傘下の筑前国衆秋月種方が幕府に対し、大内家と豊後国大友家の和睦に尽力したことをもって幕府御伴衆（格式としては、幕府外様衆の下、幕府奉公衆の上）にしてほしいとの申請について評議がもたれる。結果的にいえば、種方の望みは叶わなかった。

二月一四日と二二日、安芸国衆白井房胤らの大内水軍は、現在の広島湾頭にあたる佐東川（現、太田川）の河口部において武田水軍と交戦する（『広』五―一二二頁）。このとき大内水軍は敵船一艘を奪取した上、敵兵九人を討ち取る。このときの大内水軍は前述した宇野隆定が大将で、周防国玖珂郡の国衆杉社房康も従軍していた。

義隆は二月二四日付で同盟相手の豊後国大友義鑑に対し、安芸国への援軍派兵を要請する。ここで義隆は、意訳すると「援軍要請は二度したが、肥後国の件で延期するとのことであった。もっともであるが、肥後は少敵（小敵）であるのでたいしたことはないだろう。早々に援軍をおくっていただけるとありがたい」と述べる（『山』二―九〇六頁）。これ以前に大内家は、肥後国菊池義武（前名、義宗）との同盟は破棄していたらしい。大友家と同盟を結んだ際の条件であろう。大友家は大内家による少弐家攻撃を黙認するかわりに、大内家は大友家による菊池家攻撃を黙認するという密約があったのかもしれない。文章はそれなりに丁寧だが、文意は尊大で、文書様式は書止文言が「恐惶謹言」の格下の「恐々謹言」で、あて先は単に「大友殿」とあって、上に敬意を表す「謹上」がついていない。大内・大友同盟といったが、前述したように、これは両家の合戦が大内家の圧倒的優位で終結した段階で締結されたものであった。この文書様式からしても、この同盟は対等な同盟ではなく、大内家を盟主とし、大友家を下風においた同盟とみてよいであろう。

『明史』によると、この二月、湖心碩鼎を正使、策彦周良を副使とする大内家主催の遣明使節団（通称、天文七年度）が明帝国北京（ペキン）に入り、翌三月、明の嘉靖（かせい）帝より「新しい勘合符は古い勘合符と交換でなければ交付できない。入貢の時期は一〇年に一度、人数は一〇〇人以下、船は三艘以下にせよ」という勅書を受ける。

幕府での協議

『大館常興日記』によると、三月九日、幕府では豊前国羅漢（らかん）寺（大分県中津市）の住持職人事に対する大内家の抗議について協議をおこなう。大内家の抗議は、このころ上洛していたらしい長門国正法（しょうぼう）寺（山口県山陽小野田市）の慶喚（けいかん）という僧を雑掌としてなされていて、大内家が人事をおこなうべきところ、幕府がおこなったのはおかしいというものであった。結果、幕府は大内家の抗議を認め、人事を撤回する。

幕府は同日、医家半井明英（なからいあきふさ）による、医学を学ぶことを目的として、明帝国への渡航の申請についても協議した。幕府は大内家による遣明船派遣の独占を認めていたため、明英の渡航についても大内家の了承を得るべきか否かということであった。ただ、いくらなんでも、これについては大内家の了解をえなくも問題ないだろうとの結論をみたらしい。また、幕府は同日、幕臣飯尾堯連を介しての義隆の申請に基づき、麻生兵部少輔以下の数十人に対し、義隆にますます協力するようにとの文書を発給することについても協議した。兵部少輔とは、麻生弥五郎が出奔した後、麻生氏本家扱いを受けている麻生氏有力分家の麻生家重のことであろうか。義隆としては、出雲国尼子家や安芸国衆武田氏との合戦に備え、傘下の外様国衆の支配強化を図って申請したらしい。

幕府管領家にして細川京兆家の細川晴元は三月二一日付で周防国守護代陶隆房に対し、出雲国尼子家と大内家の合戦の検分のため、使者妙観院を派遣すると連絡する（『尼』三九〇）。これは仏僧ではなく、山伏だろう。晴元は天文八年九月に入京して以来、対立する三好範長と休戦し、表面的には将軍義晴と良好な関係を保っている。元々、晴元は、大内義興と結んだ細川高国に追いやられた細川澄元の子で、このころ、高国の養子を称する細川氏綱と管領の座を廻って対立している。しかし、晴元はその経歴とは逆に、このころはどちらかといえば、親大内家の立場をとっていたらしい。これは、大内家との良好な関係を維持する近江国六角定頼への配慮もあろう。

室町後期における、瀬戸内海の制海権を廻る細川京兆家と大内家の激しい対立関係は、戦国期にそのまま持ちこされていない点は注意を有する。晴元が義隆あてに直接文書を出さなかった理由は、陶氏の実力をよく知っていたからであろうし、五位の晴元としては、幕府内秩序では格下ながら四位の位階を保有する義隆への書札礼に困ったからかもしれない。

安芸国武田氏との戦い

義隆は三月二三日付で肥前国衆平戸松浦興信に対し、出雲国尼子家が芸石を狙っているため出陣することをしらせ、肥前国での少弐氏残党の蜂起に某隆連と相談して対策をするよう要請する（『松資』一〇九頁）。

『歴名土代』によると、義隆は三月二四日、伊予介に任官する。これは、後の展開からいえば、きたるべき、安芸国での武田氏や尼子家との合戦に備え、芸予諸島を拠点とする能島・来島・因島の村上海賊衆を支配しやすくするために申請したものだろう。長官の伊予守に任官しなかったのは、同官が清和源氏由緒の官職であるためだろうか。「除書部類」によると、義隆の奏請により「漢人着朝」という架空の人物が大宰大監に任官する。この仮名は前年に明の商船が分国を訪れたことを意味するだろう。

五月五日、宇野隆定・杉杜房康・白井房胤・光井兼種らの大内水軍が、安芸国佐東郡の三角洲である箱島に上陸し、同国武田勢と戦う（『広』五―二二頁）。こうして大内勢と尼子家と同盟する安芸武田勢の合戦が本格化の様相をみせはじめるが、六月九日、安芸国衆武田氏当主、武田光和が死去する（『尼』三八七）。これを受けて武田一族の女性らしき「御料人」が、武田氏家督の継承者について尼子詮久に申し入れをおこない、詮久と、恐らくは、尼子家被官湯原氏（幸清かその一族）の周旋によって安芸武田氏と同族の若狭国武田家より武田信実が新当主として安芸国へ下向することになる。

平賀興貞の降伏

六月一四日、大内勢と交戦する肥前国少弐冬尚が幕府に対し、将軍義晴の「義」偏諱を求める（『宰』一四―五三六～七頁）。結果的にいえば、これは通らなかった。

六月一六日、安芸国衆毛利元就らの大内勢が出雲国尼子方の同平賀興貞勢と安芸国造果保で夜戦をおこなった末、興貞の居城、頭崎城を攻略する。毛利勢が討ち取った、恐らく、名のある武士の首は三三である（『毛』二八二）。この合戦により、長く父弘保と争ってきた興貞は出家し、以後、平賀氏は興貞の息子ながら祖父弘保とともに大内方をつらぬいた平賀隆宗が継承することになる。「隆」は当然、義隆の偏諱である。義隆は六月二二日付で安芸国東西条代官杉隆宣に対し、平賀興貞方に対する調略とこの度の戦勝を誉める（『山』三―八二二頁）。隆宣は攻城軍の指揮をする一方で、興貞方の切崩し工作もおこなっていたのであろう。

熊谷信直調略の成功

義隆は七月七日付で毛利元就の調略によって大内家に服属した元武田氏被官熊谷信直に対し、安北郡可部・飯室を与える（『熊谷』一二二）。安芸国武田氏が当主光和の死去と大内勢の攻勢によって弱体化していたことは間違いない。将軍義晴は七月二七日付で豊後国大友義鑑に対し、義鑑次男、大友晴英（義隆の姉の子。後の大内義長）への「晴」偏諱授与の礼物に返礼を述べる（『編年大友』一七―一五八頁）。

八月一三日、小原隆名や周防大島海賊衆の長崎氏らの大内水軍が伊予国風早郡忽那島を攻撃する（「譜録」）。恐らく、同島の海賊衆が大内家の水軍徴発に応じなかったか、尼子・武田方水軍になっていたための報復攻撃だろう。隆名の系譜は不明であるが、名字からすれば、前述した、元、大内家客将、小原伊予守や小原隆元と同様、豊後国大友家被官小原氏が大内家の客将になり、そのまま大内家の正規の被官になった者かもしれない。後年、大内家被官飯田隆言が小原氏の名跡を継いで、小原隆言と名乗るが、彼が継承した名跡はこの小原氏ゆかりの家だろう。

『御ゆとの、うへの日記』によると、八月二六日、義隆は後奈良天皇に「今年の御礼」として白太刀・四〇〇〇疋（四〇貫文、四〇〇万円程度）などを献上する。

本郷・岩国出陣

義隆は八月二六日付で肥前国衆平戸松浦興信に対し、同国少弐冬尚勢の蜂起への注意を呼びかける（『松資』一〇九頁）。また、少弐家を討てという幕府文書が届いたので、時期をみはからって送るとし、自身は近日中に安芸国へ渡海・出陣する予定と述べる。この月、「棚守房顕日々記」によると、義隆は防府を出発し、周防国都濃郡野上村正雲寺（山口県周南市）を経て、同国玖珂郡本郷に本陣を進める。義隆はしばらくして岩国横山に陣替えする。

石見国高城

この月、石見国衆久利長房らの大内勢は某興定が守っていた「当御城」に入城し、出雲国尼子家方軍勢を相手に防戦をおこなう（『尼』五二二）。本書では、この城は、石見国守護代問田隆盛の本拠城で、迩摩郡石見銀山に近い大家荘祖式の高山にあった高城と考えている。同城は享禄四年（一五三一）に尼子方小笠原氏によって攻略されているが、その直後に守護代隆盛本人が出陣して奪還し、そのまま隆盛の本拠城化していたとみたい。隆盛は、久利長房らが活躍した高城での合戦について記した、翌天文一〇年（一五四一）の文書（同）で、某興定の被官小袋某を使者として、主君義隆に戦況報告をした際、「遠国」であるため久利長房父子が入城してくれていたことを知らず、父子の名前が報告から漏れてしまったことを詫びている。だから、隆盛は、これ以前に石見国から周防国へ帰国し、在山口で留守を務めていたか、出陣中の義隆に同行していたのだろう。そして、同文書で隆盛は長房に対し「委細はなお、同名紀伊守が申す」と述べる。この者が高城を守っていた某興定と同一人物なのであれば、彼は、問田紀伊守興定という名乗りとなる。その場合、興定は石見国小守護代（守護代の代官のこと）として、高城で守護代隆盛の軍務を代行していたと考えることができそうである。

尼子詮久の「安芸遠征」

「房顕日々記」などによると、九月一日、周防国守護代陶隆房の配下の者らが安芸国佐西郡厳島に上陸し、安芸国武田氏家中、伴一族への切り崩し工作に着手する。「元就郡山籠城日記」（『毛』二八六）によれば、九月四日、出雲国尼子詮久みずからが率いる尼子勢が安芸国高田郡多治比砦（広島県安芸高田市）に入る。このときの尼子勢は、出雲・伯耆・因幡・備前・美作・備中・備後・石見・安芸半国の兵で構成された三万の軍勢であったという。一国あたり三〇〇〇強の計算になるので、少々、誇張された数字ではあろうが、この地域の合戦に投入された軍勢としては、異例の大軍であったことは間違いないだろう。これは、詮久による、いわば「安芸遠征」における主要作戦の開始を意味する。詮久の戦略は、前後の戦況からして、安芸国と石見国の両面攻略をめざしたものだろう。その先には、安芸方面軍と石見方面軍からなる両翼をすぼめるようにして大内家本国、周防国に攻め込むという展望があったとみてよい。詮久は用心のためか、多治比砦に兵を置いたが、自身はその北東にあたる風越山に本陣を置く。

九月五日、『歴名土代』によると、義隆の養嗣子大内恒持が左兵衛佐に任官する。これは義隆が天文五年から七年まで左兵衛権佐であった関係だろう。九月六日、豊後国大友義鑑が幕府に対し肥前国少弐冬尚に「義」偏諱が与えられるよう求める（『編年大友』一七―一五三頁）。これは、結果的に通らなかったが、義鑑は大内家と同盟を結んだはずであるのに、少弐家の便宜を図っているので、これはある意味、背信行為である。ただ、この後、義鑑は義隆のために援軍を送ることになる。

尼子勢の吉田攻撃

「元就籠城日記」によると、九月五日、出雲国尼子勢は吉田郡山城近くの吉田上村に出撃して付近の家を焼く。しかし、本格的な合戦にはならない。九月六日、尼子勢は吉田郡山城下を流れる多治比川の対岸にあたる太郎丸という町屋に放火をおこなう。すると、今度は毛利勢も迎撃に出て、尼子方の「先懸之足軽数十人」を討ち取る。

「元就籠城日記」によれば、九月一二日、尼子勢が吉田郡山城下の後小路という大通り沿いの町屋に放火をし、毛利勢は迎撃に出て、通りの大田口で衝突する。毛利勢は尼子勢の高橋某・本城某をはじめとした数十人の恐らく、名のある武士を討ち取る。毛利勢の名のある武士の戦死者は二名であった。その後、広修寺縄手や祇園縄手の両口でも合戦があったが、双方、名のある武士の戦死者はでなかったらしい。鉄炮が登場しない当時の合戦は案外に戦死者が少なく、この大田口の合戦は当時の感覚としては「大合戦」と評されている。このころの毛利勢の規模は、せいぜい、一〇〇〇から二〇〇〇といったところだろう。

石見の戦局

九月一五日、市原又四郎らの大内勢が石見国迩摩郡都治に侵攻してきた尼子勢を相手に戦う（『山』三―一〇七〇頁）。又四郎の戦功の報告経路からすれば、指揮していたのは、石見国守護代問田隆盛の小守護代らしき某興定（問田紀伊守カ）だろう。このころ、守護代問田隆盛やその補佐役の沼間興国が石見国衆吉川経冬（経典の養嗣子。久利長房の実子）や久利長房らの大内勢が尼子勢を破ったことを義隆へ報告している（『尼』四一五～七）が、これは同じ合戦だろう。『銀山旧記』などによれば、九月一八日、石見国衆小笠原宗快入道（俗名、長隆）が、配下の大久保肥前守と大谷遠江守に命じて大内家領石見銀山を攻めさせ、同奉行内田正重を自害させ、同山を奪取する。配下の名前など、少々、疑わしいが、この話が事実であるとすれば、宗快入道の軍事活動は尼子家の命を受けてのものだろう。

尼子詮久の陣替え

「元就籠城日記」によれば、九月二三日、尼子詮久勢が安芸国高田郡風越山の本陣を発し、吉田郡山城を横眼にみながら通り過ぎ、同郡青山・光井山に本陣を移す。元の陣地の風越山は吉田郡山城からみて北西にある山で、尼子勢からすれば山陰方面へ撤退しやすい陣地であった。しかし、青山・光井山は郡山城からみて南の山なので山陰方面へ撤退しにくい。良くいえば、虎穴に入らずんば虎子を得ずということだろうが、悪くいえばみずから死地に飛び込むようなものである。この陣替えは、詮久からすれば、接近中の大内勢との早期決戦を狙ったということだろう。大内勢が青山・光井山の間の狭隘な山道に入ってくれれば殲滅も可能である。吉田郡山城は堅城だが、籠城している毛利勢は小勢であるので、当面は放っておいても問題ないし、万一、打って出てくれれば城攻めの手間がはぶけるという判断もあっただろう。尼子勢にとっての主要な敵は、あくまで大内勢なのである。

詮久はこの青山に簡易な陣地をつくったらしく、この陣地は「青山構」とも呼ばれている。「構」は建築物のことであるが、ここでは砦という意味である。尼子勢の陣替えをみた元就は、小勢とあなどられたわけだが、血気にはやって移動阻止に動くことなどはせず、兵をやって風越山にあった尼子陣地を焼き払う。冷静な対処ではあるが、兵力的にこの方策しかなかったということもあろう。

九月二六日、「房顕日々記」や「房顕覚書」によると、安芸国厳島社の社家棚守房顕が周防国玖珂郡岩国横山にあった義隆・恒持の本陣を訪れ、周防国守護代陶隆房に会う。その後、房顕は御座所に参上し、陣中で申次役を務めていた義隆の側近で奉行衆の弘中正長に太刀と礼銭を贈る。そして、房顕は、翌日、義隆と対面し、戦勝祈願の巻数と太刀・礼銭を進上する。

同じ九月二六日、「元就籠城日記」によると、青山・光井山の尼子詮久は、同地より可愛川（江の川）を渡って南東六キロ地点にある坂・戸島に軍勢を派遣する。この用兵の意図はわかりにくいが、坂には安芸国東西条代官杉隆宣率いる大内軍西条勢が駐屯する坂要害があるので、詮久としては、大内軍主力部隊が到着する前に西条勢を叩いておきたかったのかもしれない。ただ、尼子勢が山陰の険路によっての兵粮のピストン輸送をおこなっていたのでなければ、小隊規模で周辺集落での略奪戦をおこなっていたのかもしれない。合戦は隆宣率いる西条勢の勝利となった。この合戦後、毛利勢は横合いから打って出たということなのか、追撃戦に参加し、尼子勢の湯原宗綱（ゆはらむねつな）ほか数十人の名のある武士を討ち取る。

大内軍主力部隊の厳島渡海

「房顕覚書」と「房顕日々記」によると、一〇月四日、周防国守護代陶隆房・豊前国守護代杉重矩・長門国守護代内藤興盛らの大内軍主力部隊が、兵船を意味する警固船二・三〇〇艘に分乗して安芸国佐西郡厳島に渡海する。同部隊は厳島に大量の兵粮を運び込み、兵站基地にしたらしい。隆房にとって、安芸国を攻撃する際は厳島に上陸するというのが吉例になってしまった。本書とは関わりないが、後年、これが彼の死命を制する。

大内水軍の実態は分かりにくいが、例えば、先代義興期の水軍の主力、周防大島海賊沓屋勝範の船は「五枚帆（四〜五メートル幅の帆カ）」とある（『閥』三―八七五頁）。これは「大内氏掟書」の一〇八〜一一五条にみえる「関船」のことで、同時代史料によくみられる警固船と同様なものであろう。三〇挺ほどの櫓で動く小型兵船（近代海軍でいう駆逐艦に相当）の「小早船」と、五〇以上の櫓と帆で動く中型兵船（巡洋艦に相当）の関船と、大型兵船（戦艦に相当）の「安宅船」（但し、この名称は義隆期以前の同時代史料にはみえない）」では乗員の数がかなり違うだろうが、兵船一艘の戦闘員は平均すれば二〇人ほどだろうか。そうだとすると、ここでの大内水軍は二、三〇〇とあるので、戦闘員は四〇〇〇〜六〇〇〇ということになる。この大内水軍の内、陶隆房の兵船は一三〇艘余とあるので、陶勢はこの計算でいけば二六〇〇ほどということになる。となると、このときの大内軍の総数は、厳島の陶隆房・杉重矩・内藤興盛らの主力部隊と、坂要害の杉隆宣率いる西条勢と、岩国の義隆本隊（「二宮俊実覚書」では「屋形衆」と呼称される）の三軍で、およそ一万強、吉田郡山に籠城中の毛利元就勢二〇〇〇程度を加えると、一万三〇〇〇ほどとみるのが妥当なところだろう。それだと、尼子勢の半分以下ということになるが、それはなさそうである。尼子勢も石見国に大軍を振り向けているようであるし、安芸国に展開させている軍勢は、一万五〇〇〇〜二万程度ではなかろうか。

大内軍の戦略

ここで大内軍の戦略を確認すると、それは、義隆は本隊を率いて周防国玖珂郡岩国で防・芸国境を固める。坂要害の杉隆宣勢（西条勢）は吉田郡山城を包囲する尼子勢をおびやかす。そして、陶隆房らの主力部隊は現在の広島湾岸から北上して尼子勢を本格的にたたくというものである。尼子勢が帰趨の定まらない東の備後方面に逃げることは考えにくいので、義隆としては、袋の口をしめるように戦さを進めていけば、負けようがないと思っていたことだろう。

隆房らの大内軍主力部隊は厳島に到着した一〇月四日のうちに厳島を出発し、北東の方角にあたる安南郡海田に上陸した。その後、隆房らの主力部隊は吉田郡山城から可愛川（江の川）を挟んで南東約一キロの地点らしき白豆峠に布陣をし、日々、尼子勢と小競り合いをくりひろげることになる。

このころ、厳島の対岸にある桜尾城にいる厳島神主友田興藤（ともだおきふじ）は、尼子方であるのか、大内方であるのか旗幟を鮮明にしなかった。ただ、どちらかといえば当初より尼子寄りであったらしく、親大内派の社家棚守房顕は、「覚書」「日々記」によると、一〇月一一日の夜に島を抜け出し、一〇月一二日に岩国で義隆と対面する。その際、房顕は義隆より太刀一腰と千疋（一〇貫文、一〇〇万円程度）を賜り、あわせて戦後における厳島の神事・祭礼の再興の確約を得る。房顕は翌、一〇月一三日、義隆本陣の出納業務を役目にしていたらしき「御陣政所」役の龍崎隆輔（りゅうざきたかすけ）より様々な寄進物を受け取り、帰島する。

般若谷の戦い

「元就籠城日記」「房顕覚書」によれば、一〇月一一日、尼子勢がいつものように青山・光井山の本陣を出撃して吉田郡山城下を攻撃しようとしたところを毛利勢が急襲する。毛利勢は不意をつかれて撤退する尼子勢を青山の陣地まで追撃し、光長四郎右衛門尉らの活躍によって、尼子勢の大力の大男という三沢為幸ら数十名の部将を討ち取る。毛利勢の名のある武士の戦死者は一名であった。また、このころ、尼子家の周旋で安芸国衆武田氏の新当主になっていた武田信実も尼子勢に呼応して吉田郡山城に攻め寄せる。しかし、城近くの般若谷（赤柴山）で国司元相らの毛利勢に撃破される。元就より軍忠状の提出を受けた義隆は一一月九日付で感状を出す（『閥』一―四二二頁）。

陶隆房の後巻

「籠城記」によれば、一二月三日、陶隆房らの大内軍主力部隊一万が、後巻として麻原郷山田村の中山に布陣する。ここから東の山中を進めば可愛川（江の川）に出るので、この山道の峠が前述の白豆峠かと思われる。前述したように、最初、厳島を訪れた隆房らが率いる主力部隊は四〇〇〇～六〇〇〇と推測されるが、安芸国の親大内勢を吸収しながら一万ほどに数を増やしていたかもしれない。いずれにせよ、尼子勢より少々少ないであろうが、大軍である。一二月一一日、安芸国衆宍戸隆家勢が吉田郡山城から西へ一・五キロの地点である宮崎・長尾にあった尼子勢の陣に急襲をかけ、伯耆国国衆南条・小鴨・出雲国国衆高橋氏・安芸国国衆吉川興経らの尼子勢と交戦する。宍戸勢は一人か二人の名のある武士を討ち取り、宍戸勢では、名のある武士に戦死者はでなかった。

財満父子の誅殺

一二月一二日、岩国本陣の義隆が安芸国国衆米山天野興定に対し、同国衆財満備中守父子の誅殺を誉める（『山』三―四四六頁）。備中守父子は尼子勢に寝返るべく陣を動かす寸前であったようで、興定は東西条代官杉隆宣と義隆側近内藤隆時の要請を受け、これを殺した。義隆は興定に対し、金剛兵衛らしき盛高の太刀を贈る。これは坂要害に駐屯する杉隆宣率いる大内軍西条勢内部の話だろう。隆時は長門国守護代内藤興盛の息子で義隆の側近なので、副将か上使として坂要害にいたのだろう。合戦の裏で大内方と尼子方による調略の応酬があったことは間違いない。

『李朝実録』によれば、一二月一八日、義隆の使者倪首座が朝鮮国を訪れる。「梅屋和尚文集」によれば、一二月二〇日、義隆は父義興の一三回忌と「高祖父」持世の一〇〇回忌法会をおこなわせる。義隆からみて、血統的にいう高祖父は、曾祖父で五代当主教弘の父、三代当主盛見になる。教弘の父は盛見ではなく、四代当主持世の弟の持盛という説〔須田：二〇一二〕もあるが、いずれにせよ、持世ではない。ここでいう高祖父とは、曾祖父教弘の養父である持世という意味だろう。持世は嘉吉元年（一四四一）に発生した六代将軍義教殺害事件である「嘉吉の変」に遭遇して負傷し、その傷がもとでその年に死去したわけであるから、確かに、この天文九年（一五四〇）が丁度、一〇〇年目ということになる。

同盟相手の豊後国大友義鑑は一二月二八日付で義隆に対し、芸石国衆の様子を尋ねる（『編年大友』一七―一七〇頁）。このころ、義鑑が安芸戦線へ援軍を出すことはほぼ内定していたであろうから、あえて尋ねたのだろう。大内家外様国衆の芸石国衆が尼子家に寝返れば、大内家の勝利はおぼつかないと思っていたかもしれない。この年と翌年、豊前国横山浦などで洪水が発生している（「萩杉」七五）。

第四章 「出雲遠征」の失敗

1 吉田郡山の攻防

ここで大内家関係者の官位状況の把握のため「天文一〇年大内家関係者官位表」を掲げておく。

戦局の好転

天文一〇年（一五四一）一月三日、安芸国東西条代官杉隆宣率いる西条勢とともに坂要害に詰めていたらしき安芸国衆竹原小早川興景の軍勢が吉田郡山城近辺で出雲国尼子勢と「野伏（のぶせり）」戦を戦う。ここでいう野伏戦とは矢戦と同じく、白兵戦にはいたらない、弓射戦のことで、興景が作成した軍忠状によれば、このときの興景勢は、被官・陪臣を含めて二〇名の者が矢疵を負っている（『尼』四五三、四五四）。同日、「元就籠城日記」によると、毛利勢は相合口で尼子勢と戦い、名のある敵を十数人討ち取る。毛利勢の戦死者はなかった。

天文10年（1541）大内家関係者官位表

名　前	本　姓	通称・注記	年齢	父　親	立場・役職	官　位
大内義隆	多々良	—	35歳	大内義興	当主	従三位大宰大弐
沼間敦定	橘	備前守	不明	不明	転法輪三条家家司扱いカ	従四位下大蔵大輔
大内恒持	多々良	大内周防介	18歳	一条房家カ	養嗣子	従五位上左衛門佐
毛利元就	大江	芸州毛利	45歳	毛利弘元	（安芸国衆）	従五位下右馬頭
宗像氏男	宗像	—	30歳	宗像氏続	被官	従五位下近江権守
沼間隆清	橘	沼間淳定朝臣二男	不明	沼間敦定	転法輪三条家家司扱いカ	従五位下左近将監
冷泉隆豊	多々良	大内冷泉判官	29歳	冷泉興豊	被官	従五位下検非違使
原田隆種	大蔵	原田	不明	原田興種	（筑前国衆）	従五位下弾正大弼
陶　隆房	多々良	陶	21歳	陶　興房	周防国守護代・評定衆カ	従五位下中務権大輔
陶　持長	多々良	陶兵庫頭	45歳	陶　弘詮	評定衆カ	従五位下
杉　興重	平	杉三川守	65歳	杉　弘隆	評定衆カ	従五位下民部大輔
相良武任	藤原	相良中務大丞	44歳	相良正任	被官	従五位下遠江守
右田隆量	多々良	右田	不明	右田弘量	被官	従五位下
野田隆方	多々良	野田	不明	野田興方	被官	従五位下
杉　重矩（前名重信）	平	杉伯耆守	不明	杉重清カ	豊前国守護代・評定衆カ	従五位下
渋川義基（前名貞基）	源	九州探題渋川	不明	不明	（九州探題）	従五位下左兵衛督

『公卿補任』と『歴名土代』を使用した。立場・役職欄の（　）つきのものは外様国衆という意味。分国内の一般社家は除いた。

一月五日、安芸国衆沼田小早川正平被官の椋梨盛平勢が、恐らくは東西条代官杉隆宣の指揮のもと、尼子方に寝返った安芸国国衆勢を多数討ち取る。義隆は坂要害詰めらしき内藤隆時を介して盛平に京都三条派（さんじょう）らしき国永（くになが）の太刀を贈る（『閥』二―四四六頁）。「房顕日々記」によると、一月一〇日、安芸国厳島神社社家の棚守房顕は義隆より兼ねて要請されていた兜印の布（敵味方を識別するための布のこと。この場合は、厳島社で武運を祈禱した布でつくられているのだろう）を進上する。このとき房顕は、あわせて同神主興藤が尼子方に付きそうだという報告したらしい。

山城国守護職意識

同じ一月一〇日、朝鮮国は朱子新註五経・漏刻器などを求めた義隆に対し、詩経・書経・漏刻器・綿布・苧布・麻布を贈る。その際の国書のあて名には「日本国大内都督大卿兼兵部侍郎防長豊筑雍芸石七州太守多多良朝臣義隆足下（日本国大宰大弐兼兵部大輔周防・長門・豊前・筑前・山城・安芸・石見国七ヶ国守護職大内義隆殿）」とある（『山』二―七〇四～五頁）。これは義隆の使者が義隆の官職と幕府役職をそう説明したことをうけてのものということになろう。そこで、ここでは、特に幕府役職の自称について注目してみると、義隆は、影響力をおよぼしているものの、友好勢力が保有するか保有するのが筋である肥前国や備後国守護職の自称はしていないが、父義興が保有していた山城国（京都府南部）の守護職（中国風にいうと雍州太守）や安芸国守護職の自称はしていることに気付く。

また、幕府はこれ以前に豊前国守護職を大友義鑑の子の義鎮に与えていたはずであり、その件は義隆は、単に知らなかっただけかもしれないが、無視している点も面白い。意図的に無視していたのであれば、それは、幕府が定める守護職の筋目は尊重するが、幕府がその筋目を犯した場合や、大内家の権益を犯した場合は、尊重しないということであろう。

陶隆房の陣替え

「元就籠城日記」や「房顕覚書」などを参考にすると、一月一一日、戦機が熟したとみたのか、吉田郡山城の東方二・三キロの白豆峠に布陣する陶隆房らの大内軍主力部隊は、可愛川（江の川）を押し渡り、吉田郡山城の西隣、天神尾に「近陣」を張る。近陣と

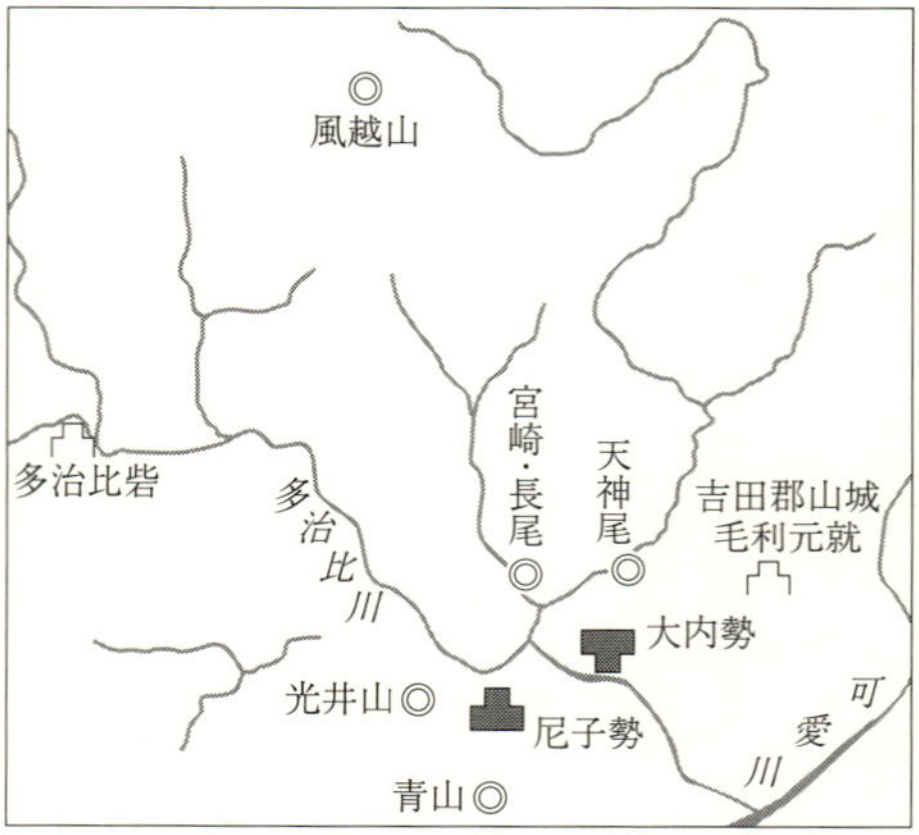

吉田郡山城下の戦い略図

吉田郡山城と光井山の直線距離は約2.3km。地形は現在のもの。

は、当時の軍事用語で、敵と接近した布陣をさし、勇気をたたえるニュアンスもある。天神尾は尼子勢本陣である青山・光井山からみて、北に一・五キロほどの距離の山である。これで、尼子詮久は北に大内軍主力部隊と吉田郡山城の毛利勢、南に大内軍西条勢に挟み込まれることになった。隆房らは天神尾への陣替えを夜間におこない、しかもこの夜は大雪であったため、尼子勢に探知されなかったらしい。退路を断たれた尼子勢からすれば、これは致命的失態である。陣替えが隆房の発案であれば、彼の軍事的能力は非凡といえよう。

一月一二日、尼子勢が絶対的に不利な状況に陥ったことを知らなかったのだろう安芸国厳島神主友田興藤は、能島・来島・因島の村上海賊（むらかみかいぞく）の兵船（主力は能島海賊）二、三〇艘を厳島に呼び寄せ、遅きに失した感のある反大内家の軍事活動を本格的に開始する。興藤は配下の中村石見守（なかむらいわみのかみ）に周防国岩国の義隆本陣より同島に参詣に訪れていた者を攻めさせ、これを島外に追い出す。これにより、親大内派の社家棚守房顕は神社内で逼塞せざるを得なくなる。

吉田郡山城下の戦い

一月一三日、吉田郡山城の毛利勢は宮崎・長尾の尼子方陣地にあった三沢氏や伯耆国尾高衆に対し、奇襲攻撃をしかける。攻撃は成功し、毛利勢は二〇〇人余を討ち取り、そのまま敵陣の焼けあとに布陣する。兵粮が残っていたのかもしれない。後日元就が義隆へ提出した軍忠状（『尼』四五八）によれば、この日、毛利勢は敵の恐らく、名のある武士の首、六三をあげている。ちなみに、やがて元就によって粛清されることになる毛利氏有力被官の井上氏名字の者や同氏配下の者があげた首は一九である。確かに、このころの毛利勢は井上衆なくしては成り立たなかったであろう。

一方、周防国守護代陶隆房率いる大内軍主力部隊はこれをみて、尼子勢本陣の青山・光井山の麓に迫る。すると、同山麓の三塚に布陣していた尼子家一門被官の尼子久幸が三、四〇〇〇の軍勢を率いて山を下り、これを迎え撃つ。この合戦は激戦となり、陶氏の家中では、深野平左衛門や宮川善左衛門尉をはじめとした名のある武士が一四名戦死し、隆房の重臣、江良伊豆守は一三ヶ所の手疵を負う。しかし、隆房らの大内勢は、乱戦の中、敵将、尼子久幸と名のある武士、一五名を討ち取る。損害は数の上では双方ほぼ対等であったが、敵将久幸を討ち取ったということで、大内勢勝ち戦さの形勢となる。しかし、この久幸の奮戦によって、尼子勢総大将尼子詮久は死地を脱し、からくも本国出雲へ逃げのびることとなった。

こうして、安芸国をめぐる尼子家と大内家の合戦は、大内勢の大勝に終わる。この合戦によって、大内家のみならず、毛利元就の武名も高まることになる。ただ、戦況を細かく眺めてみると、元就の

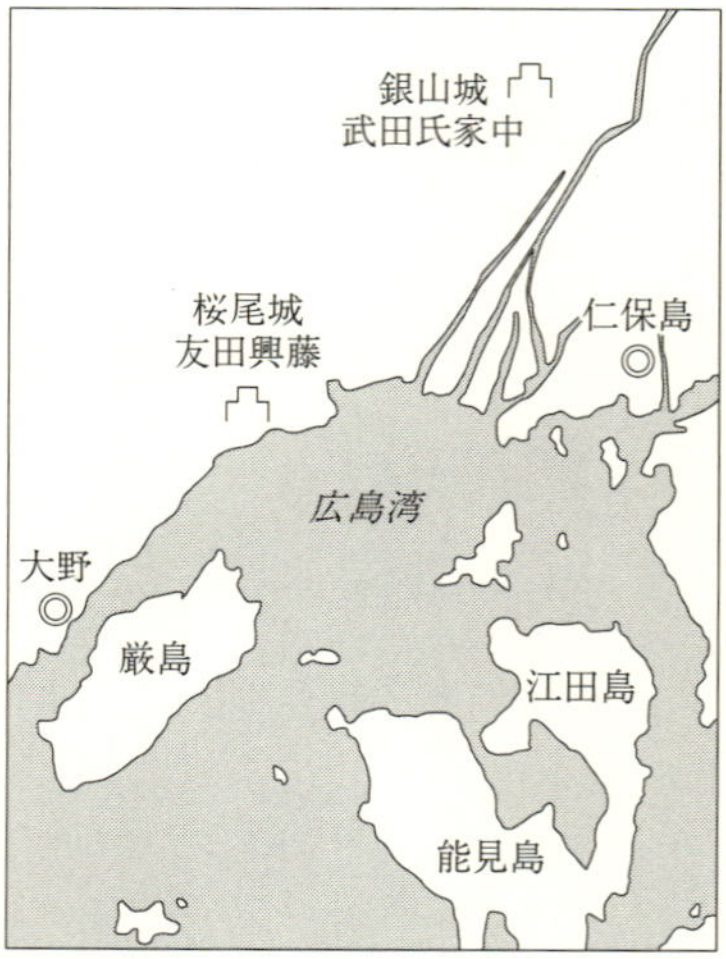

安芸国銀山城と桜尾城略図

銀山城と桜尾城の直線距離は約15km。
地形は現在のもの。仁保島は当時は島。

攻撃のタイミングは、少々、早すぎる。陶隆房らの大内軍主力部隊が天神尾に布陣した時点で、尼子勢はまさに袋の鼠であった。敵地のなか、大雪に降られ、唯一の北への退路をほぼ塞がれた軍勢である。大内勢からすれば、じっくり攻めれば、総大将詮久を討ち取ることもできたであろう。陶氏家中に甚大な被害がでているが、これはまさしく尼子勢が死勇を振るったことによる。

ここからすれば、この時点での元就の軍事的才能は過大評価すべきではないだろう。元就の突出に追随したかっこうの陶隆房についても、いわゆる猛将で、軍事的能力も前述したように非凡なものがあるのだろうが、手堅い戦さをしてきた隆房の父、陶道麒入道興房と比べると、若干、見劣りがする。

それはさておき、同夜半、尼子勢は、大雪の中、大内勢の追撃を受けながら、安芸国犬伏山・石見国江の川を越えて本国出雲へと敗走する。以後、備中・備後・安芸・石見の多くが大内家の勢力下入り、義隆は、海路、出雲国に遠征する用意に取り掛かることになる。

武田・友田攻め

とはいえ、義隆にはその前にやることがある。安芸国佐東郡銀山城（かなやま）（広島市）の武田氏と佐西郡桜尾城（さくらお）（広島県廿日市市）の厳島神主友田興藤の件である。義隆は一月一五日付で杉備中守家の杉隆泰（すぎたかやす）に対し、安芸国衆武田氏を攻撃するため、大内水軍に同国仁保島への集結を命じたとしらせる（「萩杉」七三）。隆泰はかつて毛利元就の要請で吉田郡山城近辺の坂要害を守備していた杉興頼の息子である。ちなみに、この文書において義隆はあて名を「杉彦九郎（隆泰）さま江」とする。義隆が被官を「さま」敬称で呼ぶことは他に例をみないので、あるいは、隆泰は義隆の男色相手だったかもしれない。

干潮時の厳島神社大鳥居（広島県廿日市市）

厳島大鳥居前の海戦

「房顕覚書」「房顕日々記」を参考にすると、桜尾城の厳島神主友田興藤は尼子方に立つと決めた後、厳島に置いてあった大内勢の兵粮を傭兵として呼び寄せていた能島・来島・因島の村上海賊達に分配するとしていた。しかし、恐らくこの分配作業の最中である一月一五日、厳島の対岸、大野にいた黒川隆尚の命を受けた大内水軍二〇〇～三〇〇艘が厳島に攻め寄せる。以後の展開からすれば、海上指揮は恐らく、水軍の指揮経験がある小原隆名がとったものと思われる。この水軍は、前述したように、一艘二〇人の戦闘員が乗船していたとすると、兵は四〇〇〇～六〇〇〇の規模ということになる。これは岩国の義隆本隊の兵だろう。隆尚は筑前国宗像大宮司家出身ではあるが、多々良姓黒川氏の名跡を継いだ一門被官格であるので、本隊派遣部隊の大将にふさわしい。一方、神主友田興藤に雇われ、上陸していた能島・来島・因島海賊はとるものもとりあえず三〇艘余りの兵船に飛び乗り、現在でも著名な厳島の海上大鳥居の前で大内水軍を迎撃する。しかし、能島海賊らにとっては潮の流れが悪く、海賊衆の船は南に流されはじめる。しかも、大内水軍の船は「大船」であったので、ゆうゆうと海上の追撃戦を展開することができた。このころ、大内家が明帝国に派遣していた船は一艘の乗員が一五〇名ほどになる大船であったようなので、大将級の部将が乗る旗艦はそのような船であったかもしれないし、大内水軍の規模は、前述した規模よりも、もう少し大きいかもしれない。いずれにせよ、大内水軍の完勝であった。能島・来島・因島のいわゆる村上海賊が瀬戸内海随一の水軍になるのは、義隆が死去し、大内水軍が崩壊して以後のこととすべきだろう。

　厳島に入っていた友田興藤の被官は桜尾に逃げ帰る。そこで、社殿に逼塞していた棚守房顕は小船をしたてて大野の隆尚の許へゆき、隆尚の乗船五、六艘とともに厳島に戻り、海賊衆に分配されかけていた兵粮を取り戻す。房顕は一月一七日に今度は岩国の義隆本陣に行き、この日と翌日、義隆に対面し、かつて先代義興より拝領していた備前一文字派らしき助宗の太刀を進上する。義隆は房顕の一連の功績を賞し、「無事進退肝要（無事の進退こそが大切である）」という言葉とともに、差料にしていた鎌倉銘の刀を与える。なお、黒川隆尚と小原隆名は、ともに厳島に留まり、暫くの間、占領行政をおこなうことになる。

石見の戦局

一月一六日、石見国衆久利長房らの大内勢は、恐らくは、迩摩郡高城の小守護代興定（問田紀伊守カ）の指揮の許、安濃郡大田に攻め寄せ、出雲国尼子勢と戦う（『尼』五一〇）。同地域には、尼子勢による石見侵攻の足掛かりとなる陣地が構築されていたらしい。そして、恐らく、この年と思われる一月一七日付で、義隆は石見国衆吉川経典に対し、同国守護代問田隆盛と沼間興国を同国に派遣するとしらせる（『吉』石―五四）。前述したように、隆盛は水軍を率いて豊後国に出陣するなどし、それが終了した後は、恐らく、在山口であったか義隆に同行していたため、石見国の戦況把握ができておらず、守護代の任に支障が出ていた。しかし、義隆が出雲国侵攻を念頭に置いたことで、隆盛の石見出陣が決まったということだろう。

落ち武者武具のつかい道

吉田郡山城に入っていた周防国守護代陶隆房は一月三〇日付で安芸国衆米山天野興定に対し、軍令ぶくみの連絡をする。文章を意訳すると、「しばらく連絡が途絶えていて申し訳ない。現在、元就の勧めで（慰労のため郡山城に）逗留しているが、近日中に東西条に移動し、（尼子家内応者の処分などといった）問題を解決する。その後はすみやかに（安芸国衆武田氏本拠の）佐東郡に攻め込むので、（武田氏被官）香川（光景）に調略をしかけてほしい」というものである（『山』三―四四八頁）。

二月一〇日、「房顕覚書」によると、房顕は岩国の義隆本陣に呼び出される。それは、義隆の御師役（祈禱役）であった安芸国厳島社内侍が出雲国尼子家と内通していた件であった。彼女は徳寿という名前であったが、合戦中、在島をせず、男とともに本土にいたという。審議の結果、徳寿は六日付で改易され、房顕が義隆の御師役となる。但し、後年、房顕のとりなしで彼女は帰島し、再び神役に従事することを許される。

房顕は二月二三日には、自身の才覚として、拝領した周防国玖珂郡日積村割石という土地の経営を委ねた大内家の多々良姓一門被官らしき宇野筑後守に対し、「ヲカやう甲」なる兜を一〇贈る。また、房顕は日ごろから世話になっている義隆側近で奉行衆、弘中正長に対しては、鎧二〇・兜一〇・槍二〇を贈る。実は房顕は、事前に小山藤左衛門という周防国玖珂郡の武器商人らしき者から、「四方竹ノ槍」三〇本を五貫文（五〇万円程度。一本、約一万七〇〇〇円程度）、鎧三五両を一六貫文（一六〇万円程度。一両につき四万六千円程度）で購入していた。鎧はともかく、槍がやけに安いが、それらはバーゲンセールだったからとかいうことではない。もともと、藤左衛門が「尼子衆ヌキ捨置たる具足（尼子方の武士が脱ぎ捨てていった鎧）」を拾い集めて修繕した、いわば、リユース品だったからである。恐らく、藤左衛門のような者は、合戦が終わると、どこからともなく戦場にあらわれ、再利用できそうな武具を死骸からはぎ取り、それを修繕して売りつけることで生計をたてていたのであろう。恐らく、尼子衆が脱ぎ捨てていったものというのは商売口上で、実際には大内方の武士の遺骸からはぎ取ったものもあったろう。

門山出陣

「房顕覚書」によれば、三月一八日、義隆は周防国玖珂郡岩国本陣を出発し、安芸国佐西郡門山に進軍する。三月一九日、大内勢本隊所属の諸人が、「山見（物見。偵察）」ということで、厳島神主友田興藤が籠城する桜尾城の付近の七尾というところまで出向く。そうしたところ、友田勢に発見され、内藤彦次郎をはじめとした名のある武士一〇人ほどが討死する。どうやら、これは、俗にいう、大物見（大規模威力偵察）であったようで、本隊所属の有力部将、弘中隆兼も加わっていた。隆兼本人は物見を終えて帰途についていたらしいが、急を聞いて取って返したことで、物見の衆は全滅を免れたという。隆兼は、尼子家との交渉を担当したばかりに、長年勤めていた東西条代官の役を活躍目覚ましい杉隆宣に明け渡していたらしいので、心中穏やかならざるものがあったかもしれない。

三月一九日、安芸国衆米山天野興定らの大内勢が、恐らくは周防国守護代陶隆房の指揮のもと、同国佐東郡で武田勢と戦う（『山』三―四四九頁）。隆房に提出した興定の軍忠状によれば、獲得した首数は六で、天野勢の負傷者は一名であった。

友田興藤の墓
（広島県廿日市市洞雲寺）

『御ゆとの、うへの日記』によると、三月二一日、義隆は人を介して後奈良天皇に対し、節会要脚（宴会費用）二〇〇疋（二貫文。二〇万円程度）と、「今年の御礼」として太刀四〇〇〇疋（四〇貫文。四〇〇万円程度）と、天皇の病気快癒と勅額下賜の礼物を献上する。

桜尾城攻略

「房顕覚書」によれば、三月二三日、義隆は本陣を安芸国佐西郡七尾に進め、厳島神主友田興藤が籠城する同郡桜尾城攻撃をはじめる。四月五日の夜半、厳島神領内の地侍である羽仁・野坂・熊野氏や興藤の被官らが次々に城から逃げ落ちたことで興藤は孤立し、この日、城に火を懸けて自害する。翌日、大内勢が城内に入り、見分をしたところ、興藤の死骸らしきものが焼け残っていた。死骸には髻まで残っていたので、本隊所属部将の右田左京と神代左馬助がそれを抜き取る。興藤の息子の広就は家人筋の宍戸弥七郎が籠城する五日市城（広島市）に逃れ、降ろされた綱をつたって城中に入ったものの、同城は八日に弘中隆兼を大将とする大内軍本隊所属部隊に包囲される。すると、城主弥七郎は保身のため、主筋の広就に切腹させることにする。強弓の使い手だった広就は、それを受け入れ、大内勢に矢を三筋放って弓を折り、切腹する。広就の首は皮桶に入れられ、寄せ手の隆兼に渡される。七尾の義隆は九日に広就の首を受け取り、側近飯田興秀らと首実検をおこない、勝鬨を上げる。

安芸武田攻め

このころ、周防国守護代陶隆房、豊前国守護代杉重矩、長門国守護代内藤興盛らからなる大内軍主力部隊と毛利元就勢は、恐らくは、東西条代官杉隆宣率いる西条勢とともに安芸国衆武田氏領の佐東郡に攻め込む。前述したように、武田光和は前年六月に病死していて、光和の「御料人」は出雲国尼子家に依頼し、同族の若狭国（福井県西部）武田家より武田信実を新当主として迎えていたが、信実は尼子勢の敗退とともに、すでに出雲国に逃亡していた。そのため、安芸武田氏では、当主不在のまま、家中の香川・品川・斎藤・内藤・逸見と武田家親類の伴氏の面々が、本拠銀山城に立て籠もって抗戦の構えをみせる。「房顕覚書」によれば、四月一七日、義隆は安芸国佐西郡七尾より同郡厳島に渡海し、四月一八日に厳島神社に参詣し、往古よりの神事祭礼の目録をみて、四月一九日に七尾に戻る。また、義隆は同社に寄進をした上で流鏑馬（やぶさめ）をおこなわせ、養嗣子恒持もこれを観覧する。このころ、義隆は安芸国での戦勝をしらせるため、使僧正法寺慶喚を上洛させる。

こうして、大内家勝利や毛利元就の活躍が中央政界の知るところとなり、管領家の細川晴元は四月二一日付で元就に対し、義隆と協力しつつ出雲国尼子勢を破ったことを称賛する。また、同日付で細川晴元被官古津元幸（ふるつもとゆき）らが、恐らく、細川京兆家の被官筋にあたる（後述）、安芸国衆宍戸元源（ししどもとよし）（隆家の祖父）に対し、戦勝を称賛し、また、晴元は播磨国赤松晴政（あかまつはるまさ）（前名、政村）と連携して近日中に軍事活動をおこなうとする（『毛』二八九〜九二）。

この四月、大内家は安芸国佐西郡桜尾城領山里諸郷年貢を三年間免除する（『広』二―七七頁）。戦場となった桜尾城近辺の復興策だろう。東西条代官杉隆宣の五月五日付の書状（『広』四―二九四頁）によれば、大内家は、石井房家（いしいふさいえ）らの大内家被官が在番していた安芸国賀茂郡造果保要害を安芸国衆平賀弘保に返却する。隆宣は房家らに対し「弘保は同要害を破壊したいとの意向を示したので要害内の物品を与える」とする。

安芸武田氏の滅亡

「房顕覚書」によると、このころ、安芸国武田氏本拠の佐東郡銀山城の武田氏家中は大内家に降伏することを決める。ただ、城中には抗戦派も残っていて、その領袖である内藤氏や斎藤氏は城内の矢倉に追い詰められ、五月一二日、周防国守護代陶隆房らが指揮する大内勢によって討たれる。名門、安芸武田氏の滅亡である。但し、先々代当主の武田光和には遺児がおり、これが周防国玖珂郡欽明（きんめい）寺（山口県岩国市）に匿われ、周防武田氏が創始されたともいう。以後、銀山城は大内家の直轄城となる。

銀山城を攻略した陶隆房は、武田氏の重宝、新羅三郎源義光の鎧を接収し、義隆に進上する。義隆はこれを受け取り、五月一八日に厳島社家の棚守房顕を呼んで、そのまま厳島神社に寄進する。以後、同鎧は同社の宝蔵の内、平清盛の長男、平重盛が寄進した鎧の隣に安置されることになったらしい。この鎧と、やはり新羅三郎源義光の鎧として伝わる、甲斐国武田家の著名な「楯無（たてなし）」の鎧の関係が気になるが、詳細は不明である。義隆としては、大内家は清和源氏ではないので、この鎧は、自家でもっているよりも寄進をした方が、余計な災いを避けることができるとでも思ったのではなかろうか。

銀山城入城

義隆はこの戦勝を受けて、五月二四日、安芸国佐西郡七尾から銀山城に本陣を移す。安芸国衆武田氏は亡父義興を苦しめた難敵であったので、義隆としても感慨深いものがあったろう。このころ、義隆は銀山城に厳島神社社家の棚守房顕を呼ぶ。ここで義隆は「先日、厳島の往古よりの神事目録を見せてもらったところ、神事が、正月元日より年の暮れまで臨時の祭礼を除いても三八〇あるようだが、これを再興したい」という意向を示す。義隆は上機嫌だったのであろう。続けて、「その費用は往古の目録に三八五〇石とあるので、己斐・草津や山里四郷などの各地において六、七〇〇〇貫（六、七億円程度）の地を厳島神社に寄進する」と述べる。すると、側近達が慌てて「上意はごもっともです。しかし、それらの在所を各地から細切れに切り取られて寄進しても、城もないような土地では支配を維持できないでしょう」と諫言する。義隆は諫言を受けいれ、まとまった土地である山里四郷のみを寄進することにする。義隆の敬神性と、少々世間知らずな人の良さがうかがえるエピソードであるが、義隆には後述するような別の意図があった可能性もある。

村上海賊への報復

このころ、義隆は能島・来島・因島の村上海賊への攻撃を命ずる。これは同海賊衆が前安芸国厳島神主友田興藤の要請に応じて厳島へ水軍を派遣していたことへの報復である。このとき攻撃をおこなったのは小原隆名・白井房胤らの大内水軍である。同軍は六月一八日から七月二六日まで安芸灘と伊予灘の中間に浮かぶ伊予国風早郡上中島（忽那島）を皮切りに、大三島・甘崎・岡村島・能島・因島などで合戦をする（『広』五―二三頁）。房胤は隆名あてに軍忠状を作成し、後に義隆の証判を得ているので、この水軍の大将は隆名だろう。隆名はこのころ、厳島の支配にあたっていたので、出撃元は厳島とみてよい。この軍忠状では負傷者が八名でたことが報告されているが、内訳は名字のある侍身分の「郎従」（被官のこと。戦闘員）二名と、名字のない非侍身分の「僕従（ぼくじゅう）」（下僕のこと。戦闘員）」四名、「水夫（かこ）」（水夫のこと。非戦闘員）」二名である。傷は全員一ヶ所ずつの矢傷で、

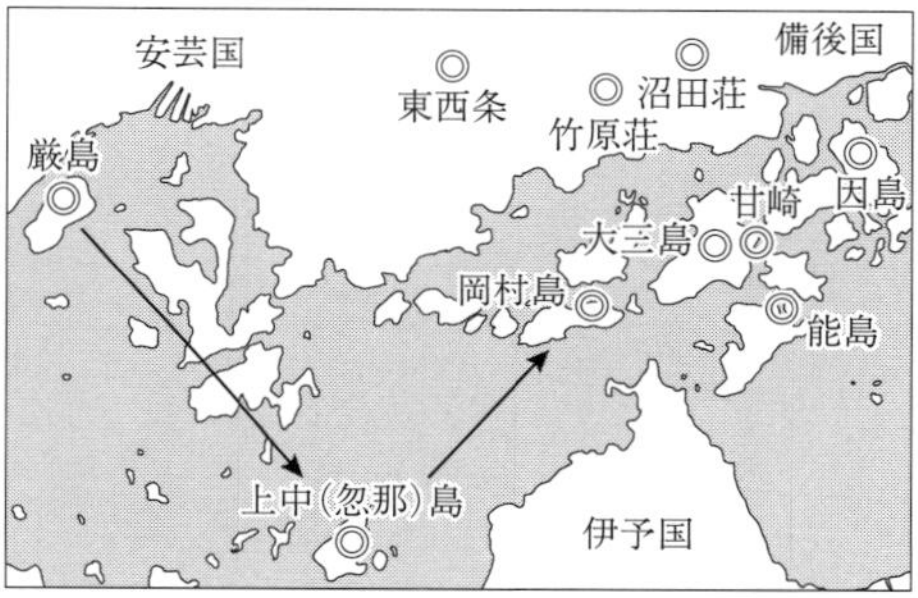

芸予諸島出兵略図
厳島と上中島の直線距離は約44km。地形は現在のもの。

自軍の戦死者や討ち取った敵についての記録がないので、この戦いは射撃戦に終始したらしい。『予陽河野家譜(よようこうのかふ)』などでは伊予国河野通直と同国一宮大山祇(おおやまづみ)神社（愛媛県今治市）の大祝(おおほうり)が大内水軍撃退に大活躍したように書かれるが、大内水軍からみれば、軽い報復攻撃以上の意味はないかもしれない。

「策彦入明記(さくげんにゅうみんき)」によると、七月一一日、大内家主催の遣明使節団（通称、天文七年度）が長門国赤間関に帰着する。使節団帰国により、大内家は九〇〇〇〜一万二〇〇〇貫（九億〜一二億円程度）の収入を得た可能性がある。使節団副使の策彦周良は七月一七日に赤間関に出迎えにきていた義隆側近相良武任と面談し、武任が持参したらしき「山口酒(やまぐちざけ)」を飲む。周良は七月三〇日に山口に入り、八月二二日に安芸国佐東郡銀山城で義隆と面談する。以後、周良は暫く銀山城下に滞在し、大内軍本隊付部将の陶隆満・杉宗長(すぎそうちょう)入道（俗名、興重）・杉宗珊入道や、このころ、銀山城城督の一人に起用されていた冷泉隆豊の歓待を受ける。

『歴名土代』によると、七月二一日、義隆の養嗣子大内恒持が左兵衛佐を辞めて左衛門佐に任官し、奉行衆の相良武任が遠江守に任官する。恒持の兵衛佐から衛門佐への昇進は、義隆同様、小刻みな武官官職の昇進である。大宰大弐の子が左衛門佐となると、大宰大弐平清盛の子が左衛門佐平重盛という組み合わせと似ている。大内家は多々良姓であって平姓ではないが、平家と大内家は、ともに安芸国厳島神社を尊崇し、大宰府を拠点に中国との貿易をおこなうなど、似た点が多く、官位にも、わずかではあるが、共通点がある。

相良武任の遠江守任官は、これは武任の父祖にあたる正任が同官を称していたことと、相良氏の発祥が遠江国相良荘だからであろう。肥後国国衆相良氏としては、同族であるかどうか定かではない、武任の遠江守任官は不快であったかもしれない。

三入観音寺在陣

「房顕覚書」によると、八月二五日、義隆は銀山城から同国安北郡三入（みいり）の観音寺に移動する。観音寺は三入を本拠地とする安芸国の外様国衆、熊谷信直の菩提寺である。信直は「信」偏諱でわかるように、元々は安芸国衆武田氏の被官である。だから、この訪問は義隆による旧武田氏被官の慰撫の意味があったろう。なお、このころ、京都吉田神社の吉田兼右が三入の義隆のもとを訪れる。戦勝祝いのためだろうし、先年の平野兼永の神道伝授の妨害の件のわだかまりの解消のためであろう。兼右は義隆より厳島社家の棚守房顕に月次神事を相伝して欲しいと要請されていたので、厳島に渡海し、房顕にこれを伝授する。兼右は一月ほど厳島に滞在した後、山口に向かったらしい。義隆は三入観音寺より安芸国における大内家直轄領、東西条（西条）に赴く。閲兵や慰労のためであろう。

大内家と本願寺の関係

『天文日記』によると、九月四日、石山本願寺証如が大内家の杉勘解由左衛門家当主、杉宗珊入道より音信を受ける。義隆は証如に、ときどき、珍馬・珍品を求めているが、大内家分国が、浄土真宗本願寺派とその門徒にどのような立場をとっていたのか不明である。ただ、証如は宗珊入道について「豊前国の者で、本願寺に便宜を図ってくれる仁」としている。この書き方だと、宗珊入道は門徒ではないようだが、何かと関係者に便宜を図っていたようである。入道は当時、義隆に同行して佐東郡銀山城にいるが、生活拠点は豊前国にあったらしい。

同家は同国守護代杉伯耆守家と近しいためであろう。

「策彦入明記」によると、九月一一日、義隆が安芸国東西条より銀山城に戻る。ここまで、銀山城下に滞在し、義隆やその被官と歓談をしたり、勘合符の点検をしたりしていた策彦周良は、一〇月一八日、山口に帰る。

『大館常興日記』によると、義隆に敗れた出雲国尼子詮久は、このころ将軍義晴に対し、その下の字である「晴」偏諱の授与の申請をしていた。幕府では内談衆がこの件について審議をしていたが、問題なしということで、義晴は一〇月二日付で「晴」字を与える。以後、詮久は尼子晴久を名乗る。上の字の「義」字を申請しなかったのは、尼子家は元々、出雲国守護職を保有した大名、佐々木京極家の一門被官で、出雲国守護代の家筋だからとの自覚が働いたためで、段階を踏んで、ということであろう。

いずれにせよ、将軍義晴は義隆に対して上洛要請をしていたのであるから、その義晴が、義隆と戦う尼子家の便宜を図るというのは、節操がない気もする。ただ、この年の九月、管領家の細川晴元が同家被官筋の新興勢力、木沢長政の勢力拡大を避けるべく、洛中から洛外の岩倉に逃れていた。義晴としては、切羽詰まっていたのであろう。この一一月、義晴は再び近江国に亡命することになる。

山名祐豊

室町期以来、大内家と同盟関係にある但馬国山名家の山名祐豊は、この年か翌年と思われる一〇月二〇日付で、側近の塩冶綱（尼子経久の子の塩冶興久とはほぼ無関係）を介して備後国国衆山内少輔四郎（後の隆通。直通の養嗣子）に対して本領安堵を通知し、この件について、義隆・陶隆房・杉氏（重矩カ）・安芸国衆毛利元就に書状を送ったと述べる（『山内』二一三）。祐豊が少輔四郎にこの文書を送った理由は、備後国は大内家先代の義興以来、同盟相手の大内家に支配を委ねているが、備後国守護職は山名家が保有する以上、同国国衆山内氏は山名家被官筋の家という認識をもっていたためだろう。祐豊としては、義隆による出雲国侵攻が近いと判断して、備後方面との接触を活発化させていたに違いない。

九州探題渋川貞基

『大舘常興日記』によると、これ以前、大内家傘下の九州探題渋川貞基が幕府に対し、将軍義晴の上の文字である「義」偏諱の授与と左兵衛督（さひょうえのかみ）任官と肥前国少弐家に同意した同国衆を討てとした幕府文書の発給などを申請する。これらについて義隆は八月二四日付の副状を付けているので、貞基の申請はすべて義隆の意向に基づくものとみてよい。幕府内談衆は、一一月七日にこれらの申請についての審議をし、偏諱と官途については問題ないが、少弐家の件については先例となる文書の提出をして申請し直すべきとする。これは、申請の不備を指摘したものであって、拒否したというわけではない。幕府は一一月一二日には、義隆による、細川晴元が和泉国堺津で次期遣明船の準備をしていることへの抗議についての審議をし、義隆の主張を支持するとの見解が示されている。

厳島神主名跡の奪取

一一月一三日、隠居していた出雲国尼子経久が病死する。八四歳であった。経久は長命であるが、死の直前に、嫡孫晴久の「安芸遠征」敗北を耳にしたはずであるので、それは心残りであったろう。

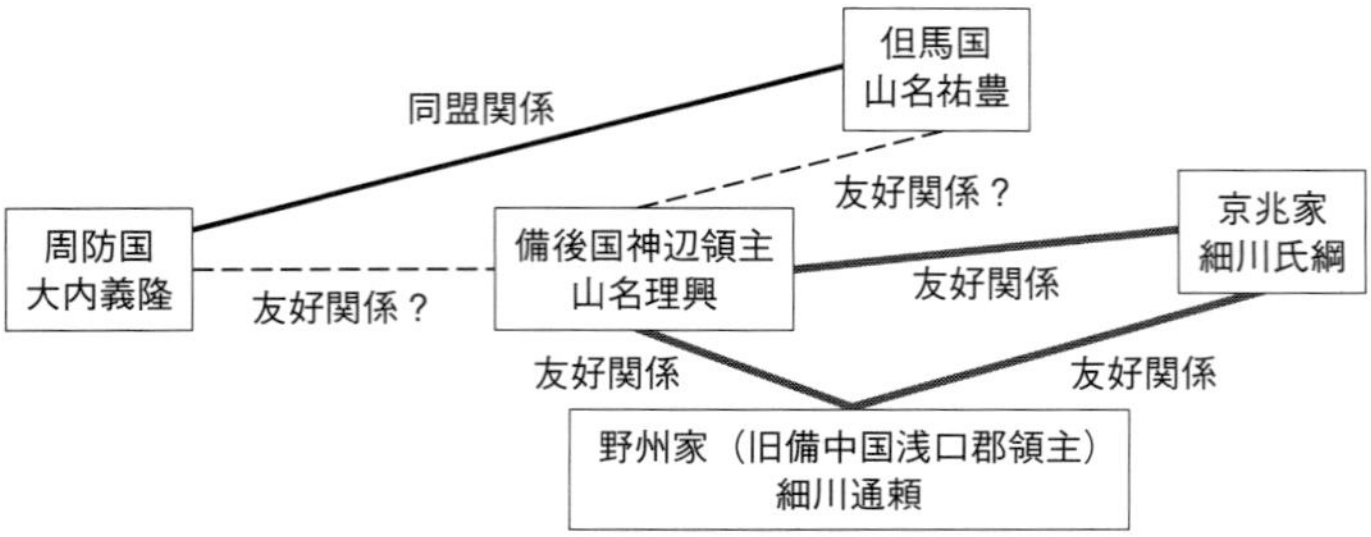

細川氏綱と山名理興の関係概念図

「房顕覚書」によると、一一月二〇日、厳島社家の棚守房顕は佐東郡銀山城の義隆に呼び出され、空席になっていた安芸国厳島神主に被官杉某（後の佐伯景教）を起用すると告げられる。この者の系譜関係は不明だが、大内家被官の名門平姓杉氏一門の者であることは間違いない。義隆としては、厳島が安芸国の精神的主柱であること、芸予諸島平定の際は厳島が兵站基地になることの利便性を考え、自身の有力被官を送り込むことにしたのだろう。前述したように、義隆は厳島神社に六、七〇〇〇貫（六、七億円程度）の地を寄進する意向を示して側近に諫言されていたが、それは、この厳島神主に自身の側近を送り込むことを前提にしてのプランだったのであれば、世間知らずどころか、極めて順当な策であったことになる。『歴名土代』によると、一一月二六日、大内家傘下の九州探題渋川義基（前名貞基）が従五位下に昇進する。

山名理興

尼子晴久の「安芸遠征」敗北は諸方に大きな影響を与えた。恐らく、この天文一二年と思われる一二月七日付で、畿内において、細川京兆家当主の座を巡って細川晴元と抗争を続ける細川氏綱が、山名宮内少輔という興味深い人物に対し、興味深い書状を送る（『広』四―九〇三頁）。文面は「備中国に攻め入り、尼子家の砦を攻略したとのこと、とても目出度い。繰り返し御協力いただいてきたが、今このとき、ますますのご協力を頼み入る。なお、通頼が演説する」というものである。山名宮内少輔とは、山名理興という人物のことである。先行研究［木下：二〇一二］が指摘するように、理興は「理」字からすれば、南北朝末期の美作国や紀伊国（和歌山県・三重県南部）の守護職を保有していた山名義理の子孫で、八代将軍義政から「政」偏諱を拝領した山名与次郎政理（『蜷』九六。正室は五代教弘の娘）の孫あたりであろう。理興の備後国における本拠は、後年の活動からすれば、守護職の政庁、守護所が置かれていたこともある、安那郡神辺の村尾城（広島県福山市）であろう。一方、文末に名前がみえる通頼とは、伊予国に逃れていた旧備中国浅口郡領主にして細川京兆家有力庶流である細川野州家の当主、細川通頼のことである。江戸期の長州藩支藩長府藩家老細川氏の直接的な家祖となる細川通董と同一人物とされることもあるが、年代的にみて別人で、通頼は通董の養父かなにかだろう。

この文書は、細川氏綱と山名理興に最近発生したものではない交誼があったことをうかがわせる。それは、恐らく、細川通頼が取りもったものだろう。では、氏綱と通頼の交誼はどのように発生したのかというと、それは、氏綱の養父であった管領細川高国（道永入道）の実父が備中国守護職を与えられた細川野州家当主の細川政春で、政春の後継者筋にあたるのが通頼だったことによるだろう。つまり、氏綱は畿内で細川晴元との抗争を続けながらも、縁のある備中国の細川野州家が尼子家に敗れて伊予国へ追いやられてしまったことを気にしていたところ、尼子家敗北の情報に接し、なんらかの

小早川隆景像（米山寺蔵）

伝手のあった備後国の山名理興に対し、通頼の備中復帰の助勢を要請した、といったところであろう。

そうした経緯もあり、理興は、尼子家敗北を好機とみて、恐らく、義隆や本家にあたる但馬国山名祐豊と気脈を通じつつ、隣国備中国に攻め込んだのであろう。その際の大義名分は、細川通頼領としての浅口郡を再興するというものであったろう。

となると、畿内の細川氏綱は、この段階では、かつて協力関係にあった尼子晴久と間接的に敵対していたことになる。氏綱としては、宿敵の細川晴元が大内家と遣明船を廻って少々対立していることもあるし、細川通頼や山名理興を介して、勢いのある義隆と、あわよくば、つながる道を模索していたのかもしれない。

竹原小早川氏の家督

安芸国佐東郡銀山城にある義隆は一二月二〇日付で安芸国衆毛利元就に対し、同竹原小早川興景の後継ぎには、子息を据えられよと通達する（『毛』二一六）。興景は病弱であったらしく、天文一二年三月に銀山城で病没することになる。竹原小早川氏は室町後期より大内家傘下に入っていて、大内家の外様国衆の中でも特に従属度が高い家である。よく、毛利元就の勢力拡大のきっかけは、元就が次男元春を吉川氏へ、三男隆景を沼田・竹原両小早川氏へ養子として送り込み、これを乗っ取ることに成功したからだといわれる。しかし、それは単なる結果論だろう。義隆としては、むしろ、元就の勢力を分割するような意図もあったかもしれない。他家へ養子に出された子が、実家の次代当主とうまくいくとは限らない。尼子経久と塩冶興久のように、反目した挙句、合戦になるケースも多い。大内家が滅亡した後に元就の長男隆元が元就にあてて書いた弟達（元春・隆景）への愚痴がちりばめられた幾つかの書状をよむと、元就・隆元と、養子に出された元春・隆景の関係は、それほどよいようにはみえない。有名な「三本の矢」のエピソードは、兄弟仲がよくないことを心配した元就の父としての心情に端を発するもので、仲のよさをあらわすエピソードではない。

従三位昇進

「房顕覚書」によると、一二月二二日、安芸国厳島神社の新神主杉某（後の佐伯景教）が神領衆や各役人とともに厳島に渡海する。

『公卿補任』によると、一二月二七日、義隆は正四位下より従三位に昇進し、武家公卿となる。義隆は三五歳である。大宰大弐などは留任する。但し、義隆は、天文一〇年の年内どころか翌、天文一一年一杯は、引き続き「正四位下行大宰大弐兼伊予介臣多々良朝臣」というように、正四位下で位署書き（官位姓名を書いて署名をすること。官位相当制にもとづき、位が高く官が低ければ、その間に「行」と書き、位が低く官が高ければ、その間に「守」と書く）をする。

このような場合は、本来は昇進していないのに、後日の都合により、その日に昇進したかのように記録することを意味する、「遡り昇進（任官）」という現象が想定される。しかし、後奈良天皇は天文一一年の七月一六日付の女房奉書で義隆を「よしたかの卿」と呼んでいる（『大徳』二二八七）。卿とは、三位以上の位階を有するか、参議以上の官職を有する公卿の尊称なので、天皇は、少なくとも天文一一年の半ばまでには、義隆を〝義隆卿〟つまりは、公卿にしたつもりであったことになる。となると、義隆は、遅くとも、天文一一年の年末までには、自身の三位昇進を知ったであろうから、それでも、一一年一杯はこれを称さなかったとなると、効果的な発表のタイミングをみていたということになるだろう。

率兵上洛の意志

『大館常興日記』によると、この冬、義隆は将軍義晴の側近で幕府内談衆の大館晴光に対し、「世上之儀、風聞其趣承て、可致其覚悟候（世上の事。噂を聞いて、その覚悟を決めた）」という書状を送る。これは明らかに木沢長政の台頭と細川晴元の退京を受けてのことであろう。あるいは、一一月に義晴が近江国坂本に疎開したことも含むかもしれない。ここでいう「その覚悟」とは、経緯からして率兵上洛のことだろう。これまで、将軍・幕府側から上洛要請があり、それを請けたことはあったが、義隆の方から主体的に上洛を申し出たことはなかった。この時期、義隆による、いわゆる「出雲遠征」が迫っていたが、義隆はその先に上洛を見通していたとみるべきであろう。

2 「出雲遠征」の開始

天文一一年(一五四二)一月五日、『歴名土代』によると、義隆の養嗣子、大内恒持が従五位上から正五位下に昇進する。恒持は一九歳である。管領家の細川晴元は一月二一日付で近江国六角定頼に対し、大内家より抗議されている和泉国堺津からの遣明船派遣の件につき善処を求める(『六』五一五)。晴元は被官筋ながら勢力拡大中の木沢長政との合戦に備え、摂津国芥川山城(大阪府高槻市)あたりにいた。『親俊日記』によれば、二月一日、義隆は幕府政所執事の伊勢貞孝を介し、将軍義晴に遣明船の交易物を献上する。『御ゆとの丶うへの日記』によると、二月一六日、将軍義晴が義隆献上の内裏修理費五〇〇〇疋(五〇貫文、五〇〇万円程度)を後奈良天皇に進上する。義隆はこれまで、天皇に物を献ずるときは、岳父で廷臣の広橋兼秀らを介して直接おこなっていたが、このときは将軍を介している。これが、室町期以来の、本来の幕府体制下の大名と朝廷の付き合い方なのだが、義隆は前年に率兵上洛の意志を義晴に示して以来、従来以上に義晴を重視するようになったということだろう。但し、義隆が朝廷と直接交渉することをやめたわけではない。

吉川興経の帰服

この月、「二宮俊実覚書」などによると、周防国守護代陶隆房・長門国守護代内藤興盛・豊前国守護代杉重矩ら大内軍主力部隊が、吉田郡山城の北西二二キロの地点にある安芸国山県郡大朝新荘西禅寺(広島県北広島町)に進軍する。大朝本荘は尼子方安芸国衆だった吉川興経の本拠地であるため、このころ、興経は大内家に帰服したことになる。

このころ、義隆は安芸国佐東郡銀山城にいたが、元、尼子家被官の多賀隆長らと尼子家中への寝返り工作の打ちあわせをおこない、相当の成果をあげていたらしい。義隆はこれをうけて、正式に「出雲遠征」を決断する。

三月一四日、大内家は安芸国厳島神社の楽所に桐紋と唐草唐菱紋（からくさからびしもん）入りの被衣（かずき）を寄進する（『広』二―九二頁）。後者は大内家の、いわゆる「大内菱（おおうちびし）」だろうが、前者の桐紋は、天文五年六月に後奈良天皇より拝領したものに由来するだろう。

豊後国大友義鑑は三月二三日付で大内家傘下の豊前国宇佐郡国衆佐田朝景に狩猟用の犬を求めて雁股（かりまた）の矢（先端が二俣になっていて、その内側に刃がついた鏃（やじり）のついた矢のこと。主に狩猟用）を贈る。義鑑はかつて、豊前・豊後国境での大・小の合戦で朝景に苦戦をした経験がある。当時、大内家と大友家は同盟関係にあるとはいえ、これは、贈答儀礼に名を借りた調略の一種だろう。なお、このときに贈

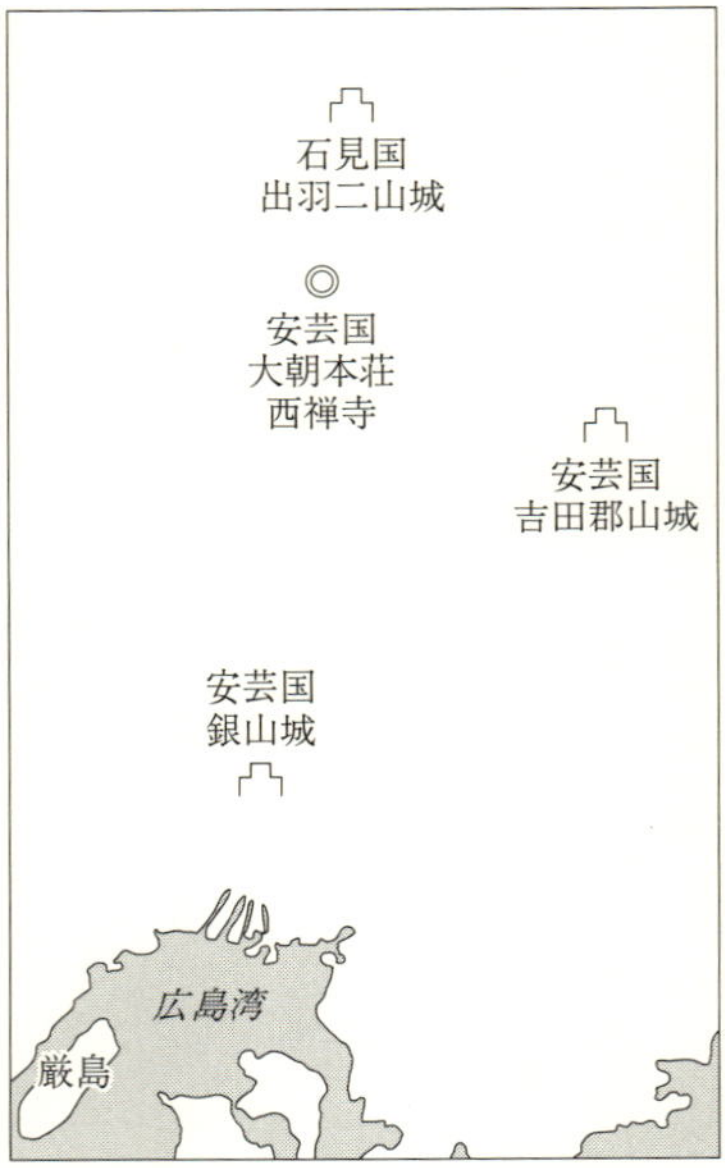

大内勢の進軍略図
銀山城と西禅寺の直線距離は約35 km。地形は現在のもの。

られたものとは限らないが、義鑑は実際に朝景より白毛の犬を贈られている。山岳戦闘のエキスパートといった印象のある朝景は、狩猟犬のブリーダーのようなことをしていたのかもしれない（『熊本』二―二四三～四頁）。

西禅寺在陣

この月、「二宮俊実覚書」によれば、周防国守護代陶隆房・長門国守護代内藤興盛・豊前国守護代杉重矩らの大内軍主力部隊が、大内家に服属していた出羽祐盛（いずはすけもり）の居城、同国邑智郡阿須那荘の出羽（いずわ）二山（ふたつやま）城（島根県邑南町）に進軍・布陣する。また、義隆率いる大内軍本隊が、安芸国佐東郡銀山城を出発し、山県郡西禅寺に進出する。

義隆は閏三月六日付で大内家に帰服した安芸国衆吉川興経に対し、本領大朝本荘三五〇貫文地などの地を安堵する（『吉』三八六）。西禅寺で興経の供応を受けた返礼ということであろう。一〇日、「除書部類」によると、義隆の奏請により「有道保国」という架空の人物が大宰大監に任官する。この仮名は「有道者こそが国を保つ」という意味だろう。有道者とは正義をおこなう者という意味なので、これは「出雲遠征」にあたっての意気込みだろう。

このころ畿内では、前月三月に管領家の細川晴元や三好範長が木沢長政を戦死させている。近江国に疎開していた将軍義晴は、その後の情勢安定化を受け、三月一一日、再入京を果たす。対出雲国尼子家で大内家と利害が一致している大内家の同盟相手である但馬国山名祐豊は、三月二七日付で備後国衆湯浅熙宗（ひろむね）に対し、義隆に協力せよと連絡する（『山』三―一〇二六頁）。義隆は四月二日付で石見国一宮物部（もののべ）神社（島根県大田市）に太刀と馬を寄進する（「物部」）。

伊予国棚橋要害の戦い

義隆は、「出雲遠征」に着手する一方、小原隆名・村上掃部助らの大内水軍を派遣し、伊予国風早郡忽那諸島の中島にある棚橋要害（愛媛県今治市）を包囲・攻撃する（『閥』三—四〇三頁）。同要害を守っていたのは、伊予国河野通直の被官、忽那通乗らしい。天文一〇年にもおこなわれた報復攻撃の第二次といったところであろう。小原隆名は前回の報復攻撃でも指揮官を務めた部将で、村上掃部助は、著名な能島村上氏当主、能島村上武吉と同じ官途をもつことからすれば、武吉の父親の能島村上義忠だろう。もしそうであれば、大内家は、前厳島神主友田興藤に雇われていたことで、能島・来島・因島の村上海賊と敵対していたが、この内、少なくとも能島村上氏の有力者を味方にしていたことになる。

ただ、この戦いは苦戦であったようで、「有不慮之子細、俄被仰出候（思わぬことがあり、にわかに（義隆が増援を）仰せ出された）」ということで、安芸国沼田郡高山城（広島県三原市）の城番衆、神代兼任に増援の命を下す（『閥』三—四〇三頁）。当時の軍事関係の文書で「不慮」ということばが用いられた際の傾向からすれば、総大将の小原隆名が負傷ないしは戦死したのかもしれない。増援の命が下った兼任は、周防国大島郡神代保を名字の地とする大内家被官で、岩国源氏の一つである。弘中隆兼とは、かなり遠いが、同族にあたろう。

厳島神主佐伯景教の創出

義隆は四月一四日付で岳父で廷臣の広橋兼秀の家司速水有益に対し、安芸国厳島神主とした平姓被官、杉某の佐伯改姓などについて朝廷の許諾をえるべく助力を要請する。義隆は「厳島神主の改姓と官位について申し入れる。御対応いただけると嬉しい。改姓のことを（朝廷に）言上する手続きを知らないので、文書の提出はしなかった。よろしくお計らいいただきたい。昔、厳島神主は佐伯姓であった。中古以来は藤原姓である。昔のように（佐伯姓に）改姓したいので御調整を頼む。名前については、代々「景」の字を付けているので、下の字をよろしくお決め頂きたい。未だ、幼少の者である」と述べる（『大徳』三一九九）。

厳島神主家はもともと佐伯姓で、平安末期の神主、佐伯景弘が平清盛と近しかったため全盛期を迎えた。平家を滅ぼした鎌倉幕府は佐伯一族をある程度尊重したものの、「承久の乱（一二二一年）」で佐伯一族は後鳥羽上皇方について敗れ、神主の座を失っていた。代わって神主になったのが有力鎌倉御家人藤原親実で、それ以来、神主家は藤原氏となっている。前神主友田興藤はその神主藤原氏一族の末裔で、義隆に目をかけられている社家の棚守房顕は旧来の神主佐伯氏一族の末裔である。義隆は、被官の杉某を新神主に送り込んだが、人心安定のため、旧来の神主家の名字である佐伯に改姓させる手段を選んだのであろう。結果、この者は佐伯景教と名乗るが、経緯からして「教」字を選んだのは広橋兼秀とみてよい。

前述した宗像正氏に多々良姓黒川氏名跡を継承させて黒川隆尚としたことと勘案すれば、自身の被官に名跡を継承させて自家の勢力を拡大させるというのは、決して義隆独創ではないものの、義隆お得意の政略といったところだろう。吉川元春の件も、小早川隆景の件もその一環とすべきだろう。

それはともかく、大宰大弐の義隆が厳島神主佐伯景教を誕生させたのであるから、義隆自身も、安芸の人々も、厳島神主佐伯景弘を重用した大宰大弐平清盛のことを想起しただろう。「房顕覚書」によれば、義隆は、先代義興期に友田興藤と神主職を争って敗れた神主藤原姓の末裔、小方加賀守の娘（孫娘か）を神主佐伯景教の妻に定める。

義隆の養嗣子大内恒持は四月二六日付で、その安芸国厳島神社や筑前国筥崎宮に対し、太刀や馬を寄進する（『広』二―七二頁・『筥』一五二～三頁）。その際の寄進状の末尾の文言は「左衛門佐殿依　仰、執達如件（左衛門佐恒持殿の仰せによって通達することは、このようである）」となっている。この語句に重きを置いて名前を付けるとこの文書は「大内恒持奉行人奉書」となる。これは、養嗣子としての恒持の立場が安定化したことを意味しよう。

将軍の返事

『大館常興日記』によると、近江国坂本より帰京した将軍義晴は、五月二日付で去年の冬に見舞いと上洛の意向と思われる強い決意を示した義隆に対し、謝意と無事を伝える。幕府内談衆大館常興入道（晴光の父）に作成させた義晴御内書の文案は「去年世上之儀、依風聞注進趣一段神妙、仍至当年無別儀候、委曲晴光可申候也（去年の世上の事、噂によっての連絡は特段に神妙である。さて、当年まで問題はなかった。詳しくは大館晴光が申す）」というものである。義隆の、恐らくは、率兵上洛の覚悟に対する返事としては、そっけない。義晴としても、幕臣としても、義隆に社交辞令含みで上洛要請を出し続けてはいるが、いざ義隆から上洛についての強い意志を示されると、義隆と細川晴元や三好範長らの関係がどうころぶか未知数なため、二の足を踏んでいたのだろう。

義隆は六月一八日付で、安芸国衆吉川興経に対し、「無二の忠節」ということで、同国山県郡寺原の地を返還する（『吉』三八七）。義隆はこのときも興経の本拠である安芸国山県郡大朝本荘西禅寺に滞在していたのであろうから、興経の接待に感じ入ったということであろうし、時期的にみれば興経が出雲へ出陣するに際しての、はなむけであろう。義隆は六月二一日付で出雲国日御碕(ひのみさき)神社（島根県出雲市）に剣・馬を寄進する（「日御碕」）。その際の寄進状は、義隆が出雲国の神社にあてて出したものとしては古い部類に入る。侵攻予定の敵国の神への挨拶ということで興味をひかれるが、寄進の趣旨は「国土安全・万民快楽」という、特段珍しくはない、一般的なものである。ただ、似た文言が散見されるため、義隆の奉行衆や右筆(ゆうひつ)（文書作成者）の間でこうした、少々大袈裟な言葉が流行していたのであろう。

石見国河本在陣

「房顕覚書」を参考にすると、義隆は大朝本荘西禅寺を出発し、六月二八日、石見国邑智郡河本に移動する。河本は尼子方石見国衆小笠原氏の勢力圏にあたるので、これ以前に、同当主の小笠原長徳・長雄父子が義隆に帰服していたことになる。長徳の父の長隆はこの年の四月四日に死去している。以後、小笠原氏は、義隆が死去するまでは大内家傘下の国衆であり続けることになる。

このころ、義隆とその側近達は引き続き、尼子家中の切り崩し工作をおこなっている。例えば、本隊付参謀のような立場の相良武任は七月一日付で、恐らくは、出雲国衆三沢為清(みさわためきよ)の被官に対し、興味深い書状を送る（『尼』五五七）。武任は冒頭「御書を路次で頂戴した」とし、為清に約束していたらしき神西(じんざい)荘での扶助のことや、やはり、寝返りを約束していたらしき、宍道(しんじ)某・尼子(あまご)某・佐波(さわ)某への当座の給分・俸禄のことについて触れる。そして、迩摩郡衆への恩賞のことや、「出助」（出羽祐盛のことか）と義隆の対面が明後日であることなどをしらせる。意味のとりにくい簡潔すぎる文章からしても、武任の署名が「武（花押）」となっている点からしても、これは密書だろう。為清はこの後、大内家側に寝返る。

義隆はこの七月三日付で安芸国衆毛利元就に対し、竹原小早川氏の家中の強い要望があるにもかかわらず、元就が次期当主に子息（結果的には隆景）を据えることを遠慮しているのをたしなめる（『毛』二一八）。腹に一物ある元就が、謙譲の美徳をみせるためにあえて逡巡してみせたと捉える必要はないだろう。元就は、前述したような理由――息子が義隆に取り込まれ、毛利氏が分裂するかもしれない――で、本当に迷っていたのだろう。

出雲国赤穴城の戦い

大内家は七月一七日付で石見国衆三隅又松丸（後の兼忠）に対し、出雲国攻撃のため、被官町野隆風を大内家直轄領の石見国迩摩郡に派遣したと伝える。そして、隆風や大内方石見国衆佐波興連と相談・協力せよとする（『尼』五五八）。隆風は先代義興期の永正一七年（一五二〇）に石見国に出陣していた町野弘風の子と思われる。隆風の迩摩郡への派遣は、当然ながら義隆の「出雲遠征」に伴う梃入れだろうが、町野氏は佐波興連の佐波氏同様、三善姓であるので、佐波氏の支持を得るための工夫でもあろう。当時、大内軍主力部隊が攻撃予定の赤穴氏も佐波氏と同族の三善姓なので、その慰撫の意味もあろう。ちなみに、隆風はまだ若年であるためか、官途称ではない。本姓三善氏にふさわしく、「善四郎」を名乗っている。

やや時はさかのぼるが、「二宮俊実覚書」を参考にすると、周防国守護代陶隆房と長門国守護代内藤興盛と豊前国守護代杉重矩らの大内軍主力部隊は、五月ごろ、石見国邑知郡都賀に進軍する。そして、六月ごろ、「杉宗三（杉宗珊入道）」を工兵部隊の責任者とし、江の川の都賀渡に船橋（多数の小船を固定してつくった橋のこと）を設ける。これは出雲国飯石郡赤穴城（島根県飯南町）攻めのためである。同城には、前年天文一〇年五月以来、尼子家有力被官、赤穴光清が立て籠もっていた。六月七日、大内勢の内の杉重矩勢に属していた大庭矩景が赤穴城の麓で右足に矢傷を負う（『尼』五六七）。時期・状況からして、矩景は敵城の偵察をしていて負傷したらしい。「矩」は重矩の偏諱だろう。

　七月一八日、安芸国衆毛利元就勢が石見国邑智郡都賀東に到着する。隆房らは七月一九日に元就を交えて軍議を開く。七月二〇～二二日に大内軍主力部隊の渡河が終了、七月二三日に赤穴城の包囲が完了し、七月二七日、大内勢は総攻撃をおこなう。寄せ手（攻城軍）には、陶・杉・内藤の三守護代家の他、安芸国衆吉川興経、同平賀隆宗（興貞の子）の軍勢も加わっていて、数刻の激戦となった。

　やがて、寄せ手も城方も疲弊して兵を引く。しかし、寄せ手の大将、陶隆房は攻め口より撤退しない。これをみた城方大将、赤穴光清は手勢を率いて出撃し、陶勢に攻撃を集中させる。このとき、陶氏被官の末富志摩守や粟屋内蔵助をはじめとした二〇名ほどの名のある武士が戦死する。吉川・平賀勢の主立つ者にも戦死者が出て、熊谷信直の弟、熊谷直続までもが戦死する。ところが、隆房の指揮のもと、大内軍も奮戦し、特に、出羽祐盛のめざましい活躍があった。祐盛の手勢では一六名の被官が負傷するが、どういうわけか、戦死者はでなかった（『尼』五五九）。そうしたところ、乱戦の中、城方大将、赤穴光清が、喉笛に流れ矢を受け、城中に戻った後、死去する。光清は五〇歳だった。

これによって城方は戦意を喪失する。尼子家より援軍として派遣されていた本城某と田中三郎左衛門尉は寄せ手と城の明け渡し交渉をおこなう。交渉は両名が寄せ手の大内軍に人質を差し出すことでまとまり、赤穴城の敗残兵は、夜半に退城・撤退する。

当時の攻城戦では、力攻めをおこなうと、寄せ手にも大きな損害がでるため、最後の一戦におよぶ前に城方と交渉し、開城を条件に城兵の撤退を認めることがある。そうした場合、退城した兵には攻撃を手控えるのが戦場のルールであったらしい。この場合も、城方は約束どおり城を明け渡したのであるから、寄せ手もすぐに城方の人質を返したであろうし、退城した兵への追撃もしなかったと推測される。

さて、陶隆房が例によっての猛将ぶりを発揮したわけだが、隆房は力攻めを好む傾向があり、勝つには勝つが、自軍の戦死者も増える。「佼実覚書」は、この戦さで敗北すると大内軍は一大事になっていたが、運よく勝ったのだと評する。隆房の采配に疑問を持つ者も相当にいただろう。この合戦の後、戦死した赤穴光清の子、赤穴詮清が大内家に服属することになる。

出雲国由木在陣

大内軍主力部隊がそれなりの損害を出しながらも、猛攻によって赤穴城を攻略したころ、義隆は、大内軍本隊を率いて出雲国飯石郡由木に移動する。義隆はこの後、由木に約二月間、滞留することになる。尼子家中への調略に時間をかけていたのかもしれないが、「佼実覚書」は「御休作（御休息ヵ）」のためとする。義隆か養嗣子恒持が長い戦陣暮らしで体調を崩したのかもしれない。

『歴名土代』によると、七月三〇日、新たに安芸国厳島神主となった佐伯景教（前名杉某）が従五位下刑部大輔に昇進する。先行研究［伊藤：二〇〇三］に詳しいが、義隆側近で奉行衆の相良武任は八月八日付で琉球国那覇奉行に対し、種子島の船舶の抑留を要請する。大内家は、明国との交易を独占していると自認していて、それを幕府も認めている。そして、管領家の細川晴元が遣明船を送ろうとした際は幕府に抗議をしている。このことからすれば、この種子島の船舶は晴元が出資したものかもしれない。であるとすれば、晴元は、幕府法廷において、大内家に与えられた遣明船独占の認可を覆すのは難しいとの判断で、中継貿易の拠点である琉球国を抜け道にして間接的に明と交易しようとしたのかもしれない。そして、細川家の動きを注視していた大内家がこれを察知して、阻止に動いたということだろうか。義隆は享禄二年に琉球国副使某の権大僧都転任の斡旋をおこなったことがあったので、那覇奉行も大内家の要請を無碍にはしなかっただろうが、結果は不明である。

戦死者への香典

八月一六日、出雲国尼子晴久が被官赤穴盛清に対し、父赤穴光清戦死の香典として二貫文（二〇万円程度）を贈る（『閥』二―二九頁）。盛清は兄の詮清が大内家に降伏したため赤穴氏を継承していた。当時の戦死者の遺族に支払う大名の香典額がわかるのは珍しい。

陶・益田氏の結び付きと大内家・吉見氏の結び付き

周防国守護代陶隆房は八月二五日付で石見国衆益田尹兼と兄弟契約を結ぶ（『語る益田』三―二頁）。陶氏と益田氏の強固な結びつきは前代以来の伝統的なもので、例えば、隆房の父、陶道麒入道興房の母は、尹兼の曽祖父、益田兼堯の娘である。これは大内家当主と石見国衆吉見氏との強い結びつきと対をなす。六代政弘期の山口大内家館において、祖父陶弘護を吉見信頼（よしみのぶより）に刺殺されている隆房としては、大内家当主が吉見一族を重用し、義隆期においても、当主吉見正頼（よしみただより）（信頼の甥。「正」字は大内家の〝みなし偏諱〟カ）のみならず、分家らしき吉見弘頼（よしみひろより）・興滋（おきしげ）・頼郷（よりさと）・興成（おきなり）・弘成（ひろなり）といった者達が、義隆側近として、奉行衆として、活動していることは不快だったろう。義

益田兼堯娘の墓
（山口県周南市龍豊寺）

興・義隆の吉見氏一族重用の原因は、近藤清石氏がまとめた「大内系図」にあるように、義隆の姉妹（義興の娘）が当主吉見正頼に嫁いでいることによるだろう。このころの吉見氏は、一族のみならず、本家当主の正頼までもが大内家奉行人奉書や大内家被官連署書状に加判している（『風』一九—三五七頁など）。だから、このころの正頼は、分国の行政に参画していることになるので、外様国衆とはいえない（但し、「満盛院文書」中の享禄二年（一五二九）付文書の正頼の花押と、「毛利博物館蔵文書」中の弘治三年（一五五七）付文書（『山』二—七〇六頁）の正頼の花押の形状はかなり違う点は留意すべき）。当主正頼は家中入りを果たした大内家一門格、その他の吉見氏一党の者は、大内家御家人（被官）とすべきだろう。隆房のみならず、吉見氏と所領紛争を抱える益田氏としても、大内家に重用される吉見氏一党の存在は、目障り、かつ脅威であっただろう。

出雲国大根島の戦い

九月五日、多々良姓一門被官の冷泉隆豊や白井房胤・朽網弥三郎らの大内水軍が出雲国島根郡大根島で尼子水軍と戦う（『尼』五七三〜四）。大根島は日本海に突き出た島根半島の美保関を横目に時計回りに迂回したところの中海に浮かぶ島である。そもそも、尼子家の本拠城である堅城、能義郡月山富田城（島根県安来市）は中海と美保関を支配するために築かれたわけであるから、中海の中心部にあたる大根島を制圧することができれば、尼子家はその制海権を失うことになる。そうした意味で、大内水軍の大根島攻撃は戦略上、理にかなったものといえる。

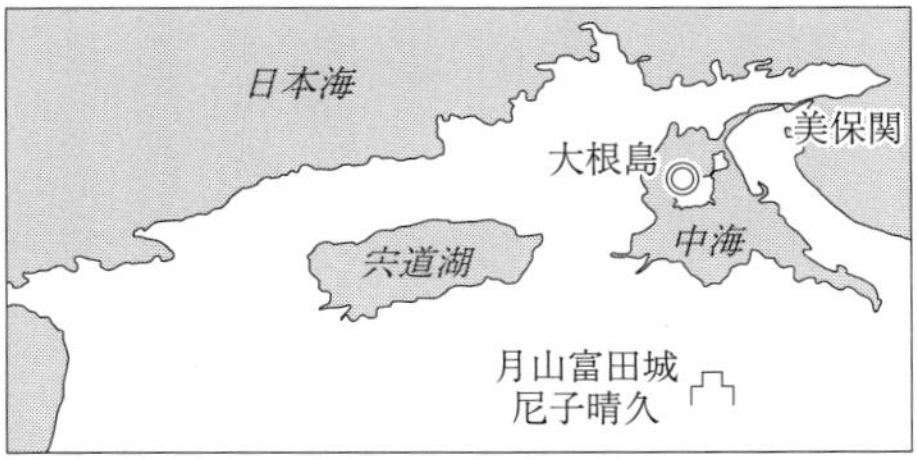

出雲国大根島の戦い略図

大根島と月山富田城の直線距離は約15 km。地形は現在のもの。

ただ、大内水軍はどこからきたのだろうか。ヒントになるのは、冷泉隆豊が安芸国佐東郡銀山城城督の一人であったことと、副将格らしき白井房胤が、安芸国や芸伊諸島の海戦に参加していた安芸国衆という点である。隆豊は義隆の信頼篤い多々良姓の一門被官であるため、現地水軍の名目的な指揮官になりうるが、房胤が自前の安南郡仁保島の水軍を率いていないとは思い難い。となると、この水軍は、現在の広島湾から瀬戸内海を赤間関に向かって西行し、そこから長門国の北岸沿いに日本海を進み、島根半島を廻って中海に至ったと考えざるを得ない。その場合、航行距離は約五四〇キロになる。一日約五〇キロ進んだとすると一〇日強かかったことになる。

絹本着色尼子晴久像
（山口県立山口博物館蔵）

海外交易を展開している大内家の水軍力が優れているのは当然といえば当然かもしれないが、戦国期の水軍の移動距離としてはかなり長い部類に入るのではなかろうか。

出雲国峯寺在陣

さて、「俊実覚書」を参考にすると、このころ、義隆か養嗣子恒持が体調を崩したかして、出雲国飯石郡由木に二ヶ月もの滞陣をしていた。ただ、この間、義隆は休息をしながらも、当然、尼子家中の切り崩し工作をおこなっていて、それはうまくすすんでいた。工作をおこなっていたのは、あいかわらず、側近相良武任や多賀隆長である。義隆は隆長を「奏者」にして尼子家中の者がある程度内応を申し出てきたことを受け、九月中旬、由木より北東に約二七キロの地点、飯石郡三刀屋の峯山に陣を進める。『角川日本地名大辞典』によれば、この山には四二一もの坊舎があった峯寺（島根県雲南市）という真言宗古義派の山岳寺院があるので、ここを本陣にしたのだろう。義隆は、一〇月中は峯寺に腰をすえ、なおも出雲国の様子を調べていたという。敵情を調べるのは悪いことではないが、兵糧攻めをおこなうわけでもないのに、冬が迫る中、ひと月強をこの寺で過ごす必要はない。やはり、義隆か恒持が体調を崩していて、寺を動けなかったのだろう。

こうして、大内軍本隊が合計して三ヶ月もの間、ほとんど無為に行動を停止している中、月山富田城に籠城する尼子晴久は、当然ながら、反攻の機会をうかがっていた。晴久は一〇月六日付で同郡山佐村地下人の協力を誉め、当年課役を免除し、来年・再来年の課役を半分とする（『尼』五七六）。大内家は出雲国とそれほど関係もないため、地域住民としては、山佐村のように尼子家を手助けしていたことだろう。峯寺に本陣を置いていたらしき義隆は、一〇月一三日付で出雲国の古刹、鰐淵寺（島根県出雲市）に対し、同国神門郡恒松保などの不知行地の返還を示唆する（『土』三―四一頁）。鰐淵寺は「塩冶興久の乱」の際に興久に協力していたので、義隆も目を付けたのだろう。

出雲国正久寺在陣

「俊実覚書」によると、一一月のはじめ、義隆は峯寺から北東約一六キロ地点にある八雲山高津馬場に入り、数日逗留する。しかし、あまりに嵐が激しいため、さらに北東約一〇キロの地点にある意宇郡馬潟の正久寺（島根県松江市）に陣替えする。馬潟は中海に面した集落であるので、恐らく、前述した冷泉隆豊らによる中海、大根島の攻略は成功していたのだろう。義隆本隊はここで隆豊らの軍勢と合流したと思われる。馬潟は古代の出雲国の国衙や国分寺があった場所とも近い上、尼子晴久が籠城する月山富田城まで約一一キロの地点である。そして、恐らく、義隆本隊は、ここで、周防国守護代陶隆房・長門国守護代内藤興盛・豊前国守護代杉重矩率いる大内軍主力部隊とも合流しただろう。そして、この主力部隊は馬潟近隣の大庭保に布陣したようである。主力部隊に帯同していたらしき毛利元就は白潟に、熊谷信直は八重垣に、吉川興経は平原に布陣をして越年することになる。

壱岐国との関係

高津馬場か馬潟にいた義隆は一一月三日付で肥前国衆平戸松浦隆信（興信の子）に対し、上松浦党波多氏の家督を源五郎隆（前当主波多盛の甥）としたことへの協力を要請する（『松資』一〇九頁）。波多氏は壱岐国（長崎県壱岐）で勢力を拡大していたが、前当主波多盛の死後、内紛が絶えず、この介入に至った。なお、波多隆は義隆死後である天文二四年（一五五五）に反対派によって暗殺されている。そういうと、義隆の壱岐国への介入は失敗した印象が強くなるが、暗殺が義隆の死去に伴う後ろ盾の消失によるものであれば、介入はうまくいっていたことになる。ちなみに、波多隆の「隆」は、松浦隆信同様、明らかに義隆の偏諱だが、よみは常識的に考えて「たか」ではなく「たかし」などだろうから、一文字名乗りの場合は、特例として、偏諱でも、拝領元と違うよみ方をしてもよいのかもしれない。

この一一月の六日付で豊後国大友義鑑が幕府に対し、義隆が筑前国博多津息浜口を返還しないことを訴える（『宰』一四―五六六～七頁）。大友家と大内家は天文七年に和睦・同盟が成立していたが、その際、大内家は、筑前国粕屋郡立花城もそうであったが、筑前国内にあった大友家旧領のすべてを返還したわけではない。息浜は遣明船派遣の際の拠点になる上、対馬国の船舶も出入りするため、大内家としても簡単には譲れなかったのだろう。この争いの決着は不明だが、この後も大内家は遣明船を派遣しているため、返還はしなかったものと思われる。大友家が息浜を奪還したのは、義隆の死後だろう。

この天文一一年と思われる一一月二三日付で義隆は幕府の許可をとった上で、肥前国衆平戸松浦隆信に対し、堺船の追討を要請する（『松資』一〇九〜一〇頁）。この船は、前述した琉球国那覇奉行に対して種子島の船舶の抑留を要請した際と同様、恐らく、管領家の細川晴元が出資した船を指すだろう。晴元は幕府や将軍義晴を支える近江国六角定頼から遣明船派遣の自重を促されていたはずだが、それらを無視して堺から船を仕立てたのではなかろうか。肥前国の松浦党と琉球国が義隆の要請を受け入れていれば、細川船が明に行くことは難しくなろうが、結果は不明である。

尼子晴久の優渥

出雲国月山富田城に籠城する尼子晴久は、一二月一三日付で被官赤穴盛清に対し、飯石郡赤穴荘は大内家に服属した赤穴詮清が帰国すればこれに安堵するが、それまでは盛清が差配せよと通達する（『尼』五八〇）。敵に降伏した者に対する処置としては寛大である。晴久としても必死なのだろうが、恐らく、こうしたことの積み重ねが、大内家に対して内応を申し出ていた尼子家被官の迷いをもたらしたのだろう。結果的にみれば、晴久が赤穴一族に示した優渥は吉と出ることになる。

義隆は長期遠征中であったが、諸方との交渉は続けていて、『天文日記』によると、この一二月の二六日、石山本願寺証如のもとを義隆の使者が訪れる。用向きは遣明船を派遣するので、また、瑪瑙を贈ってほしいというものであった。副状は評定衆の陶隆満が出しているが、証如は手元にないという理由で要請を断る。義隆は天文五年にも証如に瑪瑙を求めているので、このときの瑪瑙が明国で喜ばれたのだろうが、証如としては、いい加減、迷惑であったろう。

3　出雲国月山富田城の戦い

武家公卿義隆

天文一二年（一五四三）一月一一日付で義隆は備後国衆山内少輔四郎に偏諱を与え、山内隆通（やまのうちたかみち）と名乗らせる（『山内』二〇九）。隆通は恐らく、出雲国意宇郡馬潟正久寺の義隆本陣で義隆に面謁したのだろう。義隆は一月一九日付で安芸国厳島神社に太刀・馬を寄進するが、その際の位署書は「従三位行大宰大弐兼伊予介臣多々良朝臣」である（『広』二―一六～七頁）。前述したように、『公卿補任』における義隆の従三位昇進は天文一〇年一二月二七日で、後奈良天皇は天文一一年七月の段階で「よしたかの卿」と呼んでいるが、義隆本人は天文一一年中を正四位下で通していた。廷臣広橋兼秀らの昇進運動に関与したであろう者達が急いで知らせただろうから、義隆がこれを一一年の下半期中に知らなかったとは思えない。となると、きりよく天文一二年正月に発表し、一種のイベントにしたかったのだろう。

いずれにせよ、これで、義隆は亡父義興同様、生前の、それも壮健なうちの武家公卿ということになった。これで大内家は、五代教弘・六代政弘が死後の贈従三位［山田：二〇一五］で、七代義興・八代義隆が生前の従三位成りということになるので、武家公卿家としてある程度定着したということになろう。

「俊実覚書」によると、この一月、義隆率いる大内軍本隊は、宍道の山に陣を移したという。これ

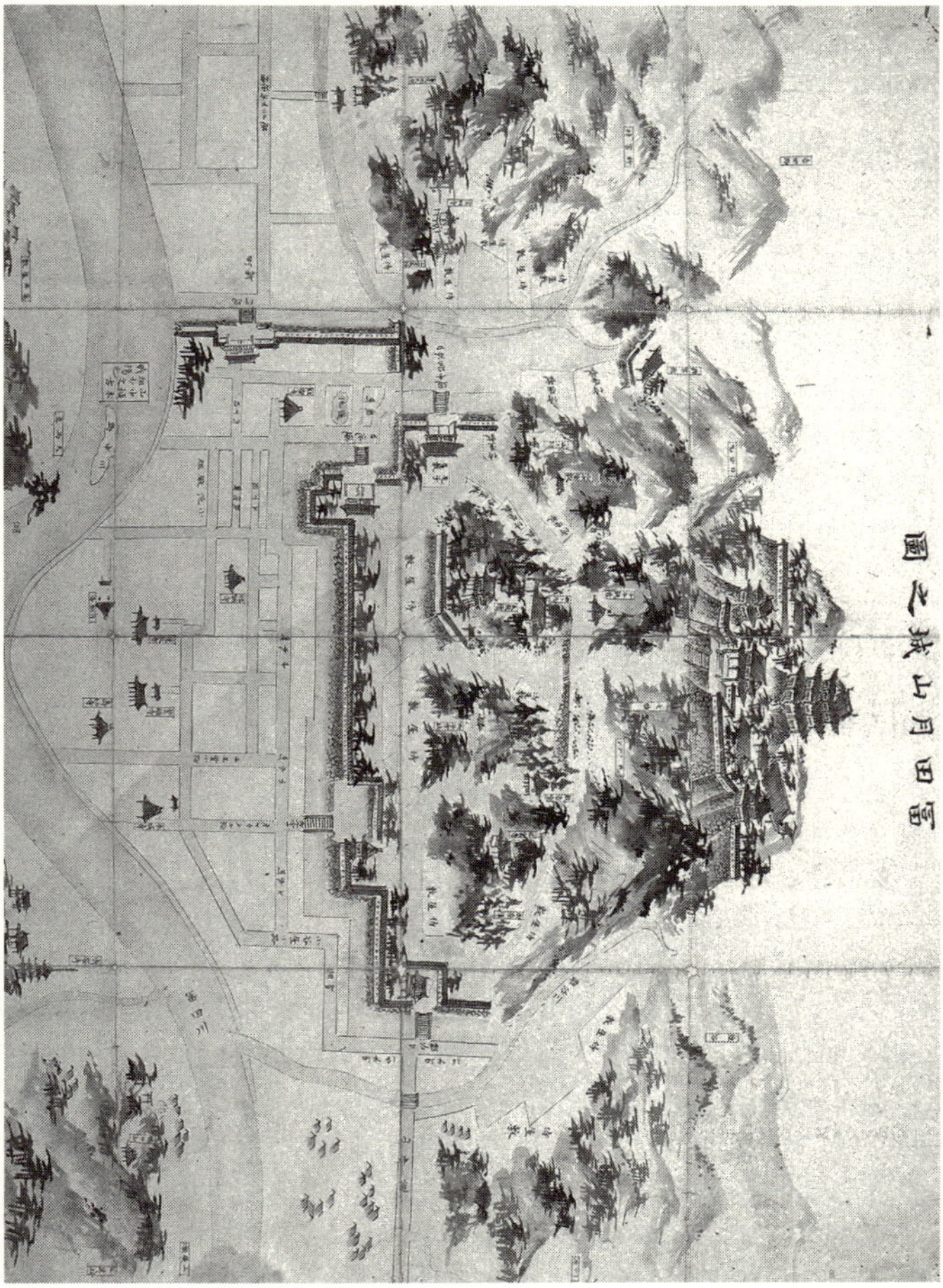

冨田月山城の図（安来市教育委員会蔵）

が本当であれば、宍道は馬潟の西方約一九キロの地点にあたるので、一旦、本陣を後退させたことになる。しかし、宍道は一旦、陣を後退させたにしては遠すぎるので、これは誤伝だろう。陣地を移した山は、馬潟の南方にあたる能義郡上意東(かみいとう)あたりの山ではなかろうか。天文一二年に入ると、遅まきながら幕府も大内家による尼子家攻撃の支持の方針を打ち出す。幕府は一月二六日付で石見国衆周布武兼に対し、尼子晴久退治のため義隆と相談せよとの奉行人奉書を発給する(『尼』五八四)。

義隆は二月六日付で石見国衆小笠原長徳に対し、富田在陣に対する協力を誉める(『尼』五八五)。長徳は大内家に帰服した上、月山富田城攻めに参加していたことになる。義隆は同日付で、安芸国佐東郡銀山城で留守をしていた同国衆竹原小早川興景に対し、従三位昇進の祝儀への返礼を述べる(「根岸」)。ここからすれば、一月か二月の段階で、義隆は従軍中の諸将に対し、公卿成りのお披露目をおこなったことになる。

六角定頼の思惑

近江国六角定頼は二月一五日付で幕府内談衆大館晴光に対し、勘合符に関する義隆あての将軍義晴御内書発給について謝意を伝える(『六』五二五)。ここでいう御内書は、天文一〇年に大内家主催の遣明使節団(通称、天文七年度)正使湖心碩鼎と副使策彦周良によって形式上、将軍義晴に対しもたらされた明帝国の勘合符を義隆に与えるとした御内書であろう。この定頼の書状の文言は「大宰大弐(義隆)が言上した勘合の儀については、(晴光の)種々の御協力によって(将軍義晴の)御内書が発給された。定頼としてはかたじけなく思う。(晴光の)御協力のたまものである。必ずこちらから(お礼の)書簡を(義晴に)送る。遅くなっているので、ついでながら筆をとった」というものである。定頼としては晴光経由で義隆がよむことを想定して書いたということなのだろうが、まるで大内家の被官か申次役であるかのような懇切丁寧な文言である。定頼がもともと篤実な人柄なのかもしれないが、それだけでもないだろう。定頼としては、義隆は「出雲遠征」に成功すれば、そのまま率兵上洛する予定であろうから、それを見越してということかもしれない。義隆の宿敵、尼子家が六角家同様、佐々木氏一族である点も多少は関係しよう。

出雲国京羅木山在陣

前述したように、馬潟の南に布陣していたであろう義隆は、「俊実覚書」によると二月中旬にさらにその南にある京羅木山の偵察をおこない、これに本陣を移す。京羅木山は尼子晴久が籠城する月山富田城からみると、飯梨川を隔てた北西約三・五キロの地点にある山である。周防国守護代陶隆房らの大内軍主力部隊は月山富田城の西約二・七キロの地点にある経塚山に布陣した。「覚書」はこれを「近陣」と評する。決戦が間近にせまったことを出雲国尼子家も感じたようで、同家は三月五日付で同国鰐淵寺に対し、本堂の造営決定を通知する（『尼』五八七）。これは同寺が大内家に取り込まれつつあることを知った上での通知だろう。大内軍の後方撹乱を狙ってのことであることは想像に難くない。

三月一四日、長門国守護代内藤興盛と安芸国衆毛利元就らの大内勢が、富田月山城下の菅谷口・蓮池畷などで尼子勢と戦う。この攻め口は興盛の担当であったが、尼子勢の逆襲にあい、興盛勢は撤退を余儀なくされる。ただ、その退却戦において興盛の一門被官、勝間田盛保（かつまたもりやす）が奮戦する。盛保はこのとき、敵の恐らくは、名のある武士の首を一つ上げ、左手に槍傷、左膝に矢傷を負う（『尼』五八八〜

九一)。その日、安芸国衆平賀隆宗と石見国衆益田次郎(後の藤兼)らの大内勢も洞光寺(島根県安来市)口で尼子勢と衝突する。この合戦でも大内勢は尼子勢の逆襲にあい、特に益田勢は二名の名のある武士の戦死者を出す。こうして大内勢が総崩れになりかけたところ、大内勢の吉川興経が横合いより尼子勢に攻撃をかけたため尼子勢は撤退する。喜んだ義隆は興経に使者を送り、興経の働きを「比類なし」と誉める。興経が俗にいう〝戦さ上手〟であることは確かなようである。

三月二五日、「叙書部類」によると、義隆の奏請により「勝威益」という架空の人物が大宰少監に任官する。この仮名は「勝威が益す」という意味で、時期的にみて「出雲遠征」の勝利を期してのものだろう。義隆は三月二七日付で出雲国揖屋神社(島根県松江市)に末行の太刀と神馬を寄進する(「揖屋」)。なお、同日、安芸国佐東郡銀山城で留守をしていた竹原小早川興景が病没した。興景は二三歳だった。

塩谷の大槍

「俊実覚書」を参考にすると、四月のはじめごろ、大内家に内応した多賀兵庫助ら出雲国国衆が月山富田城下の飯梨川を西へ渡河した地点にある富田八幡宮(島根県安来市)に布陣する。これは経塚山の麓にあたるため、同山に布陣する周防国守護代陶隆房らの大内軍主力部隊との連携を狙ってのことと思われる。兵庫助を寝返らせたのは、同族の多賀隆長だろう。経羅木山本陣の義隆は、月山富田城の尼子勢がこれを攻撃することを警戒し、安芸国衆毛利元就勢を城方の逆襲に備えた「請手」としていたので、元就勢はこのころ、河本屋敷というところに移っていた。請手はこのころの軍事用語で、敵の動きに対応するための軍勢のことで、軍勢を隠すとは限らないので、いわゆる伏兵（ふくへい）とは少し違うが、役割は似ている。義隆の予想があたったといえるかは微妙だが、城より、恐らく、八幡宮方面に尼子勢が打って出てきたため、四月一二日、毛利勢は横合いからこれを攻撃し、尼子勢を混乱させる。尼子勢は、恐らく、恐慌状態に陥って後退したため、毛利勢がこれを追撃したところ、さすがは戦さ慣れした尼子勢というべきか、城下の塩谷（しおたに）というところで軍勢を立て直し、これを迎撃する。元就自身、ここが正念場と思ったのか、騎馬で飯梨川を渡河し、毛利勢を鼓舞する。そうしたところ、付近の大内勢も塩谷にかけつけ、合戦は数刻におよぶ激戦となった。そのため、この合戦は「塩谷の大槍」と呼ばれる。このときの毛利勢を中心とした大内勢の槍の数は二〇〇あったと噂された。「俊実覚書」の筆者である吉川興経被官の二宮俊実の感覚としては、槍兵二〇〇がかなりの数ということらしい。大内勢は、安芸国での数をもとに推測すると、義隆本隊が三〇〇〇、陶勢が二〇〇〇、内藤勢と杉勢が一〇〇〇ずつ、それに毛利勢ら外様国衆勢三〇〇〇強とあわせて総勢一万といったところであろうか。

義隆は四月二日付で石見国衆周布武兼に対し、出雲国尼子晴久退治の命を応諾すると幕府に返事をされよと連絡する（『尼』五九二）。

三通の譲状

豊前国宇佐郡国衆恵良（えら）盛綱（もりつな）は四月一六日付で、子息信勝（のぶかつ）に対し、豊前国宇佐郡恒松名の小河上下両屋敷分他の所領を譲与する。その際に作成された譲状は三通ある。一通は大内家より安堵されている本領についてのもので、一通は大内家豊前国守護代杉重矩よりの扶助分についてのもので、一通は豊後国大友家より与えられた所領についてのものである。だから、盛綱の

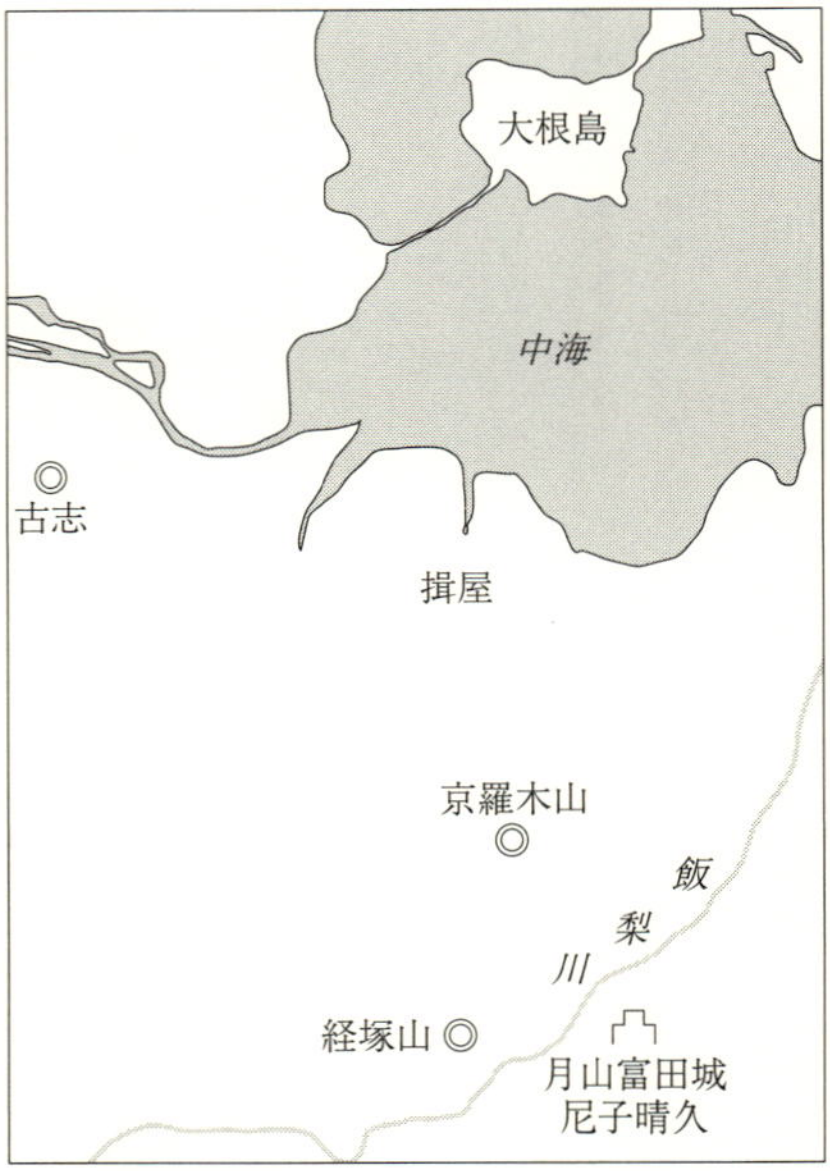

出雲国月山富田城の戦い略図

京羅木山と経塚山の直線距離は約3.1km。地形は現在のもの。

立場は複雑で、大内家被官でありながら、豊後国大友家の外様国衆的な性質もあわせもっていたということになる。ただ、この三通のうち、杉重矩の扶助分をまとめた譲状にのみ「奉公懇仕候て、知行肝要（奉公を熱心にしたうえで、知行するのが重要である）」との添え書きがある。しかも、ここで盛綱が所領を譲っている信勝の「信」は杉重矩の前名重信の偏諱だろう。

この二点からすれば、盛綱は大内家に重心を置いた大内・大友両属の国衆であったものの、長年の付き合いから、杉重矩に忠誠心に近いものをもっていた者とすべきだろう（『大分』八―七〇〜七一頁）。

大内恒持の死

さて、前述したように、尼子家から離反した多賀兵庫助は富田八幡宮に布陣をしていて、これへの城からの攻撃は毛利元就らの大内勢が防いだ。「俊実覚書」によると、この前後、出雲国の中郡（中心部の諸郡）の国衆一三名も大内家への内応を決め、やはり同八幡宮に駆け込む。しかし、月山富田城では、彼らのことを諦めず、粘り強く説得し、彼らを翻意させることに成功する。尼子家帰参を決めた者達は、四月三〇日に城中へと戻っていった。結果、同八幡宮に残ったのは多賀兵庫助と牛尾民部左衛門（うしおみんぶざえもん）のみとなる。翌五月一日、これをみて、義隆本陣は大騒ぎとなった。しかし、五月二日になると本陣の混乱は収まり、出撃した尼子勢と矢戦をおこなう。ただ、このころ義隆は総退却を決めたようで、五月七日の七つ（午前四時ごろ）、撤退を開始する。この日、激しい退却戦がおこなわれ、安芸国東西条代官杉隆宣が戦死する。義隆が退却を決めた理由は分かりにくいが、調略の失敗に激怒したということであろうし、戦死の恐怖に陥ったということであろう。

「俊実覚書」を参考にすると、義隆は、恐らく、五月七日の内に出雲国意宇郡揖屋で乗船・出航する。これは、信頼する多々良姓一門被官の冷泉隆豊ら大内水軍が中海の大根島を確保し、そのまま揖屋のあたりに停泊していたためと思われる。義隆は三月二七日付で揖屋神社に寄進をしていたことも心理的には影響があろう。「俊実覚書」と「房顕覚書」を参考にすると、その際、義隆の養嗣子恒持の乗船に多くの人数が群がり、恒持は側近の細川是久（ほそかわこれひさ）・右田弥四郎（みぎたやしろう）・福嶋源三郎（ふくしまげんざぶろう）とともに死去している。恒持は二〇歳であった。「大内義隆記」などの軍記物の影響で、恒持は、味方の兵が群がったがために乗船が転覆して溺死したとされることが多い。しかし、厳密にいえば「俊実覚書」と「房顕覚書」は、船に群がった人数を大内勢とも尼子勢とも記していない。また、その死について「俊実覚書」は「御果候」とし、「房顕覚書」は「討死ナリ」とするので、恒持は尼子勢に討ち取られた可能性もある。戦死を遂げた恒持側近の内、細川是久は名字からすれば幕府管領家、細川家の一族の者だろうが、どの系統の者か不明である。先代義興が京都より連れ帰った者かもしれないし、土佐国一条家が恒持に付けた四国土着の細川氏の縁類かもしれない。幕府内談衆で母親が周防国出身という細川高久との関係も気になるが、これもわからない。是久は細川隆是の父である。右田弥四郎は多々良姓一門被官であろうが、その弟が周防国松崎天満宮の代参者に起用されていたことが知れる程度である。福嶋源三郎は何度か述べたように、大江姓の大内家被官であるために、父親とともに、同姓毛利隆元の応援などを務めた人物である。

チャチ若君

「房顕覚書」を参考にすると、恒持の母親（義隆の姉）は、我が子に逢うべく、土佐国を出発し、恒持生前の天文一二年二月に安芸国厳島神社に参詣し、五月まで逗留していた。そうしたところ、恒持死すとの悲報に接したらしい。その後、彼女は土佐に戻らず、周防国玖珂郡小瀬に渡海し、逗留していたところ、大内家が故恒持の弟「チャチ（茶々カ）若君」を山口宝寿寺（保寿寺カ）の住持としたため、これに同行したとある。

ちなみに、先行研究［野澤：一九八六］が紹介した、表面に「法寿寺殿俊英宗傑大禅定門神儀」、裏面に「十五　円明院殿（一条房冬）次子周防大内一代介殿是也」とある土佐国金剛福寺（高知県土佐清水市）の位牌は、一条房冬の「次子」という点に重きを置き、「大内一代介」を「一代限りの大内周防介」と解釈すれば、先行研究［同］が指摘するように恒持のことになる。しかし、「十五」が享年なのだとしたら、恒持の享年二〇とあわない上、「大内一代介」を「大内伊予介」と読むと、恒持の受領官途は周防権介であったためあわない。いずれにせよ、不正確な情報に基づいて作成された位牌なのだろうが、総合的に判断すれば、これは、恒持の位牌ではなく、恒持の弟、チャチのものである可能性の方が高いであろう。すると、チャチは後年、義隆の養子となって「大内伊予介」を名乗り、死去した後は、山口の保寿寺に葬られて俊英宗傑と贈名され、父方の実家一条家ゆかりの土佐国の寺院にも位牌が伝わったということではなろうか。

大内水軍による義隆収容

さて、「俊実覚書」によると、不幸中の幸いというべきか、義隆は恒持とは別の船に乗り込んでいた。すると、こちらにも人数が取り付いてきたが、これは大内水軍の指揮官である冷泉隆豊みずからが薙刀をもって切り払い、なんとか船出する。義隆は隆豊の旗艦に乗船したということであろう。「覚書」はこの船に押し寄せた人数についても、大内勢とも尼子勢とも記していない。しかし、義隆は出航前に、周防国守護代陶隆房に乗船するよう呼びかけていて、隆房は「重ねての御合戦のため」といって出航を急がせ、自身は陸路で撤退したとある。味方の軍勢を切り払った上で、味方に乗船を呼びかけるというのは、不自然であるので、押し寄せてきたのは、やはり、尼子勢だろう。

これらの箇所は、『平家物語』の一の谷の戦いの描写や、『春秋左氏伝』宣公一二年にみえる「舟中の指、掬すべし」の故事と類似する。故事は、晋の宰相荀林父率いる晋軍が、楚の荘王率いる楚軍に「邲の戦い」で大敗を喫して敗走する際のもので、黄河を渡河する晋の舟中には、味方によって切り落とされた舟にすがりついた指が掬うほどあったというものである。日本の戦国期中国地方の中級以上の武士は『春秋左史伝』を年少のころより教養として読んでいる者が多いようなので［池：二〇〇九ａ］、二宮俊実もこの故事や、この故事をもとにしたのであろう『平家物語』を意識して書いたのだろう。そして、義隆を描いた各種の軍記物の作者も舟中の指の故事や『平家』を当然知っていたがため、特に恒持の船には味方の兵がすがりついて船が転覆したという脚色になったのではなかろうか。

ちなみに、義隆擁する大内水軍に追手がかかった様子はないので、当時、尼子家には水軍の用意がなかったことになる。冷泉隆豊らに大根島を攻撃された後、大内水軍によって壊滅させられていたのかもしれない。乗船を断った隆房は宍道湖のほとり、意宇郡乃木で毛利元就勢と合流し、本国をめざして撤退戦をはじめる。

陸路による撤退は困難を極める。五月八日、阿川弥七らの大内勢が、出雲国神門郡朝山郷で同国尼子勢と戦う（「阿川」）。弥七の戦功報告者は義隆の側近として頭角をあらわし始めている青景隆著なので、この軍勢は隆著の部隊だろう。同日、毛利元就勢は同郡古志後浜で尼子勢と戦うが、元就はこのとき「伏勢」をもって戦ったとあるので、元就をはじめとした大内勢は各所に伏兵を置き、逆襲しつつ撤退したらしい（『尼』六一二）。この日、大内勢の山田範秀が出雲国意宇郡津田で戦死する（『尼』六一七）。五月九日には出雲国意宇郡宍道で前述の豊前国衆恵良盛綱が戦死し、安芸国衆沼田小早川正平は神門郡林木荘を流れる鳶巣川で討死した（『大分』八―七一頁など）。

石見国周布郷到着

山口をめざして海路敗走中の義隆は五月一三日付で石見国の外様国衆周布武兼に対し、益田氏と争っていた美濃郡白上他の地を与えることができなくなったため、代わりに防長両国の内から五〇〇貫を合力すると約す（『閥』三―五七四頁）。恐らく、これは、義隆が敗走の途中、武兼の本拠、同国那賀郡周布郷で武兼の供応を受けた際の礼だろう。義隆は同年らしき五月二二日付で安芸国衆熊谷信直に対し、筑後国衆志波氏・宝珠山氏・飯田氏と軍陣を共にしたことを謝し、安芸国衆の伴氏・宍戸氏とともに帰郷したとの報告を了解したと述べる（『熊谷』二五三）。

「房顕覚書」を参考にすると、周防国守護代陶隆房と長門国守護代内藤興盛が陸路によって撤退するに際し、これを「雲州郷人共七・八千」が追撃する。「郷人共」とあるので、恐らく、正規の尼子勢のみならず、付近の地侍や百姓が落ち武者狩りの要領で攻撃をしかけてきたのだろう。これまでの大内勢の兵粮は基本的に現地調達だろうから、これは敗軍の常で、当然のことである。陶勢と内藤勢はこれらの雑多な追撃部隊と戦いながら撤退したが、体力的にも精神的にも相当に疲弊していたらしい。両勢が石見国安濃郡刺賀まで逃げたところで、陶氏被官の深野勘解由左衛門尉という者が、内藤氏被官の能野（熊野カ）蔵人大夫と喧嘩になり、深野某は能野某を馬から斬り落す。このとき内藤興盛は馬から降り、陶隆房にむかって「如此子細、可在如何（この状況、どう始末をつける）」と詰め寄る。これを受けて隆房は深野某に腹を切らせたので、興盛も機嫌をなおし、二人は同道して山口に帰ったという。隆房や興盛らの主力部隊の方からすれば、だらだらと長陣を続けた上、少々調略に齟齬が生じた程度で、何故、総撤退をするのかという不満をもっていたのであろう。この陶氏と内藤氏被官の喧嘩は、互いの主人の苛立ちを反映したものにみえる。大内家家中では、調略をおこなっていた相良武任の責任を問う声も大きかったのではなかろうか。

山口到着

五月二五日、義隆は周防国山口に到着する（『広』五―一三三六頁）。義隆が山口に戻るのは、尼子晴久の「安芸遠征」に対応するため天文九年一月に出陣して以来のことで、約三年半ぶりのことである。義隆はこの後、結果的に、山口を動かなくなるので、この敗北で大きな衝撃を受けたのは間違いない。軍事に怖れをもったことだろう。本書の副題にひきつけていえば、武徳の衰えも感じたことだろう。『海東諸国記』で「兵最も強し」と称された、最強大内勢の名声は地に落ちた。

しかし、尼子晴久の「安芸遠征」とあわせれば、一勝一敗である。義隆自身も、軍記物などでいわれているほど、無気力になったわけではなく、実際には、休む暇もなく、戦後処理に取り掛かっている。

戦後処理

義隆は五月二九日付で筑後国衆麦生鑑綱（むぎおあきつな）と三原種栄（みはらたねひで）に対し、出雲国より撤退した際の活躍を誉める（『編年大友』一八―四〇頁・「三原」）。彼らは豊後国大友義鑑が派遣した援軍的存在である。

ただ、この間の義鑑の動きは、義隆からすれば、油断のならないものであった。義鑑は幕府に対し大内家による筑前国息浜浜口の押領を再度訴えていたようで、幕府内談衆大館晴光から、「（大友家から）大内家に問い合わせいただければ、将軍義晴としても再度の御命令があろう」とした五月七日付の書状を獲得している。また、義鑑は同じく五月七日付で将軍義晴より肥後国守護職を獲得する。更に、義鑑は幕府政所執事伊勢貞孝に対し、もしも九州探題職を望んだ場合、将軍義晴に納める礼銭はいかほどになるのかといった問い合わせもおこなっている（『編年大友』一八―二八・三一～三頁）。貞孝は「お考え次第か。手元にある記録からは分かりかねる」と答えている。義鑑の九州探題職就任は実現しなかったが、傀儡の九州探題渋川義基を擁し、大宰大弐の官職を帯びる義隆からすれば容認しがたいことであったろう。

とはいえ、義隆が、大友義鑑の子、大友晴英（母は義隆の姉妹）を養子に迎えることとし、これに、「大内周防権介」の称を許したのは、養嗣子恒持の死去（一五四三年）より後、嫡子義尊誕生（一五四五）より前のことになろうから、天文一三年（一五四四）の可能性が高い。義隆は、義鑑の動きに不穏なものを感じながらも、大友家・尼子家との両面戦争の愚を避ける必要もあり、また、恒持死去のショックもあって、晴英を養子に迎えようと思い立ったのであろう。また、故、恒持の同母弟であるチャチ（一条房冬と義隆の姉妹の子）を養子にしたのもこのころだろう。

防備体制の構築

このころは未だ、出雲国尼子勢の脅威は去っていない。義隆は、恐らく、長門国阿武郡渡川城か賀年（かね）城（山口市）の城督と思われる河内右近大夫（かわちうこんたいふ）という者に対し、六月二日付で「去月二五日に（周防国山口に）着国した。石州口（長門・石見国境）の諸要害に（構築・営繕の）申し付けをした。御安心されよ。その方面については房州（陶隆満）に一味馳走するとのことで、誠に神妙の至りである。万一の際は、元就（毛利）に加勢せよと申し遣わした。安芸国については、（沼田荘）高山城と（佐東郡）銀山城に城衆を配置した」と述べる（『広』五―一三三六頁）。

義隆は竹原小早川氏被官乃美備前（のみびぜん）入道（俗名、家氏（いえうじ））に対しては、六月二日付で「帰国すればすぐに申すべきであったが、順風がなかったので去月二五日に（山口に）着国した。（安芸・備後国の）国境の事、ますます堅固の覚悟が大切である。国役人は、近日中に派遣する。（安芸国）沼田荘にひとまず軍勢を配置した。委細は飯田六郎左衛門尉（隆言）に申し含めた」と述べる（「乃美」）。ここでいう「国役人」とは、安芸国東西条代官のことで、起用というか、再任されたのは弘中隆兼であった。前代官杉隆宣は「出雲遠征」で戦死していた。隆兼は、この後、安芸国東西条に槌山城（東広島市）を築城し、これを拠点に縦横の活躍をみせることになる。

義隆は六月六日付で白井房胤に対し、周防国玖珂郡楊井新荘二〇石地などを与える（『閥』三―六八頁）。房胤は「出雲遠征」において、冷泉隆豊率いる大内水軍の将として島根郡大根島攻撃に参加していた。義隆は敗北後、この水軍に守られて撤退したのだろうから、この給地授与はそうした戦功への恩賞ということになろう。

芸備方面代官

以上のように、実際の義隆は、打ちひしがれる間もなく、尼子家が本格的に大内家分国に攻め寄せた場合に備えて着々と手を打っていた。そして、それがある程度終わると、義隆は、そろそろ積極策も打ちはじめる。精神面も立ち直っていたとみてよいだろう。

義隆の花押形がD型であることと内容からして、このころと思われる七月三日付で義隆は、恐らくは、備後国世羅郡堀越城主某敬秀（沼田小早川氏系統の家ヵ）に対し、「代官」を派遣するので協力してほしいと要請する（「小寺」）。この「代官」というのが、安芸国東西条代官に再起用された弘中隆兼のことである。つまり、隆兼は両代官職を兼任したことになるのだが、同時代史料で「備後国代官」

と書いたものはないので、〝芸備方面代官〟程度の意味で、別々の職掌を持つ二つの役職を兼任したというほどのことではない可能性も高い。いずれにせよ、義隆は隆兼の軍事的手腕に大きな期待を寄せていたとみてよい。以下、隆兼の肩書は、仮に芸備方面代官と呼称することにする。

このころから義隆は、備後国への関心を強めることになる。何故、備後国に狙いを定めたかといえば、それは、出雲国へ再遠征となった際、再度、石見国から難所を越えて陸路で攻めることに限界を感じたであろうということと、義隆の素志である率兵上洛実現のために、備後国を安定化させておきたかったということだろう。

義隆は、D型の花押型と内容からしてこのころと思われる七月九日付で備後国衆木梨太郎左衛門に対し、送付された連署状に謝意を示し、某亮盛が早々に帰国することを待ちわびていると述べる（「杉原」）。副状発給者として名前が挙がっているのは芸備方面代官の弘中隆兼である。良質な残存史料が少なく、戦国期の備後国杉原氏系一族である木梨・高須・山手氏の事績を明らかにするのは困難だが、後の展開からすれば、某亮盛は杉原氏系一族を代表して、守護職を保有する但馬国山名祐豊を訪ねたところ、同盟相手の義隆を支えよとの命を受け、木梨太郎左衛門がそのあらましを連署状にして義隆に提出したということであろうか。後年、イエズス会宣教師のルイス・フロイスが備後国に立ち寄った際、「かつて山口である武士に仕えていたという木梨殿」に迫害されたという話が、フロイスの『日本史』にみえるように、杉原氏系一族の中には大内家に接近するものがかなりいたらしい。

七月二一日、大内家一門格石見国衆吉見正頼の一族上領頼兼が、吉賀郡上領で牛尾氏らの尼子勢を夜襲で破る（『尼』六四五）。上領は吉見氏本拠の同郡津和野にほど近く、周防国山口まで直線距離で約四五キロの地点である。正頼は頼兼の戦功を誉めた感状を翌日付で発給しているので、このとき津和野にいたようである。義隆は八月四日付で杉隆泰による父興頼領の相続を認める（「萩杉」七四）。前述したように、隆泰は義隆の男色相手の可能性がある。

山名祐豊の見舞い

但馬国山名祐豊は、「出雲遠征」に敗れた義隆に見舞いの書状を出したらしい。それに対し、義隆も返事を出したようだが、返事の現物は現存していない。しかし、祐豊は八月一〇日付で備後国衆上山実広に送った書状において義隆の返書について言及している（『尼』六五〇）。およその内容は「出雲国での大内勢の敗北は残念である。しかし、再び出陣すると大弐（義隆）より返事が到来した。安芸国に出陣し、態勢を立て直すとのことである。前々のように（備後）国中で相談し、義隆に対し協力することが大切である。次に因幡国については、（敵方は）布施城のみとなったので、そろそろ決着がつくだろう。伯耆国に撤退している者達も入国し、近日中に出陣する」というものである。布施城とは因幡国邑美郡布施城（鳥取市）のことで、出雲国尼子家の傘下に入った、因幡国山名家の山名誠通方の城である。祐豊の戦略が、尼子家を敵とみなし、備後国を義隆に委ね、自身は裏切った因幡国山名家を攻撃するというものであることがわかる。

義隆は八月一八日付で安芸国衆毛利元就に対し、同吉川興経の所領を与える（『毛』二五九）。これは興経が義隆の「出雲遠征」敗北に伴い、大内家を離反して、再度、尼子家に付いたためである。興経は先代義興より「興」偏諱を拝領した後、尼子家につき、尼子晴久の「安芸遠征」の失敗を受けて大内家傘下に戻り、「出雲遠征」に向かう義隆を本拠大朝本荘西禅寺で接待し、義隆より厚遇を受け、大内勢に参加して月山富田城城下で尼子勢相手に見事な奮戦をしてみせたものの、再び尼子家方に付いたということになる。義隆もさすがに今度ばかりは許せず、この措置となったらしい。

このころ、出雲国尼子晴久は、大内家勢力圏の備後国と石見国への侵攻を本格化させていた。そのため、備後国国衆は義隆に対し、しきりに援軍要請をおこなったようで、義隆は、恐らく、このころと思われる八月二六日付で、備後国の有力国衆で三次郡比叡尾山城（広島県三次市）城主の三吉致高に対し「そちらで昼夜合戦があるようだが、元就（毛利）と隆兼（弘中）に援軍の命を与えたので、これと相談されよ」と連絡する（「吉田履」）。晴久はこの備後侵攻とともに石見国への侵攻もおこなっていたようで、九月一日に石見国衆吉川経冬・久利太郎法師（後の盛長）らの大内勢が同国迩摩郡久利郷でこれを迎撃する（『尼』六五八・六五九）。しかも、晴久との連絡の有無は定かではないが、暫く鳴りを潜めていた肥前国少弐冬尚の軍勢までもが蠢動しはじめ、九月六日、筑前国御笠郡岩屋城督千手興国や松隈藤七郎らの大内勢が、同城の麓で少弐勢と戦う（「松隈」）。

敷奏

義隆は、一〇月三日付で石見国衆吉川経冬に対し、左近将監の官途称を許すが、その際の文言は「左近将監所望事、可令挙敷奏之状如件（左近将監希望の事、天皇に奏聞しておく）」というものである（『吉』石―五九）。義隆の官途状（官途称を許した文書）に「敷奏」という特徴的な文言が使用されている例としては早いものである。但し、この年の五月二九日付で今仁五郎を右衛門尉に「挙敷」した官途状の写しがあり、これが「奏」字を写し落したものなのであれば、こちらの方が「敷奏」事例としては古いものになる（「宇佐諸家」）。これが、写し間違いではない場合は、義隆の官途状における、天皇に吹挙しておくという意味の語句は、①「挙申」②「挙敷」③「敷奏」の順で変遷したことになる。

従来から、この語句は義隆の天皇補佐官たる侍従任官と結びつけられることが多いが、このときの義隆は侍従ではない。但し、義隆は大宰大弐を〝フライング自称〟した前歴があるので、すでに、岳父で廷臣の広橋兼秀あたりを通じて、侍従成り交渉を始めていて、良い手ごたえであったのでそう自認していた可能性はある。

義隆は一〇月一一日付で「出雲遠征」で戦死した恵良盛綱の遺領を子息信勝が相続することを認め、一〇月二五日付で被官門司泰親が祖父依親の所領を相続することを認める（『大分』八―七一頁・『閥』四―四九八頁）。大内水軍の部将、門司依親が「出雲遠征」で戦死したのか否かは不明だが、それとは別の興味深い点がある。それは祖父依親と孫泰親の名前である。門司氏は鎌倉幕府創業の功臣中原親能の末裔を称しているため「親」は家の通字である。それが下の文字になっている以上、上の字の「依」と「泰」は誰かからの拝領偏諱の可能性が高い。では誰のものかといえば、「依」は人名漢字としては珍しいため、ほぼ間違いなく、先代義興期被官の杉弘依だろう。では「泰」はといえば、それは、弘依の孫、隆泰（興頼の子）の「泰」だろう。となると、門司氏は三代連続で杉弘依の家（弘依・興頼・隆泰）から偏諱を拝領している可能性が高いことになる。その予想が正しければ、門司依親の子で、門司泰親の、伝わっていない、父の名前は、門司頼親ということになる。ここで注目すべきは、こうした、複数代にわたる、いわゆる、烏帽子親・烏帽子子関係と、恐らくは、寄親（よりおや）・寄子（よりこ）的な関係が、陶・杉・内藤といった世襲守護代家とその管轄国内の武士の間のみならず、一般の被官家においても存在したという点である（とはいえ、弘依は杉氏有力一門家の杉備中守家当主である上、義興期に「御相伴衆」に列せられていて、隆泰は前述したように義隆の男色相手だった可能性があるので、かなり有力な家ではあるが）。こうした寄親・寄子的関係は累代にわたると、上司と部下の関係以上のものが生まれることもあるだろう。大名としての大内家は義隆ですでに八代目であるので、そうした人間関係の積み重ねもそこかしこでみられたことだろう。

右田興実の任務

豊前国宇佐郡妙見岳城は、当時、貫道敦（ぬきみちあつ）という被官が城督を務めていたが、同城は「大風」によって去る八月に城が破損していた。大内家はこれを重くみ、多々良姓一門被官らしき右田興実を修復の奉行として現地に派遣する。同城は豊後国大友家と合戦になった際は重要拠点になるからだろう。興実の経歴は興味深く、天文三年五月には石見国守護代問田隆盛らとともに、大内水軍を率いて豊後国国東郡臼野浦で大友水軍と戦っていて、天文八年には前述した門司依親とともにやはり水軍を率いて筑前国筥崎津に駐屯し、不満を述べながらも、同地で行政に関与していた人物である。興実は妙見岳城に赴くと、守護代杉重矩家や周辺の佐田氏をはじめとした国衆や地侍の協力を仰ぎながら修復の指揮をとったと推測されるが、その内、宇佐郡の地侍らしき萩原（はぎわら）孫三郎（まごさぶろう）という武士にあてた謝意を伝える一一月一五日付の書状が残っている。これによると、孫三郎は八月の破損の際に、ひとまず、人夫一〇人・縄三束を供出し、後日、城塀五間（約九メートル）を直した際は人夫二〇人を供出したとある。以後、興実は、暫く妙見岳城に留まり、城督を補佐するような任務をこなす。同城修復については在山口の豊前国守護代杉重矩も動き、今仁藤右衛門尉という、所領を持たない無足の武士に対し、一二月四日付で一間（約一・八メートル）分の材木供出に協力したとの興実らの上申を義隆に披露したと述べる（『編年大友』一八―五二一～三頁）。

伯耆国との交信

義隆は山陰諸国の反尼子勢力との交信は絶やしておらず、花押型からしてこのころのものと思われる一一月一七日付で出雲国の東隣、伯耆国の山名六郎（豊澄カ 後述）という者に書状を送る（「吉田」）。義隆は、「（伯耆国の）国許に異変はない」と書き送ってきた六郎に対し、「ますます油断しないことが大切」とし、「同国衆南条氏（後の宗勝入道カ）にも同様なことを申し送った」と述べる。副状発給者として名前が挙がっているのは陶隆満と側近青景隆著である。当時の伯耆国では、同国守護職を保有していた山名澄之の子の山名豊興が尼子家の傀儡当主として健在であるはずなので、この親大内家の山名六郎は豊興の敵対勢力であろう。但し、「六郎」という通称は伯耆国守護職山名家当主の通称であるので、彼は豊興の弟かなにかの近親者だろう。いずれにせよ、この時期の伯耆国は全土が山名豊興を押し立てる尼子家の影響下にあったわけではなく、親大内家・親但馬国山名本家の山名六郎とそれを支える南条氏の勢力が存在していたことになる。

「長門国守護代記」によると、一一月二一日、長門国守護代内藤興盛の被官勝間田盛治が同国小守護代となる。『公卿補任』によると、これ以前に在山口の廷臣持明院基規が山口を出発していたようで、一二月八日、帰洛する。これには廷臣小槻伊治も同道していたらしい。『御ゆとのゝうへの日記』

によると、一二月一六日、伊治は後奈良天皇に贈物を献上する。そして、義隆より託されていたらしき、天皇への「今年の御礼」として太刀・馬代四〇〇〇疋（四〇貫文、四〇〇万円）などを献上する。廷臣達は大内家分国に滞在し、義隆より天皇への礼物をもたされて帰洛すると、朝廷でよい顔ができるのだろう。戦国期の公家の地方下向は、疎開的な性質の他、朝廷のための資金調達旅行的な性質がある。

伊予沖の戦い

一二月二三日、安芸国安南郡呉を本拠地とする山本房勝らの大内水軍が、伊予沖で同地の水軍と戦い、梁瀬市助の船一艘を拿捕し、首一つをあげる（『山』三―六四三頁）。房勝の戦功は冷泉隆豊が義隆に報告しているので、この水軍の指揮官は隆豊だろう。伊予沖での戦闘の目的は、後の展開から推測すれば、備後国出兵のための地ならしを目的としたもので、芸予諸島海賊のうちの反大内勢力との交戦だろう。この合戦は防衛のためのものではなく、侵攻のためのものであるので、「出雲遠征」敗戦後の大内家が、敗戦からいち早く立ち直った証拠としてよいであろう。「出雲遠征」は、鉄炮が本格的に使用される以前のものであったこともあり、そもそも、兵力の損耗がそれほどでもなかった可能性もある。特に、経緯からして、義隆収容に活躍した冷泉隆豊麾下の大内水軍は、ほとんど無傷であったのではなかろうか。

この年の一二月、「房顕覚書」によると、土佐国に下向していた廷臣従一位左大臣一条房通（土佐国一条家二代当主房家の子）が安芸国厳島神社に参詣する。房通はこの後、天文一四年二月まで厳島に長逗留をしているが、山口へは下向しなかった。そのため、義隆は、安芸国佐東郡銀山城城督の一人

（他は冷泉隆豊・麻生土佐守）で、従五位下の位階を保有する多々良姓一門被官、右田隆量を使者とし、音物を贈る。義隆が房通に多少、気をつかったのは、彼が摂関家の人物であり、土佐国一条家の人物でもあるためだからだが、養嗣子にしていた故大内恒持と、養子にしていたらしきチャチの兄弟からすると、父方の実の叔父にあたるためでもあろう。

第五章　分国の再建

1　山口における警察・検察業務

侍従成り

天文一三年（一五四四）一月五日、『公卿補任』によると、義隆は侍従に任官し、大宰大弐は留任する。侍従については義隆の自署にほとんどタイムラグはない。豊臣・江戸期の大名にとって侍従は、四位程度の大名が任官する栄誉ある官職として一般的だが〔矢部：二〇一二〕、室町・戦国期の大名にとっては一般的とはいい難い。義隆は天文三年ごろより、「今年の御礼」という後奈良天皇への献金をほぼ毎年続けているので、そうしたことを根拠に本来、天皇の補佐を職掌とする侍従任官を望んだということだろう。『歴名土代』によると一月一〇日、名跡継承によって多々良姓一門被官になっていた黒川隆尚が従五位下に昇進する。この段階で正式に五位以上の位階を保有する大内家被官は、外様国衆の毛利元就や九州探題の渋川義基を除いても一〇人以上存在するので、彼らは前述したように、「大内家諸大夫」と呼んでもよいだろう。

大内家は、二月八日付で興味深い事件に裁許を下す（「豊前平野」）。事件は、豊前国吉田荘八幡宮（福岡県北九州市）の大宮司左馬大夫という者が、祭礼時に喧嘩の末、近隣にあったらしき周防国興隆寺領の住人、百姓四郎右衛門という者を殺害する。左馬大夫は殺人の罪で裁かれるはずであったが、大内家菩提寺興隆寺の威勢ということなのか、当時の百姓の荒々しさということなのか、殺害された四郎右衛門の弟新四郎という者が、人数を集めて、左馬大夫の屋敷近辺に放火した。つまりは、自力救済・報復である。大内家はこの件につき、左馬大夫は相応の損害を受けたとみなしたということなのか、百姓殺害を不問にして神職復帰を命じ、報復行為をした新四郎については、事情を考慮してか助命し、追放処分にとどめた。

麻生表の雑説

一方、在山口の豊前国守護代杉重矩らは、三月一一日付で宇佐郡の地侍らしき、萩原孫三郎に対し、筑前国麻生表についての不穏な噂にもとづき、豊前国宇佐郡妙見岳城督貫道敦の軍勢催促に応じ、すぐさま同城に入城したとの右田興実の報告を義隆に披露したと述べる。興実は前述したように、妙見岳城修復奉行兼城督補佐的立場の多々良姓一門被官である。筑前国衆麻生氏は、惣領弥五郎が義隆の勘気を受けて本拠の花尾城を没収され、分家の家重が惣領扱いを受けていることもあり、常に不気味な空気が漂っていたのだろう。なお、妙見岳城の右田興実は、萩原孫三郎と同族らしき萩原土佐守に対し、三月二七日付で「（大友家との）合戦終了後、城番を勤めていた無足被官衆（所領のない被官衆）には御暇が出ていたが、今また、筑前国麻生表の不穏な噂に備えて登城したことを山口に報告した。すると、これを称賛する（大内家奉行人）奉書が到来した」と述べる（『編年大友』一八―六一～二頁）。

伯耆国との関係

前述したように、義隆には出雲の東隣、伯耆国とのわずかな関係があったが、それは未だ途切れていなかった。義隆はこれ以前、伯耆国国衆法勝寺兵部大輔という者から本領回復の訴えをうけていて、D型の花押型からすれば、このごろと思われる三月二三日付でこの者に対し返書を送る（「藤村」）。文面は「本領のこと、目録を拝見した。心得た。よろしく守護方と話し合うことが大切である。返答によっては（守護方に）諷諫する。疎略にはしない。なお、毛利右馬頭（元就）が申される。慶事の後信を期待する」というものである。法勝寺兵部大輔は、名字と、通称官途の雰囲気からして、「応仁・文明の乱」の際に伯耆国会見郡法勝寺城（鳥取県南部町）を本拠地とした山名兵部少輔元之の係累と思われる。文中にみえる「守護方」は、前述した親大内家の山名六郎（豊澄ヵ後述）のことだろうか。法勝寺兵部大輔としては、係争地が自己の所領であることを証明するために義隆に所領目録を提出しているのだろうが、これは、遠国の友好大名あての儀礼的挨拶のレベルを越えている。訴訟に近いし、服属の証のようにもみえる。尼子家との再戦があるかもしれない義隆としては、不愉快ではなかったろう。

この三月、山口龍福寺住持玉堂宗条（前京都大徳寺住持）が義隆の寿像（生前に描かれた人物画）に賛を書く。この寿像は江戸時代後期の寛政元年（一七八九）に新装されているが、それをおこなったのは義隆の側近、冷泉隆豊の一一代の末裔という冷泉道豊である。なお、道豊は同年に先代義興の寿像（賛は京都相国寺住持景徐周麟）の新装もおこなっている（「肖像画摸本」）。この三月、山口に下向していた京都吉田神社の吉田兼右が義隆に神道伝授をおこなう（「轀」）。

二条尹房の下向

「房顕覚書」によると、この四月ごろ、廷臣前関白二条尹房が安芸国厳島を訪れる。それは、同じ摂関家の廷臣左大臣一条房通が廷臣の持明院基規を供にして同島に逗留していたためでもある。そのため、尹房の宿の世話は房通がおこなった。狭い島に摂関家の人間が二人もいる点、珍妙である。このときの尹房の中国下向は、将軍義晴（房顕は「天下」と呼んでいる）の要請を受けてのものであった。具体的には、義隆に出雲国尼子晴久との和睦を打診するためのものである。将軍義晴としては、いきがかり上、義隆の「出雲遠征」を支持していたが、別段、尼子晴久に含むところがあるわけでもないので、義隆の敗北をみて、両家の和睦を企図したのだろう。無論、狙いとしては、両家のいずれかないしは両家が率兵上洛をして自身の権力の安定化に寄与して欲しいということだろう。ちなみに、房顕は一条房通と二条尹房より、山口への案内者（要は義隆への取次）を頼まれたが断っている。表面的には、謙譲の姿勢をみせたということだろうが、ありていにいえば、義隆が晴久との和睦に応じることはないという観測を持っていたからだろう。この後、二条尹房は山口に居つくことになる。

吉川興経家中の焦燥

前述したように、義隆は出雲国尼子家傘下に戻った安芸国衆吉川興経の所領を同毛利元就に与える決定を下していた。義隆は恐らく、激怒していたことだろう。そのため、元就が安芸国東西条の大内勢とともに本格的に山県郡の興経領に攻め込む可能性も十二分にあった。興経としても吉川家中としても、焦っていたことだろう。そうした背景もあって、興経は、被官の三須右馬助（みすうまのすけ）という者を尼子晴久のもとへ派遣し、吉川氏の厳しい状況を伝えたものと思われる。

それをうけ、晴久の有力被官河副久盛（かわぞえひさもり）は、内容からして、このごろらしき六月一一日付で興経被官の吉川経世（きっかわつねよ）と森脇祐有（もりわきすけあり）に書状を送る（『尼』七〇〇）。久盛はここで、「吉川氏は（大内家方）諸領主が尼子家に接触してくる前に、速やかに石見国内で所領を確保すべきだ」と繰り返し述べる。そして「（大内家傘下に転向した石見国衆）小笠原（長徳）とはご昵懇のようだが、連絡をとり、尼子家に協力する相談をされよ」とも述べる。つまり、石見国への侵攻と小笠原氏の調略をせよということである。

ただ、久盛はこの書状で、一つ、ミスを犯したかもしれない。それは以上のようなことを述べる一方で「上口弥任存分候、因州之儀、先日申入候か、一国平均被成行候、但州之儀、懇望半候、急度可相調候（上口はますます順調である。因幡国攻略については、先日も申し入れただろうか。一国平定の形勢である。但馬国の件は望みなかばである。必ず調整する）」と述べているのである。当時、尼子晴久は因幡国山名誠通を帰服させることに成功し、これに「久」偏諱を与えて山名久通（やまなひさみち）と名乗らせており、確かに同国は尼子家の思い通りになりつつあった。後半の、但馬国の件が望みなかばというのは、同国山名祐豊被官への寝返り工作がうまくいっているということか、あるいは、祐豊に対し、大内家と断交せよと呼びかけていて、それがよい感触だということだろう。

では、なにが問題なのかといえば、それは「上口」である。上口は中世後期によく用いられる言葉で「うえくち」とよみ、上方（近畿地方）をめざして軍事活動をおこなうことを指す。はっきりと京都を意識する場合は「上洛」などというが、漠然と京都、上方方面（この場合は因幡・但馬国方面）に向かって進軍することは上口という。興経や吉川家中としては、尼子家による大内家分国への報復攻撃があることを見越して尼子家に帰参したにも関わらず、それが中途半端にしかおこなわれず、それに焦って使者を立てたのだろうに、尼子家被官から「東上作戦は順調だ」といわれたということである。興経や、吉川経世や森脇祐有らの吉川氏家中は愕然としたのではなかろうか。結局、経世らが主君興経を見捨てざるをえなくなったのは、こうした尼子家の「東上作戦」の本格化が原因であろう。前述したように、将軍義晴はこのとき、廷臣二条尹房を大内家分国に派遣して大内家と尼子家との和睦を提案していたが、これは尼子家の「東上作戦」の布石でもあったということになろう。

ところで、吉川経世も森脇祐有も、この尼子家被官川副久盛の書状のあて先になっている以上、興経の尼子家傘下への復帰を支持していたことになる。だから、彼らはこの後、興経を見捨てることになるが、その理由は、興経の節操のなさに呆れ果てたからということになりようがない。つまりは、経世や祐有としては、よくいえば吉川氏の社稷（しゃしょく）のために、悪くいえば自己保身のために、興経を裏切ったということに他ならないであろう。

御分国中御法度条々

大内家は六月二九日付で全五条からなる「御分国中御法度条々」を以下のように定める（『法制』四—一三三二～四頁）。重要なものなので、ほぼ直訳した現代語訳を次に掲げる。

①一、山口における御成敗のことと、夜討・強盗・山賊・海賊の重罪、博奕などの犯人の家財の点定（差し押さえ）のこと。以後は、守護代役とする。特に博奕の科のこと。前々の御法度によれば、左右前後の隣家を点定してきたが、以後は、集会の家（賭場）となった家のみを点定すること。付け加える。（寺社など）守護使不入の在所は、その領主が処理すべきこと。

②一、侍所や政所や諸奉行人が、仰せによって制札（高札）を立て、公用について下知をするとき、違背した輩については、守護代被官であったとしても、侍所が家財などを点定すべきこと。

③一、喧嘩口論・妻敵討ち（自分の妻と密通した間男を殺すこと）などは、裁判の結果、たとえ、その者が死罪となっても、家財については、すべてを点定してはいけないこと。

④一、主人が郎従・僕従以下を死罪にしたところ、領主と号して、死罪となった者の家財を差し押さえすることは無道である。以後は止めること。

⑤夜討ち・強盗・放火の被害にあった者の家を守護役とか検断役と号し、事件の調査にかこつけて点定することがあると聞く。事実であれば言語道断である。噂によれば、夫婦が口論したときでさえ、犯罪だと称して、家財を奪ったために、たちまち夫婦は流浪したという。苛法の甚だしさとしてこれ以上のものはない。守護代といい、（侍所ほかの）検断職（警察・検察的役職の総称）といい、以後はみな、廉直に、有道な処置を致すこと。

右の条々は衆評（合議）によって定め置かれたものである。

加判者は、最高位である左奥より、周防国守護代陶隆房、石見国守護代問田隆盛、陶隆満、豊前国守護代杉重矩、長門国守護代内藤興盛、杉宗長入道、飯田興秀、弘中興勝、政所の相良武任である。在山口ではない筑前国守護代杉興運と芸備方面代官弘中隆兼、そして、義隆の親衛隊長的な冷泉隆豊の名がない点には留意すべきだが、まず、この加判者は分国の首脳部といってよい。文末に「衆評」によって定め置くとある点からしても、彼らは、分国の中央政治機構役職の最高位、評定衆であるとみて間違いないだろう。確証はないが、この面々の中でいえば、弘中興勝あたりが、分国主都の山口において検断権（けんだんけん）（警察・検察権）を行使する治安維持担当奉行の侍所だろう。

それぞれに興味深いものだが、内容について特に注目すべきは、やはり、①である。内陸部の山口に海賊がいるのかという点も気になるが、問題はそこではない。従来、山口市中における犯罪者の財産の差し押さえは侍所の管轄であった。しかし、以後は重犯罪者や賭博関係者の家財差し押さえは守護代役にするという。ここでいう守護代役とは、周防国守護代陶隆房の役割にするという意味か、あるいは、在山口の各国守護代家（問田・陶・杉・内藤）が輪番で担当するという意味だろう。前者の場合は、大内家当主直属の侍所機関が掌握していた山口における検断権が守護代陶氏に移ることを意味し、後者の場合は、各国守護代家に移ることを意味する。

④は大内家被官らの領主権限に掣肘を加えるもので、⑤は被害者救済のためのものである。⑤にみえる強盗や放火の被害者の財物を官憲が差し押さえる行為が横行していたらしいことと、夫婦の口喧嘩程度で権力が出動し、家財が差し押さえになったという事例がユーモラスで目を引く。

中世訴訟の当事者主義を表す「獄前の死人、訴えなくば、検断なし」という法諺（ほうげん）は〝獄舎の前に死体があったとしても訴えがなければ検断はおこなってもらえない〟という意味と理解されがちだが、〝訴えがないのに検断をおこなってはならない〟という文脈でとらえるべきという指摘が近年でもなされ、注目を浴びている［西田：二〇一七］。

この夫婦喧嘩の場合はどうなのだろうか。夫婦喧嘩の際に飛んできた茶碗で怪我をした隣家の者の訴えを受けて侍所の軍勢が出動したのであれば当事者主義を逸脱するものではない。しかし、司直の役人が夫婦喧嘩を聞きおよんで、訴人がいないにもかかわらず、検断得分（けんだんとくぶん）（警察・検察的行為をおこなう役人の役得）を得る好機とばかりに出動し、差し押さえ行為に精を出していたのであれば、当事者主義を逸脱していることになる。

さて、それはさておき、全条で共通するのは明らかに、犯罪者の所領や財産の差し押さえ行為の行き過ぎについてである。特に、①③⑤をみると、差し押さえをおこなう諸役人に目に余る行為、やはり、検断得分のむさぼりがあり、これに諸方より苦情がでていたために定まったものらしい。

また、古典的な初期室町幕府侍所による朝廷の検非違使庁（けびいしちょう）よりの京都治安維持機能奪取の学説［佐藤：一九七四年］を念頭に置き、かつ、結果論的にいえば、陶隆房による義隆権力の骨抜きを意図したものにみえる。ただ、②をみると、そうでもない。しかし、法度は往々にして世相の裏返しであるので、②は、守護代家関係者が侍所他の命令に応じないことが多々あったがゆえにもうけられたものであろう。義隆権力の低下と、陶・杉・内藤氏ら世襲守護代家勢力の上昇をあらわす、象徴的な法令とみて間違いないだろう。

因島村上氏の懐柔

義隆は七月三日付で因島海賊の因島村上尚吉に対し、備後国安那郡鞆一八貫文足地を与える（「村上」）。前述したように、義隆は安芸国桜尾城主友田興藤と戦った際、能島・因嶋・来島海賊とも交戦していた。しかし、その後、義隆は、まずは能島村上氏の有力者である能島村上武吉の父らしき義忠を傘下に組み込んでおり、次いでこのように、因島村上氏の取り込みにも成功したということになる。但し、文書を確認すると「村上新蔵人□□」とあり、□部分は破損により、右の三分の一弱程度しか残っておらず、残画をみてもはっきり尚吉とよめるわけではない。

段銭未進のペナルティ

義隆は七月一九日付で福嶋宮福による安芸国東西条「きはらの村」一二石他の父親長領の相続を認める（『広』五―三五八頁）。前述したように福嶋親長は、「出雲遠征」で戦死した福嶋源三郎（故大内恒持の側近）の父で、親長領を継承した宮福は源三郎の姉妹にあたり、後に元長という聟を迎えて家は存続することになる。大内家は八月二日付で豊前国の被官、黒水道種による父固種領の相続を認め、八月八日付で義隆がこれを正式承認する（「土」四―二七頁）。「固」は六代政弘期以来の長命な被官で、豊前国守護代杉重矩の副官的役割を果たすことの多い、杉秀運入道（俗名弘固）の偏諱だろう。この相続は天文一一年四月一五日付の黒水固種の譲状を承認したものであるため、固種が「出雲遠征」の直前、決戦に備えて作成したものということになろう。

ところで、このときの黒水道種による相続の内、豊前国上毛郡末松名七町六段について興味深い注記がほどこされている。それは「此内五段、為段銭未進之方、致引進上候、於御公役者勤申候間、追而可致愁訴候（この内の五段は段銭未納のかたとして（大内家に）進上したが、御公役は勤めているので、追って（返却の）愁訴をするように）」。大内家被官の所領にはある程度の自治が認められていると思うが、それでも、大内家より段銭（分銭）が賦課されていて、未納が続くと、事実上の所領没収がなされていたこと、没収後も没収前と同じ奉公をしていた場合、それを根拠に没収地の返還を訴える余地があったことがうかがえる。

布野崩れ略図
布野と比叡尾山城の直線距離は約12km。地形は現在のもの。

備後国衆山名理興の離反と布野崩れ

義隆の「出雲遠征」失敗を受けて、安芸国の東隣、備後国では勢力図が一変していた。その動きの中心にいたのは、備後国南部で勢力を拡大していた安那郡神辺村尾城主山名理興である。理興は前述したように、もともとは、義隆や本家にあたるのであろう但馬国山名祐豊と気脈を通じた勢力であったが、義隆敗北を受けて、尼子方に寝返っていたらしい。

こうした好機を逃さず、尼子勢は大内家方の備後国三次郡比叡尾山城城主三吉致高を攻めるべく、同郡布野に布陣する。七月二八日、尼子勢（山名理興勢の直接的参戦の有無は不明）は、大内方の軍勢を破り、同国衆上山広信（実広の子）や、毛利元就が派遣した援将、井上光利や福原元勝らを討ち取る。しかし、その直後、三吉致高らの大内勢の逆襲にあって尼子勢は大敗を喫し、出雲国へ撤退する（『尼』六七六・『閥』二―二一五頁など）。軍記物と系譜類以外の関連史料が少なく、合戦の具体的な様子はよくわからないが、このときの毛利勢の損害は甚大であったらしく、この合戦は、大局的にみれば大内家方の勝利に終わったものの毛利氏では「布野崩れ」といわれている。

義隆は同年と思われる八月三日付で元就に対し、損害がでたことを見舞う。そして、芸備方面代官弘中隆兼に出陣を命じたこと、近々、備後国に「此方衆」を派遣することを通知する。このときの使者は恐らく、東西条衆（安芸国東西条に拠点を持つ大内家方武士）笠井帯刀左衛門で、副状発給者は周防国守護代陶隆房である（『古今』）。義隆が此方衆と呼んでいる軍勢は、漠然と隆兼勢以外の大内勢を指すか、義隆直属部隊のことであろう。義隆の側近飯田隆言は、このころの九月一二日付で安芸国衆毛利元就の使僧常楽寺某に対し、元就による同竹原小早川氏に関する「御存分（考え）」を義隆に取次ぐことを断ると述べる（『吉』一二五六）。元就の意向とは、経緯からして、子息（結果的には隆景）による竹原小早川氏継承の辞退ということと思われる。隆言としては、義隆の決意が固いと知って、元就の辞退の取次を断ったということだろう。前述したように、元就の辞退は単に謙譲の姿勢をみせたということでもなく、大内家への従属度の高い、竹原小早川氏に息子をとられることを恐れたということであろう。

伊予国との関係

　義隆は九月二三日付で伊予国大山祇神社に粟田口らしき国吉の剣などを寄進する（『大山祇』一一一二）。義隆の位署は「従三位行大宰大弐兼侍従伊予介臣多々良朝臣」である。義隆はこの寄進状で「祈願の趣旨は告文に詳しく載せた」とするが、心願の筋を述べた告文は残念ながら現存していないようである。義隆は前述したように、能島村上氏や因島村上氏を徐々に傘下に収めつつあり、この後も伊予灘に大内水軍を派兵する。『予陽河野家譜』などでは天文一〇年に同神社の大祝が伊予国河野通直と連携しつつ大内水軍と戦ったとするが、この天文一三年段階では、大内家はすでに同神社とある程度の友好関係を築くことに成功していたようである。ただ、義隆は、村上海賊を中心とした芸予諸島海賊を傘下に置くことに関心をもっているが、伊予国本土にさほど興味をもっているとは思えない。

阿蘇惟豊

　義隆は一一月一三日付で名門の肥後国国衆にして阿蘇神社（熊本県阿蘇市）大宮司、阿蘇惟豊に対し、後奈良天皇の勅使として廷臣烏丸光康が肥後に下向することを祝う。勅使下向の用件は、惟豊の従三位叙位を記した口宣案（勅命を伝える文書の一種）をもたらすというものであった。関連文書によれば、この昇進は、惟豊が天皇の御所修理に貢献すれば、更なる昇進も望みうるとする異例なものである。事実、惟豊は天文一八年に修理料として一万疋（一〇〇貫、一〇〇〇万円程度）を献上すると約束したようで、同年八月一四日付で口宣案がでて、従二位に昇進したとされる（『阿蘇』三一〇～八）。しかし、結局、惟豊の従三位や従二位叙位は『公卿補任』に記載されなかった。『歴名土代』は天文五年一二月二〇日の惟豊の従五位下叙位のみを記す。これらからすれば、何らかの事情で、惟豊の三位や二位への昇進はなかったことにされたようである。東京大学史料編纂所の『大日本史料』のもとである『史料稿本』は、一万疋の献金がなかったとか、御所修理が成就しなかったためだろうとするが、恐らくそうだろう。

竹原小早川徳寿丸

『歴名土代』によると閏一一月一一日、多々良姓一門被官の冷泉隆豊が従五位下より従五位上に昇進する。このころ、安芸国衆毛利元就の三男、徳寿丸が、当主不在になっていた同竹原小早川氏の家督を継承し、竹原小早川徳寿丸（後の小早川隆景）となる。前述したように、同氏は特に大内家への従属度が高い外様国衆の家である。徳寿丸は家督を継承すると、早速、義隆に礼物を送付したようで、義隆は一二月一二日付で返礼を述べる（『吉』一四八二）。なお、この文書は何故か、『小早川家文書』ではなく『吉川家文書』の一通として現存する。義隆の死後、吉川元春が小早川隆景に頼んで譲ってもらったか、後年、隆景が豊臣秀吉の正室浅野ねねの甥の秀秋を養子に迎えた際、秀秋に譲る必要がない文書を当時の吉川氏当主の吉川広家（元春の子）に譲っていたためだろうか。詳細は不明である。

八省の少輔

義隆はこれ以前、大内家傘下の備後国衆三吉致高の息子に「隆」偏諱を与え、三吉隆亮と名乗らせていて、このころ、隆亮に式部少輔の官途称を許す。義隆はこのころと思われる一二月二五日付で隆亮に対し、官途称許可の礼物への返礼として太刀を贈る（『尊経閣』）。西中国地方の名門国衆と、多々良姓の大内家一門被官の者は、以前より、若年時は朝廷太政官の八省（中務省・式部省・治部省・民部省・兵部省・刑部省・大蔵省・宮内省）次官（すけ）の「少輔」を名乗り、壮年時に国司長官（かみ）の「守」を名乗ることが多い。例えば、三吉隆亮は式部少輔から安房守に官途称を変遷させている。そのため、この地域の名門国衆の子弟は、少年時において、～少輔の長男・次男という意味で「少輔太郎」「少輔次郎」……を通称にすることが多い。では、多々良姓一門被官以外の大内家被官はというと、これは、若年時に六衛府（左右近衛府・左右衛門府・左右兵衛府）か八省か国司の三等官（じょう）である「尉」や「丞」や「掾」を名乗り、壮年時に国司長官の守を名乗るという官途称変遷が多い。例えば、弘中隆兼は中務丞から三河守である。以上は大内家が許可する官途称の話であって、朝廷に働きかけて正式任官をした場合は、その法則からはずれることになる。

2　龍造寺氏の浮沈

少弐家による龍造寺一族の粛清

天文一四年（一五四五）一月二二日、『北肥戦誌』によると、肥前国神埼郡勢福寺城にいたらしき少弐冬尚が、一門被官で三根郡綾部城にいたらしき馬場頼周の献策を容れ、不和となった有力被官水ヶ江龍造寺剛忠入道（俗名、家兼）の一族多数を殺害する。一見、亡国の君が佞臣の讒言を信じて忠臣を殺害したような話にもみえるが、当時の龍造寺一族が少弐家にとって忠臣であったか否かは分かりにくい。『北肥戦誌』が示唆するように、龍造寺一族が義隆と気脈を通じたことに、冬尚と頼周が感づいて先手をうったというようなことがあったかもしれな

龍造寺一族の粛清略図
勢福寺城と水ヶ江城の直線距離は約12 km。地形は現在のもの。

い。

『公卿補任』によると、三月三日、廷臣柳原資定（やなぎはらすけさだ）が周防国に下向するため、京都を出発する。三月二六日、「除書部類」によると、義隆の奏請により「氷上護家」という架空の人物が大宰大監に任官する。この仮名は「菩提寺氷上山興隆寺が家を護る」という意味だろう。

このころ、肥前国少弐冬尚に一族多数を殺害され、国外に逃れていた龍造寺氏が蜂起し、特に分家の水ヶ江龍造寺剛忠入道がかつての居城、水ヶ江（みずがえ）城（佐賀市）を奪還する。冬尚はこれを受け、四月一四日付で同国光浄寺に対し「龍造寺氏の残党が中佐賀に現れたが、必ず退治するので祈禱をされよ」と述べる（『佐』五―九四頁）。

『公卿補任』によると、四月一八日、廷臣清原業賢（きよはらなりかた）（吉田兼右の実兄）・同小槻伊治が、周防国山口に向かって京都を出発する。二〇日には、入れ替わりのかたちで、勅使として肥後国阿蘇家のもとを訪れた後、周防国に滞在していた廷臣烏丸光康が帰洛する。

相良武任の隠遁

義隆側近で評定衆の相良武任が天文二〇年に作成した「相良武任申状」（『毛』一五五六）によると、この天文一四年の五月、武任はみずから出家し、隠遁する。隠遁の理由は不明だが、大内家家中に、武任が「出雲遠征」時におこなっていた調略失敗の責を問う声があったためだろう。失脚とみてよい。

大内家は六月四日付で豊前国宇佐八幡宮に対し、来る晦日の神事奉行を右田興実にしたと通知する（『宇佐』二―三四八頁）。興実は前述したように、水軍の将として転戦した後、宇佐郡妙見岳城の修復奉行を務めていた。この後、興実は天文一九年の周防国松崎天満宮一〇月会の当主代参役を務めることになる（『山』二―六一八〜九頁）。また、「相良武任申状」によると、時期不明ながら、義隆の勘気を蒙って豊後国に逃亡していた山田弥四郎被官の賀来某という者を周防国守護代陶隆房の被官にするよう取りもったとされる。そこからすれば、興実は義隆直属の部将ではあろうが、隆房と近しい関係にあった者と推測される。

正三位昇進

『公卿補任』によると、この年、義隆は従三位から正三位に昇進する。義隆は三九歳である。六月二六日、義隆は筑前国筥崎宮に太刀と馬を寄進するが、その位署書は「正三位行大宰大弐兼伊予介臣多々良朝臣」である（『筥』一五四〜五頁）。当時、将軍義晴は従三位権大納言なので、位階のみは、将軍を追い抜いたことになる。元服したての若い将軍よりも、年上の大名の方が、一時的に位階が上ということはあるが、成年の将軍の位階を同世代の大名が途中で追い抜くことは異例である（当時、義晴は三五歳）。当時、公家の出自故に官位が実力不相応に高くなる、公家大名では、土佐国一条家当主の一条房基が従三位右近衛中将で、伊勢国（三重県中部）の戦国大名北畠家当主の北畠晴具は従四位下参議を極位極官としてすでに出家しているので、義隆は将軍と公家大名を含めたとしても、当時の武家の中で最高の位階保有者ということになった。

『歴名土代』によると、八月一七日、すでに従五位下の位階を有する周防国守護代陶隆房が尾張守に任官し、八月二二日に周防国の名門国衆、仁保氏の仁保隆慰が従五位下に昇進する。以後、隆慰は五位の尉ということで、通称を右衛門大夫とする。仁保氏の系譜によると、筑前国志摩郡柑子岳城城督などを務めていた当主仁保興奉は天文八年に死去していて、年未詳ながら仁保氏分家にして奉行衆、吉田興種の子の仁保隆在がその養嗣子になっている。では、隆慰はというと、これは義隆側近で評定衆の杉宗長入道の子で仁保氏に婿入りしていた者とある。隆慰は同系譜では当主ではないように記されているが、この位階昇進の状況からすれば、当主であったとみるのが自然であろう。室町後期以来、仁保氏はツキがなく、大内家への反逆や戦死や早世が多く、嫡流の血が途絶えてしまったのは確かなようである。本書とは関わりないが、このことが、後に、毛利隆元の後継者である毛利輝元の寵臣、神田元忠に家を奪われる伏線となる。

『言継卿記』によると、九月三日、廷臣持明院基規が周防国山口に下向するため離京する。義隆は九月二九日付で肥後国衆相良長唯に対し、在山口の廷臣で岳父の小槻伊治が肥後国へ下向するとしらせる（『相』三七三）。伊治の肥後下向は勅使として長唯に従五位下宮内大輔の官位を授けるためである。

弘中隆兼の備後国黒目出陣

このころ、芸備方面代官弘中隆兼は備後国甲奴郡黒目に布陣していた。この隆兼の軍には安芸国衆宍戸隆家の息子宍戸弥四郎とその軍勢が参加しており、義隆は隆兼の戦功報告を受け、このころらしき一〇月一三日付で隆家に対し弥四郎の長期にわたる在陣の労を誉める（『山』三―三三一頁）。恐らく、黒目には隆兼の拠点となる簡易な要塞、陣城（同時代史料の用語だと「構」「足懸」などとも。寺社を利用することも多い）が構築されていたことだろう。隆兼の出陣は、①義隆の「出雲遠征」敗北を受けて、備後国沿岸部の安那郡神辺村尾城主山名理興が尼子方に寝返る。②①を受けて尼子家が大内家方備後国国衆、三次郡比叡尾山城主三吉致高を攻撃するも敗北。③大内家による理興への報復攻撃。という筋にそったものだろう。前掲の「布野崩れ略図」を参照していただきたいが、隆兼が陣城を築いていたであろう黒目は三吉氏の比叡尾山城から南東に約二四キロ進んだ地点にあたる。黒目は『角川日本地名大辞典』によれば、田総川の支流、亀谷川の流域にあたる小規模なカルスト台地である。備後国南部で勢力を拡大する山名理興へ睨みをきかせるには、恰好の土地であろう。

宍戸一族の謎

弘中隆兼の備後国黒目の陣にいた宍戸弥四郎の父の宍戸隆家の官途称は、若年時は左衛門尉であったが、このころは、曽祖父宍戸元家、祖父宍戸元源と同様、安芸守に改めていた。大名でもない者が住国の国守を称する感覚は興味深い。こうした場合、尊大な一族だとの印象をもちがちだが、出自が不明瞭な、元家、元源、元家（早死）、隆家と続く「新」宍戸氏の場合、見栄をはらざるをえない切実な事情があったと思われる。

事情とは、安芸国衆の「旧」宍戸氏が、先代義興期の、明応七、八年（一四九八〜九）ごろ、本拠である高田郡五龍城（広島県安芸高田市）を三村左衛門尉という者に攻略され、城主一族らしき宍戸宮内少輔某が戦死するという事件に起因するであろう（『閥』二―六八四頁）。当初、義興は五龍落城後も生き残っていた、宮内少輔某の父にして、最後の「旧」宍戸氏当主らしき宍戸筑後守某を後援しようとしていた（『平賀』四九）。しかし、三村左衛門尉の勢いが強かったせいか、当時の毛利氏当主、毛利弘元（元就の父）が調停に乗り出し、弘元は「旧」宍戸氏家中の重臣と話をつけたとして、当時の杉次郎左衛門家の当主、杉弘相を介し、義興に対し、穏便な解決を要請した。義興は、当時、北陸から逃げてきた前将軍足利義稙の亡命を受け入れる寸前であったらしく、〝「公儀」のことに専念したく、やむをえない〟という理由で、弘元の要請を受け入れていた（『平賀』四〇）。

この、三村左衛門尉の三村氏というのは、恐らく、常陸国（茨城県）筑波郡三村郷の発祥で、同郷は宍戸氏の祖、八田氏から分かれた小田氏の所領であったこともあったので、左衛門尉は、恐らく、宍戸氏から一門被官の待遇を受けるような有力者であったと思われる。あるいは、備中国の有力国衆、三村氏とは同族関係にあたろうか。しかし、宍戸氏被官、三村左衛門尉は何かの理由で、主君の宍戸筑後守・宮内少輔親子と対立し、謀叛・挙兵して後者の弑逆にいたったのであろう。毛利弘元の調停の内容は不明だが、宍戸氏の各種系譜類にみえる、「新」宍戸氏一代目の、宍戸元家は実は常陸宍戸氏の子という情報などを参考に推測すると、恐らく、①「旧」宍戸氏当主、宍戸筑後守某の引退、②三村左衛門尉の切腹か追放、③細川京兆家当主、細川政元の客分かなにかで、常陸国衆宍戸氏一族を称する京住まいの宍戸元家・元源親子を「新」宍戸氏当主として招聘する。といったものではなかろうか。

以上は、かなりの部分が推測であるが、正しいとすると、前述したように、「新」宍戸氏の元源が、戦国中期になっても、いまだに細川京兆家と密な連絡をとっている理由が理解しやすい。その場合、元家・元源親子の「元」は、毛利氏の偏諱ではなく、細川京兆家の偏諱ということになる。元家・元源親子が安芸守を称した理由は、「旧」宍戸氏最後の当主が、宍戸氏の家祖にして鎌倉幕府功臣、八田知家（はったともいえ）の官途である筑後守を称していたため、これを上書きすべく、南北朝期の安芸宍戸氏の初代、宍戸朝里（ししどともさと）以来の安芸守の官途をひっぱりだしてきた、ということだろう。

真鳳の書状

先行研究でも注目されているが〔今谷：一九九二〕、義隆と九州諸勢力の間で取次のようなことをしていた大内家の安国寺真鳳は一〇月二五日付で肥後国衆相良長唯に興味深い長文の書状を送る（『相』三七八）。内容が入り組んでいるため重要事項のみを抽出して整理すると、

①勅使小槻伊治が肥後相良氏を訪問するべく一〇月二四日、山口を出発した。おめでたい。
②肥後国球磨郡で争乱（相良治頼（さがらはるより）の反乱）がおきたようだが大事ないか。
③大内家は肥前国衆上松浦党波多氏の紛争に軍事介入したが、勝敗は決しなかった。
④義隆とその側室「官務（かんむ）」（小槻伊治の娘で、広橋兼秀の養女。名前は広橋兼子。通称「おさい」）の間に息子（後の大内義尊（おおうちよしたか））が誕生した。そのため、大内家が豊後国大友家より養子を迎える話はなく

なった。

⑤義隆側近の相良武任が失脚した。武任は髪を剃り、息子の新右衛門尉は去年（天文一三年）死去し、孫の小次郎は、氷上山興隆寺二月会の大頭役を逃れるため、一五〇石足を大内家に返納した。大内家被官相良氏は衰微している。肥後相良氏は以後、杉宗長入道を取次にした方がよいと、いったものである。他の情報も面白く、真鳳の年齢は七〇歳前後であること、絶えて久しく長唯に会っていないこと、このときは肥前国衆波多氏の件が思わしくないため、慮外にも（物価が高いのだろう）山口に滞在していること、真鳳は勅使小槻伊治に「伝書記」という僧を同行させたが、この者は田舎出身で口が悪いとある。また、真鳳は伊治と長年の知人であるためその性情にも知悉していたらしく、「伊治は大酒飲みであるため、長唯は良い相手になるだろうが、飲むときは大盃を用いず、小さな器で何度も相手をする方がよい」との助言もする。そして、④について真鳳は「乍恐、其方御心中察存候、不及口外候、為肥後・筑後衆ニ者、可為如何候哉、過半推量中候（恐れながら、そちらの御心中をお察しする。口外はしない。肥後・筑後国衆にとってはどうなのだろうか。およそは推量している）」と意味深長なことを述べる。これは「大内家と豊後国大友家が不和になると、周辺地域の肥後・筑後の国衆は大変でしょうな」という意味のようにもとれるし、「大友義鑑と敵対する肥後国菊池義武（義鑑の弟）と近しい長唯としては、大内・大友家が不和になれば、大友家との争いに大内家の勢力を利用できるため、本当は嬉しいのでしょうな」という意味のようにもとれる。前者であった

場合、特に秘密にするような話でもないので、後者の意味かもしれない。そうであるならば、この時期、義隆は大友家との同盟関係を見直しはじめていた可能性があることになる。また、⑤からすれば氷上山大頭役は大内家有力被官が務めるが、「有力な」というようなアバウトな基準ではなく、例えば、分限が五〇〇貫とか五〇〇石足（数字に根拠はない）以上の者のなかから抽選で選ぶというような明確なルールがあったこともわかる。仮にそうであるとすれば、このとき、相良小次郎の分限が六四〇石であったため、一五〇石を返納したというようなことだろう。なお、義隆は、奥山右衛門尉（おくやまうえもんのじょう）という被官に勅使小槻伊治の案内役を命じている。右衛門尉は大内家領石見銀山の「銀山大工所」代官であるため、普段、石見銀山と山口の間を船で往来していただろうから案内役に起用されたのだろう（『相』三九二・三九五）。大酒飲みの勅使伊治や、船旅に慣れた右衛門尉や、口の悪い「伝書記」は、山口を出発した後、小郡あたりで船に乗り、長門国赤間関を通過し、肥前国沿岸部を南下して相良氏本拠、肥後国八代に向かったものと思われる。

『言継卿記』によると、一一月二八日、廷臣山科言継（やましなときつぐ）が義隆にあてた嫡子義尊誕生を祝う書状を周防国に下向するという速水有益に託す。有益は義隆の岳父にして廷臣の広橋兼秀の雑掌である。

肥後国衆相良長唯は一二月九日付で義隆に対し、廷臣小槻伊治の肥後国下向への尽力に謝意を述べる（『相』三八九）。この年らしき一二月一二日付で在山口中の廷臣柳原資定が、同じく在山口中の前関白二条尹房の意向もくみ、出雲国洞光寺に対し、一向に進展しない大内・尼子家の和平についての周旋を要請する（『尼』七〇八）。

大内家は、このころ、備後国の瀬戸内海沿岸部、深津(ふかつ)郡五箇荘への調略に取り掛かる。当然ながら、この調略は甲奴郡黒目に拠点を築いていたらしき芸備方面代官弘中隆兼勢の威力を背景とするものである。

備後国五箇荘への調略

調略は安芸国衆竹原小早川徳寿丸被官、乃美備前入道を中心におこなわれた。大内家はこの年らしき一二月二六日付で備前入道に対し、調略成功の際は入道の希望通り、同地を徳寿丸に頂けるとする(『広』五―三二八頁)。この調略は備後国南部で勢力を拡大していた安那郡神辺村尾城主山名理興への対策である。これ以前までに五箇荘は理興の勢力圏に入っていたのだろう。五箇荘は神辺の東隣であるため、成功すれば、理興と尼子家との連絡を遮断できる。成功すれば、神辺村尾城の山名理興は、北に弘中隆兼勢、東に五箇荘、西は大内家分国、南は瀬戸内海ということで孤立するため、大内家側の戦略としては順当なものである。

幕府は一二月二八日付で肥後国衆相良義滋(さがらよししげ)(前名、長唯)に対し、義隆に「渡唐船奉行(ととうせんぶぎょう)」を命じたとしらせるとともに、遣明船往還の警固を要請する(『相』四一五)。

鉱山師のネットワーク

話は天文一四年に戻るが、このころ、肥後国衆相良氏領内の宮原で銀を含むらしき鉱物の産出があった。相良義滋はこれを官位授与の際に縁のあった廷臣小槻伊治にその相談をした。すると、伊治はひとまず、山口で詳しい者にみせ、銀のようであれば、自身の肥後行きの案内役を務めた大内家被官にして、石見銀山の「銀山大工所」代官、奥山右衛門尉に詳しい調査をおこなってもらうと述べる。伊治は義滋あての年月日を欠く書状で「私が関与したことは隠密（秘密）にしてほしい。領内に鉱山があれば素晴らしい。銅であっても貴重ではないか」とする。同書状で伊治は二度も「隠密」と述べているので、義隆に無断で鉱物鑑定をおこなわせるつもりだったらしい。義滋は、伊治の大酒の相手をうまく務めたのかもしれない。義滋は、翌天文一五年の七月一二日付（死去の約一月前）で、息子相良晴広に対し、宮原より出た銀について、石見銀山からやってきたのかもしれない洞雲という銀山大工より「但馬の銀に勝る」といわれたとし、大いに喜んでいる。但馬・石見・肥後といった鉱山師のネットワークの広がりも感じられる（『相』三九五・四一七）。考えてみれば、但馬国生野銀山を保有する山名祐豊と、石見銀山を保有する義隆の同盟は、銀山同盟ともいえる。

流浪の前関白九条稙通

この年、「房顕覚書」によると、石山本願寺証如や但馬国山名祐豊や播磨国赤松晴政を頼って諸国を流浪してきた廷臣、前関白九条稙通が周防国山口に行く途中、安芸国厳島神社に参詣する。稙通の諸国流浪は、天文四年ごろに将軍義晴と不和になって所領を没収されたことによる。稙通は厳島社家の房顕に義隆へのとりなしを依頼し、房顕は在山口廷臣の持明院基規・小槻伊治にあてた書状を書いた。そこで、稙通は厳島から周防国防府までおもむいたものの、そこで追い返され、帰京している。

何故、追い返されたのかというと、稙通はこの翌年にあたる天文一六年に本願寺証如に対し、阿波国より和泉国堺に一時上陸をした足利義冬（かつての「堺公方」義維。義晴の異母兄弟にして潜在的競争相手。正室は義隆の姉妹）への援助を要請することになることからすると、将軍義晴との関係を考えた義隆が、義冬となんらかの繋がりのある稙通の受け入れは危険だと判断したのだろう。あるいは稙通としても、義冬と義隆を結びつけ、将軍義晴を打倒する策を温めていたのかもしれない。無論、そろそろ「在山口公家コミュニティ」とでもいうべきものを形成していたであろう在山口公家衆からすれば、山口にはすでに前関白二条尹房がいるので、摂関家の人間は二人もいらないとか、単純に九条稙通が嫌いだ、というような事情があったかもしれない。

3　客将胤栄

龍造寺胤栄の亡命

ここで大内家関係者の官位状況の把握のため「天文一五年大内家関係者官位表」を掲げておく。

『御ゆとの丶うへの日記』によると、天文一五年（一五四六）二月二日、義隆は後奈良天皇に去年分の「今年の御礼」として太刀・四〇〇〇疋（四〇貫文、時価四〇〇万円）を献上する。『北肥戦誌』などによると、このころ、肥前国においては、少弐冬尚に圧迫されていた同国衆龍造寺氏本家当主の龍造寺（りゅうぞうじ）胤栄（たねひで）が少弐氏同様、旧主筋にあたる国衆西千葉氏と気脈を通じ、佐賀において反少弐家の挙兵をする。西千葉氏はこのころまでに再び、大内家方についていたらしい。しかし、龍造寺胤栄は少弐勢に敗れたため、大内家を頼って筑前国に逃げる。義隆は三月二日付で胤栄に対し、正式に筑前入国を認めたので、以後、胤栄は大内家の客将となる。続いて、大内家は四月二七日付で、筑前国太宰府天

天文15年(1546) 大内家関係者官位表

名　前	本　姓	通称・注記	年齢	父　親	立場・役職	官　位
大内義隆	多々良	—	40歳	大内義興	当主	正三位大宰大弐侍従
沼間敦定	橘	備前守	不明	不明	転法輪三条家家司扱いヵ	従四位下大蔵大輔
冷泉隆豊	多々良	大内冷泉判官	34歳	冷泉興豊	被官	従五位上検非違使
毛利元就	大江	芸州毛利	50歳	毛利弘元	(安芸国衆)	従五位下右馬頭
宗像氏男	宗像	—	35歳	宗像氏続	被官	従五位下近江権守
沼間隆清	橘	沼間淳定朝臣二男	不明	沼間敦定	転法輪三条家家司扱いヵ	従五位下左近将監
原田隆種	大蔵	原田	不明	原田興種	(筑前国衆)	従五位下弾正大弼
陶　隆房	多々良	陶	26歳	陶　興房	周防国守護代・評定衆	従五位下尾張守
陶　持長	多々良	陶兵庫頭	50歳	陶　弘詮	評定衆	従五位下
相良武任	藤原	相良中務大丞	49歳	相良正任	評定衆・政所	従五位下遠江守
右田隆量	多々良	右田	不明	右田弘量 or 興量	被官	従五位下
野田隆方	多々良	野田	不明	野田興方	被官	従五位下
杉　重矩	平	伯耆守	不明	杉　重清	豊前国守護代	従五位下
渋川義基	源	九州探題渋川	不明	不明	(九州探題)	従五位下左兵衛督
佐伯景教	平→佐伯	厳島社司	不明	不明	厳島神主	従五位下刑部大輔
黒川隆尚(前名正氏)	宗像→多々良	黒川刑部少輔	不明	宗像興氏	被官	従五位下
仁保隆慰	平	仁保	不明	仁保刑部丞某	被官	従五位下右衛門尉

『公卿補任』と『歴名土代』を使用した。立場・役職欄の（　）つきのものは外様国衆という意味。分国内の一般社家は除いた。

吉川元春像（早稲田大学図書館蔵）

満宮満盛院領同国早良郡戸栗・重富の半済分を同院より借り上げ、客将胤栄の扶持とする措置をとる（『宰』一四―六四一～七・六六五頁）。三月二四日、「除書部類」によると、義隆の奏請により「長我孫続家」という架空の人物が大宰大監に任官する。これは義隆に実子（大内義尊）が誕生したことにひきつけ「長く、我が子孫の家が続くように」という意味に違いない。

吉川興経の失脚

このころ、安芸国衆吉川氏においては現当主吉川興経が失脚し、同毛利元就の次男毛利少輔次郎（後の吉川元春）がこれを継承することが決定的となる。七月六日に作成されたらしき吉川氏家中の「手日記」（『吉』四二三）によれば、吉川氏本城の山県郡火野山城（広島県北広島町）を次郎に引き渡し、次郎にそのままいてもらうのがよいとか、興経と次郎に両属してはよくないとか、興経への隠居分がなくてはならないとか、興経は隠居所に速やかに移るべきとか、興経の子の千法師は次郎に引き渡すのがよいとか、次郎に子供ができ、興経に女子ができたらば縁組をするのがよいといったことが書かれている。前述したように、興経は義隆の「出雲遠征」失敗後、出雲国尼子家に接近したが、尼子家からほとんど見捨てられ、その上、義隆の怒りも買っていたため、進退に窮していた。興経の尼子家帰参行動は、恐らく、吉川氏家中の支持を得ていたものであったが、このままでは、吉川氏は大内家に磨り潰される可能性が高かった。そこで、同家中としては、興経父子を犠牲にして、義隆の覚えめでたい元就の子の次郎を養子に迎えれば、家中のみは安泰と判断し、この失脚劇になったということだろう。後世の毛利家と元春流吉川家からすれば、このときの吉川氏家中は忠臣揃いということになるが、実相はまったく違う。

龍造寺氏の実像

『北肥戦誌』によると、四月二日、肥前国少弐冬尚の有力被官馬場頼周が、肥前国衆西千葉胤連（にしちばたねつら）（胤勝の子）と同国衆水ヶ江龍造寺剛忠入道の攻撃を受けて敗死する。龍造寺一族は天文一四年に頼周らによって多数が謀殺されていたため、その報復がなされたということになる。江戸時代に編纂された戦国期肥前国に関する軍記物において水ヶ江龍造寺剛忠入道はやたらと活躍するように描かれるが、それは彼が龍造寺本家を継承することになる龍造寺隆信（りゅうぞうじたかのぶ）の曽祖父で、近世佐賀藩鍋島家の祖である鍋島直茂（なべしまなおしげ）の父、鍋島清房（なべしまきよふさ）の主君だからである。しかし、当時の龍造寺氏本家の当主は、あくまで龍造寺胤栄で、同時代史料をみる限り、胤栄は剛忠入道率いる水ヶ江龍造寺氏一党の傀儡当主というわけではない。馬場頼周討滅を受けて、大内家客将となっていた胤栄率いる龍造寺勢は、七月一一日、肥前国の各地で少弐勢と戦い、戦功を挙げる。これを受けて義隆は七月二五日付で胤栄に対し「(大内方諸勢力に対し) 肥前国基肄（きい）郡・養父（やぶ）郡での軍事活動を念入りにおこなうよう命じた。なお、詳しくは刑部少輔が申す」と述べる（『佐』三―六七頁）。刑部少輔とは多々良姓一門被官格、黒川隆尚のことと思われる。大内家は隆尚に対し、このころと思われる七月二〇日付で筑前国御笠郡筑紫村での防戦の戦功を、八月二二日付では同郡原田村における同一二日の合戦の戦功を誉める（『像』一―三二一・三二四頁）。隆尚はこのころ、活発に活動する少弐勢対策のため、肥前の東隣、筑前国御笠郡に派遣されていたらしい。一方、少弐冬尚は、このころと思われる八月六日付で同国衆後藤純明に対し、胤栄や剛忠入道らの龍造寺勢を「佐嘉逆徒」と呼び、同有馬晴純と連携した上での軍事協力を呼びかける（『佐』六―九頁）。

評定衆飯田興秀は七月二四日付で豊前国吉田八幡大宮司に対し、義隆の養生祈禱巻数の進上に謝意を述べる（「土」四―七九頁）。このころ、義隆は病気になっていたらしい。義隆は八月六日付で石見国守護代問田隆盛に対し、幕命を受けたので、将軍義晴の嫡子、足利菊幢丸（後の義藤、義輝）の元服用途段銭を賦課せよと命じる（『山』三―七三七頁）。集めた段銭は、郡名は書かれていないが、「高城」に集めよとある。本書で守護代問田隆盛の本拠地を石見国迩摩郡にあったらしき「高城」とみなしているのはこの古文書による。

来島村上氏の懐柔

八月一五日、能美四郎（仲次の子。後の賢次）・光井兼種らの大内水軍が、伊予国越智郡中渡島で戦う（『広』五―一二四・一二五頁、『土』二―一八～一九頁）。それぞれの郎従の負傷を多々良姓一門被官、冷泉隆豊が報告しているので、この水軍の大将は隆豊だろう。中渡島は能島村上水軍の拠点だが、能島村上氏では能島村上義忠（武吉の父）はすでに大内家の傘下に入っているので、ここで大内水軍と戦っているのは、義忠の兄の能島村上義益だろうか。であれば、これは、能島村上氏の家督争いに介入することで、同氏への影響力を強める狙いがあっただろう。実は、義隆はこれ以前、隆豊を介して、来島村上氏（通康カ）を傘下に収める交渉もおこなっていて、それもある程度、成功していた。義隆は、年未詳ながら一一月一五日付で隆豊に対し「来島の主張はこの前とは違うとの報告は了解した。しかしながら、重ねての懇望なので、許容することにする。なお、左馬入道が申す」と述べる。左馬入道は義隆の元に派遣されていた隆豊の被官だろう。こうした村上海賊衆への攻撃や工作は、当時、義隆が本腰をいれつつあった備後国安那郡神辺村尾城の山名理興を攻撃するための布石とみてよい。大内水軍を率いての冷泉隆豊の合戦・調略の成果はめざましいものがある。

相良武任への気遣い

　このころのものと思われる八月二二日付で義隆は九州諸勢力との取次につかっている安国寺真鳳に対し、失脚した相良武任を気遣う書状を送る（『相』三七五）。武任は、当時、筑前国守護代杉興運のもとに逃れていたらしい。書状は「武任が在国しているそうなので、森下を差し下した。考えていることがあるので、（武任は）まず京・近江国あたりへ上るのがよい。（失脚は）古今あることである。恥辱ではない。存念があれば聞こう。このこと、よくよく申して頂きたい。方角的に西はよくない。肥後はよくない。豊前か京・堺がよい。興運（杉）とご相談されよ」というものである。武任は当時、五〇歳だが、相当に義隆に信頼されていたようである。義隆の細やかな気遣いがうかがえる。武任は一般にいわれるほどの奸臣・佞臣というほどの人物ではなかったかもしれない。方角の話は、失脚中の身としては、太陽が沈む西に行くのは不吉で、太陽が昇る東に行くのが吉といった程度の意味だろう。近江や京や堺に行けというのは、義隆が率兵上洛した際の京都代官になる下準備をせよということかもしれない。

使者となっている森下某は先行研究［中島：二〇一六］がいうように、四代持世期被官の森下浄蔭入道の子孫にして、大内家被官相良氏の血統上の本家筋にあたる者だろう。ちなみに、この書状は、先行研究［同］が採用したように、月日的に義隆死去数日前にあたる天文二〇年のもので、二度目の失脚をした武任をなぐさめるものと考える説が一般的で、そう考えた方がドラマティックである。ただ、天文二〇年のものにしては緊迫感が薄く、二度目の失脚をした者に「失脚はよくあることだから……」となぐさめるのは、違和感があるので、この書状は武任の一度目の失脚に関するものと考えておくことにする。『八代日記』によると、一一月一六日、大内家使僧安国寺真鳳が、故肥後国衆相良義滋の供養のため、肥後国を訪れ、金泥法華経（こんでいほけきょう）を贈る。

一二月二〇日、位階において義隆（正三位）に追い抜かれた将軍義晴（従三位）が右近衛大将（うこのえのたいしょう）に任官し、この日、征夷大将軍職を息子の義藤に譲与し、自身は、いわゆる「大御所（おおごしょ）」の立場となる。

杉原豊後守調略の成功

大内家は一二月二二日付で安芸国衆竹原小早川徳寿丸被官乃美小太郎（のみこたろう）（後の賢勝（かたかつ）。家氏の子）に対し、「神辺杉原豊後守（かんなべすぎはらぶんごのかみ）」への調略成功を誉める（『小』浦―一四）。この古文書は『萩藩閥閲録』の「三渓清兵衛（みたにせいべえ）」の家譜（『閥』四―七五～六頁）とならび、備後国安那郡神辺村尾城主山名理興と杉原豊後守が同一人物であるという説の根拠の一つである。確かに同家譜にはそう書いてあるし、この古文書をみてもそのように解釈できるが、やがて本格化する大内家による神辺村尾城攻撃直前に城主山名理興が大内家の調略に応じたというのはつじつまが合わない。だから、本書では、先行研究〔木下：二〇一二〕の成果をも鑑み、両者を別人とみなし、神辺の杉原豊後守は、当初は理興を擁立していた本来の神辺近辺の杉原氏系の領主で、このとき大内家側に寝返った者と判断したい。寝返ったといっても、前述したように、備後国の杉原氏一党は、もともと親大内家である者が多かったので、元に戻ったということかもしれないが。このように、大内家は、山名理興攻めに際し、まさに、万全の準備をほどこしている。これは「出雲遠征」敗北からの連敗は絶対にさけたいということであろう。

この月、安芸国衆毛利元就が嫡子毛利隆元に家督を譲っている。しかし、毛利氏の実権は、元就がいわゆる「大殿（おおとの）」的立場で掌握し続けることになる。

4　兵部卿義隆

嫡子義尊

『御ゆとの丶うへの日記』によると、天文一六年（一五四七）二月四日、義隆が後奈良天皇に対し金額不詳ながら「今年の御礼」を献上する。『歴名土代』によると、二月一七日、義隆の世子、大内義尊がわずか三歳にして従五位下に昇進し、周防介に任官する。元服扱いということなのだろう。よみは、恐らく、義隆と同様「よしたか」だろう。実は『公卿補任』によると、この二月一七日は、一三代将軍義藤が一二歳にして従四位下参議左近衛中将（さこのえちゅうじょう）に任官し、公卿成りをした日なので、義隆が朝廷に働きかけて、同日に昇進したことにしてもらったのだろう。

そのようにいうと、義隆が将軍や幕府を尊崇しているようにも、対等であるというメッセージのようにもみえるが、義尊という名前には色々な意味でひっかかりを覚える。「尊」といえば、やはり、初代将軍尊氏の上の文字だからである。例えば、六代将軍義教は、将軍になった当初は「義宣」と名乗っていたが、伏見宮貞成親王の『看聞日記』によると、音が「世を忍ぶ」ようで嫌だということで、名前を改めることになった（佐竹義宣や徳川慶喜など「よしのぶ」は武家に人気の名前だと思うが）。『満済准后日記』によると、これを受けて、当時（正長二、一四二九年）の摂政二条持基と廷臣万里小路時房が、義宣に対し、新しい名前の候補として、「義繁」「義教」「尊国」を示したところ、義宣が、みずから「義教」を選んだのだという。

というように、「尊」字は足利将軍家の名前の候補に挙がることもあったが、尊氏の子である二代義詮以後の足利氏当主が、清和源氏嫡流の証である「義」字を上の字にしないわけにもいかないし、中興の祖、尊氏の偏諱を下の字にするわけにもいかないということなのか、いずれも採用されなかった。元々「尊」は後醍醐天皇の実名、「尊治」の偏諱だからということもあるだろう。

ただ、例外なのが、「嘉吉の変」によって六代義教を謀殺した四職家赤松満祐が急遽擁立した足利義尊である。この義尊は二代義詮の庶兄にして宿敵であった足利直冬の孫とされ、変後しばらくして幕府に殺害された人物である。

以上のようなことがあるので、大内義尊とは、どう考えても、非常によくない名前である。「嘉吉

天文16年（1547）遣明船法度

1	船中での祈禱を怠ってはならないこと
2	３艘（４艘？）で出船し，洋中はともに航行すること
3	船中においてや異国人と喧嘩口論した者は罪の軽重によって成敗すること
4	（明国で）日本人を成敗する際は明国の法度によること
5	罪科人が発生した場合は衆評によって量刑を決めること
6	博奕その他の賭け事は禁止しているが，それに背いたものについては，（露顕した場所が）どこであろうともその身は追放とし，その財産は没収とすること
7	銅銭は明国では携行しないこと
8	公私の銅荷は一駄には一駄分にすること
9	「旧銭箱」を分配する際は役人の裁定に従うこと
10	客については役人で知っている者がいない場合は発見ししだいに船中から追い出すこと
11	国質・所質はやめること
12	古い借財の催促はやめること
13	押買い狼藉はやめること
14	明州（寧波）に到着して以後は武器の携行を許さぬこと
15	持箱や手革籠の大きさは法に従うこと
16	日記箱は荷物が10駄につき１箱用意すること
17	薬箱は10人分を１つにして用意すること
18	自国や他国の港湾で非法なことをされた場合はその地に留まらず，帰国したのちに公儀に届け出て沙汰をすること
19	帰国する際に諸商売人の荷を勝手に受け入れてはならないこと
20	正使と役人は出発の朝から明国につくまで禁酒とする。ただし，病の場合は許し，従者や人夫については飲み過ぎてはならないこと
21	船中や所々の宿所での遊女など徘徊を禁止すること
22	正使や役人は相談もなく，みだりに根拠のない訴訟をしてはならないこと
23	３艘（４艘？）の客や従者は役人の命に背いて無礼なことをしたらば罪科に処される。その主人は罪人をかばってはならないこと
24	役人より無道な成敗をうけたらば，帰国した後に直訴すべきこと
25	上京中の留守に明人が訪問してきた場合，どのような者であっても役人の帰りを待つべきで，これに違犯した場合は厳科に処されること
26	明人との口論・喧嘩があった場合は事情を問わず日本人の過失とする。もし明人が特に無道なことをしていた場合は役人の面前でその説明をすること
27	進貢の趣旨や公儀に関わることを明人に語ってはならないし，個人的に筆談することも禁ずる。但し，医学・儒学などの練習のためであれば制限の限りではないこと
28	一行の上京中は４艘の周辺を堅く守ること
本文	以上の法度を堅く守るべきである。あるいは懇望により罰を軽くし，あるいはその場の依怙贔屓で赦免したとしても，後日，罪科人についても役人についても厳科に処す。他国での成敗ということで用捨があった場合は，帰国した際にその身と材物を留めおき，たとえ年月がたっていたとしても後のために御成敗を加えられる。これらをよく承知して非法をしてはならない。

の変」においては、大内家においても、四代持世が偶然、事件に巻き込まれて負傷死している。この名前は、幕府の受けもよくないだろうし、祖霊の受けもよくないだろう。在山口の公家衆らは名前の選定に関わっていなかったのだろうか。実に、不可解な名前である。

遣明船法度

大内家は二月二〇日付で、通称、「遣明船法度」を定める。「遣明船法度」は『南海通記』（二一四〜七頁）に収録したものなどが知られているが、『通記』の注記によれば、この法度は讃岐国生島浦の池永太郎兵衛が伊予国能島衆とともに明帝国へ渡ったため、池永氏に伝わったものとある。ということは、この遣明船の警固には能島村上海賊が参加したことになる。法度全二八条については表にまとめた。その内容はというと、旅中の酒の飲み過ぎや博打を誡めたり（6・20）、明州（寧波）に入った後は武器を携行してはならない（14）とするような、これまでの経験則をまとめたようなものである。一行は全員が大内家分国の人ではないためか、「唐人（明人のこと）」との対比の意味で「日本人」という言葉が使用されている（26）のも注目される。海外貿易をおこなうと、人によっては多国籍・無国籍な感覚が醸成されるのだろうが、人によっては、外国人と接することによって、日本列島に根差した国家感覚が醸成されることもあるらしい（とはいえ、この国家感覚は、天皇と将軍を頂いた、戦国大名分国の集合体といった程度のものであろうが）。これは義隆の「日本国王臣」という自称にも相通ずる。倭寇が持つような多国籍・無国籍な感覚は、ある程度の国家感覚の隣にこそ、うまれるものだろう。

以上のように、それぞれに興味深い法度であるが、分国経済の観点から注目されるのは、銅銭関係の8条と9条である。8条からは、遣明船参加の各人が公私の立場で荷駄に少しでも多くの銅銭（前王朝が鋳造した宋銭や明銭）を詰め込もうとしていたことがうかがえる。9条からは公的に入手した銭のうち、良い銭は当然、大内家に納めるのだろうが、「旧銭」つまり、使用劣化したような銭は「旧銭箱」に溜めておき、しかるべきときに、遣明船役人の宰領で参加者に分配していただろうことがうかがえる。

さて、銭が登場したところで、分国で流通する銭について整理しておく。まず、先行研究［本多：二〇〇〇・川戸：二〇〇八］や、「大内氏掟書」所収の関連法度を参考に整理すると、当時、分国で流通していた銭は、およその等級付けができる。第一等は宋銭である。第二等は永楽銭や宣徳銭などの明銭。第三等がいわゆる「悪銭」で、これは分国での使用が厳しく禁じられている。悪銭には、「さかひ銭（大とう・大刀）」「洪武銭（なわ切）」「うちひらめ」といった種類がある。「さかひ銭」は堺の私鋳銭とされ、大刀が「大唐」のことであるなら、「大唐通宝」とでも呼ばれていたのかもしれない。つまりは贋金である。洪武銭は明銭だが「なわ切」という異名からすれば、銭の真ん中のバリかなにかのせいで緡（銭の穴に通す紐）を傷つけやすい難がある銭のことで、本物の洪武銭のことではないかもしれない。「うちひらめ」はつちなどで打って引き延ばした銭の総称とされる。

このうち、大内家が段銭納入に使用せよとしているのが第一・第二等の銭で、これは「清銭」と呼ばれることもある。第二等の銭は研究用語で准清銭と呼ぶこともある。ちなみに、分国でもっとも流通している銭は永楽銭を中心とした第二等の明銭であるらしく、大内家は明銭の使用制限をすることで、第一等の宋銭の使用を促していた。そのため、従来、大内家では明銭を評価の低い銭とか悪銭とみなしていたという解釈がなされたこともあった。しかし、大内家が公的支出に用いた銭には、永楽銭が含まれているので、永楽銭などの明銭は悪銭ではないことは明らかである。悪銭使用を禁止する権力が悪銭を用いるとは考えにくい［藤井：二〇一二］。

ただ、当然、第一・二等の銭も使用劣化するわけで、それが、先行研究［川戸：二〇〇八］の注目する「荒銭」だろう。この法度でいう「旧銭」と同じ意味ではなかろうか。だから、「旧銭箱」に投げ入れる銭とは、すでに中国大陸で「旧銭」＝「荒銭」化した宋銭や明銭のことであろう。そして、その「旧銭箱」に入った「旧銭」は、しかるべきときに、役人が使節団の人々に分配していたのだろう。「旧銭」が、使用劣化し、価値が落ちた宋銭・明銭のことなのであれば、「旧銭箱」にたまったものを山分けしても、その程度であれば、大内家公認の、いわゆる、役得ということになるだろう。

話がそれたが、正使策彦周良以下の遣明使節団は、二月二一日に山口を出発する。「入明諸要例」によると、副使は近江国慈光院で、「御土官」という肩書の首席役人は大内家で奉行衆としての活動がある吉見弘成がつとめ、副官は杉大蔵丞（重忠カ）という者がつとめていた。一行はひとまず、肥前国五島列島をめざす。『明史』によればこのときの一行は四艘の船と六〇〇人の人員で構成されている。単純計算で乗員は一艘一五〇人ということになる。この船舶はかなりの大型船であったことになろう。

兵部卿任官

『公卿補任』によると、三月一九日、義隆は兵部卿に任官する。大宰大弐・侍従は留任する。これで、義隆は結果的に、兵衛府次官の兵衛佐と、兵部省次官の兵部大輔を経て、兵部省長官の兵部卿になったことになる。武官官職の歴任の後に、兵部卿になるというのは、ある程度、計画的なものであったろう。兵部卿の前任者は義隆の岳父で廷臣の広橋兼秀で、兼秀の辞官は前年（天文一五年）の三月である。

そこで、義隆の兵部卿任官の含意について考えてみると、まずは、足利家に敬意を表しつつ、なおかつインパクトのある武官官職に任官したかったということがあるだろう。となると、近衛府将官の大将は論外として、中将・少将も除外される。そして、兵衛督や衛門督は、すでに、足利家一門の斯波・畠山家らの任官の先例がある上、傘下の九州探題渋川義基（これも足利家一門）の官途が左兵衛督であるため、インパクトが薄く、これらも除外されるということであろう。

すると、残った武官高官としてクローズアップされるのが、兵部卿である。同官は、朝廷の軍事部門である兵部省の長官で、諸国の兵士と軍事の総轄を職掌とする。そういうと権威ありげだが、有名無実化してすでに久しく、親王が任官することの多い栄誉職とはいえ、臣下が任官するには、官相当位は正四位下と、さほど高くない。建武新政期に後醍醐天皇が、中国の宋帝国を参考に、日本では中・下級公家が任官する慣例の八省長官の卿に起用した際の公卿の反発を考えても、義隆の兵部卿任官を嫉視する公家はほとんどいないだろう。

しかし、兵部卿は、坂上田村麻呂や、大宰大弐でもあった平清盛や、後醍醐天皇皇子の護良親王が経験した官職との印象も強いため、これに戦国大名が任官すると、含蓄ありげでインパクトがある。おまけに、義隆が従来から保持する、大宰大弐の官職は、北九州支配のためにはよいが、このころから本格化する備後国出兵とその先の率兵上洛のことを考えると、やはり、中央軍事系官職を保有していた方が自身の軍事に箔がつく。義隆の兵部卿任官は、ざっと以上のような理由によるものであろう。

ただ、これは、あまりに出来過ぎているので、義隆個人の発想のみによるものではないだろう。想像ではあるが、やはり、これは、前任の兵部卿が、岳父で廷臣の広橋兼秀であることからすれば、兼秀の発案であろう。裏に武家伝奏兼秀による婿義隆を利用しての朝廷復権の企図をみてとってもよいだろう。ここまでくると、公家による天下人の先物買いといった印象もある。

そして、以下は兼秀の発想からはずれようが、明・朝鮮・琉球国に対して兵部卿を名乗った際の見栄えのよさもある。特に、明帝国における兵部卿相当官、兵部尚書（へいぶしょうしょ）は、日本中世の兵部卿と較べて圧倒的に権威が高い。例えば、『明史』によれば、一五五四年から翌年にかけて、明軍と倭寇の大軍が蘇州（そしゅう）の近辺で激しい戦闘をおこなっているが、明軍の総指揮をとったのが、兵部尚書の張経（ちょうけい）である。

だから、外国人は、官職の中国風呼称が「兵部尚書・都督長史」となる兵部卿兼大宰大弐義隆を「王軍の長官にして、地方軍政府の次官」と思うだろう。前述したように、外国と交易をおこなう西国諸勢力の場合、自身の帯びる朝廷官職や幕府役職を中国風呼称した際の〝外国人うけ〟も重要とみるべきであろう。

「実利的官途」説と「戦国期天皇権威浮上」説

義隆の大宰大弐や兵部卿の官歴については、朝廷官職が戦国期においても実利をもったという、いわゆる「実利的官途」説を廻る議論［今谷：一九九二他・堀：二〇一一他］で取り上げられることが多い。なので、一応触れておくと、筆者としては、義隆の官歴は、ここまで述べてきたことを踏まえれば、特殊例ではあるが、どうみても、実利を伴っていると思う。しかし、「戦国大名は天皇から官位を任命されて初めて制度的に完結する権力」［今谷：同］とはまったく思わない。「（国家）制度的に完結」ということならば幕府に認められれば十分だろう。無論、南北朝・室町・戦国期は、室町幕府を核とした、強力な中央集権国家の時代ではないので、幕府に認められなくとも、実力でその地を切り取って存立できれば、大名・国衆といった地域権力たりうるのだが。

また、「実利的官途」説と同時並行して議論される「戦国期天皇権威浮上」説については、戦国期天皇権威が古代の天皇権威なみに浮上したとは、これまた、まったく思わないが、後奈良天皇の権威ということであれば、父親の後柏原天皇や祖父の後土御門天皇のそれと比べれば、相対的にいって大きく変わったが、〝多少〟は浮上していると思う。確かに、室町幕府が京都に設立されたことで天皇や朝廷の性質は大きく変わったが、戦国期になると、その将軍が京都にいない時期が長くなるのだから、当然、京都に居続けた天皇の権威は〝多少〟は浮上するだろう。そして、義隆と廷臣広橋兼秀の利害の一致も、そうした後奈良天皇権威の〝多少〟の浮上に貢献しているだろう。

戦国期天皇権威浮上説への反対論者による戦国期における天皇権威を自明なものとすべきではない

という主張は、近現代史をみすえた、ある種の警鐘話としては理解できる。しかし、大内家当主の場合、例えば二代義弘は京都吉田神社の吉田家とやりとりをしつつ、それなりに『日本書紀』をよみ込んでいる。義弘当時の吉田家当主の吉田兼熙(よしだかねひろ)は、『兼敦朝臣記(かねあつあそんき)』で、義弘の「日本書紀師範」(『山』一―七七頁)とまで呼ばれている。だから、良い悪いは別として、吉田家のいわゆる「吉田神道(よしだしんとう)(唯一宗源神道(ゆいいつそうげんしんとう))」に基づく『日本書紀』のよみ方が妥当であるか否かは別として、以後、戦国期まで積み重ねられる大内家当主の教養と意識のなかで、天皇の権威が自明になっていた可能性もある。義隆と当代の吉田兼右の関係もみてもその可能性を感じる。無論、以上の自明とは、多分に吉田家による人工的なものになるのではあるが。

尊大ないいかたで恐縮だが、実利的官途説と戦国期天皇権威浮上説を廻る議論については、賛成する論者も否定する論者も、双方、いい過ぎのきらいがあるのではなかろうか。

肥前国代官の設置

この年と思われる三月二七日付で、義隆は肥前国衆龍造寺胤栄を「肥前国代官」に任命する(『佐』三―六八頁)。義隆は肥前国守護職になったことはないので、肥前国守護代ではなく、この名称になったのだろう。大内家は「某国守護代に任命する」というような文書は出さないので、これは異例なものだが、当時、義隆は芸備方面代官弘中隆兼を史料上は「代官」と呼んでいる点と似通っているし、胤栄が大内家客将であることからしても、偽文書ではないだろう。ところで、胤栄の実態は大内家の外様国衆であるが、ここで、大内家分国の役職を受けているので、表面上は、大内家客将から、正規の大内家御家人になったことになる。義隆はこの年らしき四月二二日付で胤栄に対し、佐賀郡内五〇〇〇町をはじめとした合計六〇〇〇〇町の所領を恩賞として与える（「御感書類」）。この文書は写しで、他と比べると恩賞の額が桁違い（三桁多い）である点、ひっかかるが、内容が事実であれば、要は少弐家関係者の所領の切り取り勝手を認めるということだろう。

備後国龍王山の戦い

四月二八日、安芸国衆竹原小早川徳寿丸らの軍勢が備後国山名理興領らしき深津郡五箇荘や、坪生荘龍王山砦（広島県福山市）を攻略する（『閥』三―八五六頁）。この戦いは、若き日の小早川隆景（徳寿丸）が単独でおこなったようにいわれるが、それは誤りである。徳寿丸自身が、この合戦で首を挙げた被官末長又三郎に対し、「報告書を作成し、弘中三河守（隆兼）・飯田六郎左衛門尉（隆言）に戦功を伝えたところ、（彼らはそれを）すみやかに防州（義隆）に報告したとのことで、本望である」と述べている。他の史料（『閥』三―八四六頁など）と勘案すると、この軍勢の大将は芸備方面代官の弘中隆兼で、山口と戦場をいききする軍目付的存在が飯田隆言であろう。攻撃軍には、他に、例えば、安芸国衆久芳明秀・石井宣家（「宣」は杉隆宣の偏諱だろう）、石見国衆出羽東左衛門尉が参加していて、その上、義隆の信頼篤い多々良姓一門被官の冷泉隆豊率いる大内水軍が活動している（『閥』四―一〇九頁、『広』四―二八八頁、「吉川家中」、『閥』三―八四六頁）。これは小早川徳寿丸の単独攻撃などではなく、正規の大内勢による大規模攻撃と評価すべきである。

恐らく、五月の中ごろ、龍王山砦の近辺にあったらしき勝渡山砦に対し、安芸国衆毛利元就や備後国衆湯浅五郎次郎（元宗）の軍勢が攻撃を加える。元就の報告に基づき、大内家は六月二日付で五郎次郎の戦功を褒めるが、これには、陶隆満・青景隆著とともに飯田隆言が加判している（『閥』三―二五三頁）。このころ、隆言は戦況報告のため山口に戻っていたらしい。

この一連の合戦には、義隆本人は出陣していないものの、弘中隆兼のみならず、義隆直属部将の冷泉隆豊が参戦しているので、義隆は山名理興攻撃に本腰をいれていたとみてよいだろう。まとめると、この合戦は陸上の大将が弘中隆兼と毛利元就で、海上の大将が冷泉隆豊ということになる。このときの大内勢は、全くの予想だが、弘中隆兼勢が三〇〇〇、元就ら安芸国衆勢が二〇〇〇強、隆豊率いる大内水軍が二〇〇〇といったところで、少なく見積もっても合計七〇〇〇ほどの兵力ではなかろうか。

「策彦和尚略伝」によると、五月四日、正使策彦周良・副使近江国慈光院を乗せた遣明船（通称天文一六年度）が肥前国五島を出航する。日本側は三艘とし、明側は四艘とするが、仮に四艘として、一艘あたりの抽分銭（要は収入）を三〇〇〇～四〇〇〇貫とすると、すべて帰国すれば、大内家は一万二〇〇〇～一万六〇〇〇貫（一二億～一六億円程度）の収入を得ることになる。

美作国三浦貞久との交信

大内家はこのころらしき六月八日付で出雲国の南東、美作国の国衆三浦貞久に対し、興味深い文書を送る（『尼』七二四）。この文書を意訳すると「播磨国と貴国（美作国）に争いがあるとはよくない。彼国（播磨国）には（義隆使僧）観音寺による交渉がある。互いにお考えがあるのだろうが、この際、御堪忍あって和睦なさるのが大切である。これについては、（義隆が）直札で申される。庄（為資）・三村（家親）に対しても（美作・播磨国へ）助言するよう申した。さて、去るころ、村上左京進（時泰カ）が敵と同意し、すでに一城を建造して尼子勢とともに守っていたが、即時に攻めかかり打ち破ったとのこと。御勝利は比類のないものである。諸牢人に対する調略に御油断があってはならない。委細は万勝寺（貞久の使僧カ）に申し含めた」というものである。

大内家が美作国と播磨国の争いを調停しようとする様子がうかがえる。義隆は当主となって直後、播磨国に当時の杉備中守家当主の杉興頼（隆泰の父）を派遣した。つまり、義隆は、従来から、出雲国尼子家包囲のために、播磨国赤松家との同盟を考えていて、赤松家が守護職を保有していた播磨と美作国の勢力が対立することを嫌っていたのである。

当時の播磨国の状況を単純にまとめると、当主赤松晴政の権威が重臣浦上氏の台頭によって低下し、浦上氏においては、当主浦上政宗とその弟浦上宗景の争いがあるというものである。この時期の美作国の状況はわかりにくいが、要は赤松家が頼りにならないため、三浦貞久のように大内家を頼る者がいて、その一方で村上左京進のように尼子家と結ぶ者もいて不安定だったということだろう。

そして、見過ごせないのは、大内家がそのような赤松家を危ぶんで頼りにしていたのが、元々は細川京兆家被官で備中国守護代の家筋の庄為資と、これと近しい有力国衆三村家親という点である。前述したように、一時期、大内家は対備中国の政策として、細川京兆家の細川氏綱とつながりのある細川野州家の細川通頼（備中国浅口郡領主で、備中国守護職をも称しうるが、四国伊予国に亡命していた人物）と、これと連携して隣国備後国南部で勢力拡大をしていた山名理興とのつながりができかけた形跡があった。しかし、理興が義隆の「出雲遠征」失敗後に尼子方についたため、義隆は自然と理興と繋がりのある細川野州家の線を捨て、これと対立していた庄為資・三村家親を支援するようになったということだろう。

前将軍義晴の落魄

そのころ畿内では、大御所的立場の前将軍義晴が、管領家の細川晴元と細川氏綱の争いについて、氏綱を支持するとの立場を鮮明化していた。しかし、晴元方の芥川孫十郎が氏綱方の薬師寺元房拠る摂津国芥川山城（大阪府高槻市）をあっさり攻略すると、氏綱は劣勢となり、氏綱支持を打ち出していた義晴は立場がなくなった。しかも、ここまで何かと義晴を支えていた近江国六角定頼までもが晴元方となったため、義晴は窮地に陥る〔今谷：一九八五他〕。

結局、義晴は近江国坂本に逃亡し、七月一一日付で諸大名に対して御内書を送る（『六』六一〇）。内容は「（晴元方軍勢が、氏綱方）芥川城を攻略したので、晴元と定頼が相談し、京都に諸軍勢がやってくるのだという。実否を確認する他、どうしようもない」といったものである。同書の写によると、送り先になったのは、能登国（石川県北部）の畠山義続・豊後国大友義鑑・義隆・若狭国武田信豊（信実の兄）らである。あて先の一人の義隆は正三位なので、発給者である従三位の義晴よりも位階が上だが、敬称は他と同じく「とのへ」とかな書きで書かれたようである。敬称は楷書の漢字で「〜殿」と書くと厚礼で、かなの「とのへ」にむかってくずせばくずすほど薄礼になる。御内書の中身は何やらあわれをもよおすが、ここだけは強気である。ただ、あて先は「大内兵部卿とのへ」ではなく「大内大宰大弐とのへ」になっているので、義晴は義隆の兵部卿の兼官や、位階を正式に追い抜かれたことを知らなかった可能性もある。また、義晴は、このとき、自身が支持している細川氏綱とつながりのある備後国の山名理興を義隆が敵視していることもよく理解していなかったのだろう。

このころ、『明史』によれば策彦周良を正使とする大内家主催の遣明使節団（通称、天文一六年度）が明帝国の寧波あたりに到着する。使節団一行は、明側より、時期はずれであること、四艘六〇〇人という規模が規定よりも大きいといった苦情を受け、以後、暫くの滞留と折衝を余儀なくされる。

龍造寺胤栄の活躍

このころ、大内家は筑前国太宰府天満宮満盛院から、肥前国代官龍造寺胤栄への扶持にあてている同宮領戸栗・重富半済分の返還を求められる。しかし、大内家は閏七月一〇日付で、胤栄による肥前国での軍事の様子を見定めてからと返答する（『宰』一四―六六二頁）。ただ、胤栄の肥前国における軍事活動は成功を収めつつあり、胤栄はこの月までに本拠の佐賀領を少弐冬尚から奪還したらしい。胤栄は同国河上神社より「入国御祝儀」として馬を贈られ、閏七月一一日付で同社に対し、「当時乗馬事欠候砌候（現在、乗る馬がなかったところだ）」と、タイミングのよい進物を喜んでいる（『佐』一―二〇九～一〇頁）。

義隆がこの胤栄の後援を命じていたのは、多々良姓一門被官格の黒川隆尚であったが、隆尚は閏七月一三日付で大内家に対し、息子黒川鍋寿丸（くろかわなべじゅまる）（後の宗像氏貞（むなかたうじさだ））に所領と「悴者（かせもの）・凡下（ぼんげ）（被官・下人）」を譲与したので、甥で猶子の宗像大宮司宗像氏男（むなかたうじお）（後の黒川隆像（くろかわたかかた））とは別で大内家に奉公させることを願い出る。大内家は閏七月一五日付でこれを了承している。隆尚はほどなくして死去したようである。義隆の軍事を支えた隆尚の死は、義隆としては痛手であったはずである（『宗像』一―三二六頁）。

佐伯景教の活動

このころ、安芸国厳島神主佐伯景教が伊予国越智郡能島城（愛媛県今治市）に在城している（『広』三―九〇頁）。景教の厳島神主就任は、安芸国の精神的支配のためのみならず、芸予諸島の帰趨を睨んだ軍事的意義もあったことがよくわかる。そして、能島城は大内水軍に占拠されているということになるので、能島村上氏における反大内家の能島村上義益と、その弟で親大内家の能島村上義忠（武吉の父）の抗争が、義忠の勝利に終わったことを意味するだろう。『御ゆとの丶うへの日記』によると、八月五日、義隆は後奈良天皇に色々の御礼として一万二〇〇〇疋（一二〇貫、時価一二〇〇万円程度）などを献上する。『歴名土代』によると、八月六日に大内家被官沼間隆清が従五位下から従四位下に昇進する。隆清は転法輪三条家の家司扱いであったらしき沼間敦定の次男であるので、大内家被官ながら、父同様、転法輪三条家の家司扱いだったのであろう。父敦定の位階も従四位下であったので、敦定はこれ以前に引退していたのではなかろうか。隆清の従四位下は、分国被官中最高位で、この後、分国最高実力者の周防国守護代陶隆房にすら抜かれることはない。

益田藤兼の分限

石見国の外様国衆、益田藤兼（ますだふじかね）は八月八日付で大内家に対し、所領の田数・貫高（かんだか）（銭換算された所領高）・分銭高（大内家への段銭納入銭高〔井上・岡崎：一九九九〕）を上申する（『益』八六四）。これによると、益田氏所領の「公田（こうでん）」の総田数は石見国美濃郡益田荘本郷以下の計五三町八段大三〇歩。その貫高は一六一六貫二五〇文（一億六一六〇万円程度）。分銭高は一段別五〇文で算出されていて、二六貫九三〇文余（二六九万円程度）となっている。「公田」というのは、中世前期の国衙領や荘園に由来するもので、要は、税の賦課対象地のことである。但し、公田数は、あくまで賦課側と納める側で折り合いのついた土地面積のことだから、実態とかけ離れている場合もある。そのため、戦国期の各領主の公田にもとづく貫高の数値が低いからといって、実収入が少ないとは限らない。税のかからない土地が多いため実は内福ということもあろう。先行研究［井上・岡崎：一九九九］が指摘している分国における分銭は、別に精査が必要だが、関係史料を通覧する限り、段別文がまちまちなので、それは一律に決まっていたわけではなく、大内家と負担者の力関係によって決まるようである。段銭と同様、春・秋二度の徴収であるのか否かなど、気になる不明な点は多い。

村上海賊衆の掌握

この年と思われる九月二一日付で大内家は大内水軍としての活躍が顕著な安芸国衆白井（しらい）氏に対し、同国厳島神社の法会に参加する伊予衆の船舶に「警固（けご）」と号して関銭を賦課するのを止めるようにと通告する（『士』三―七頁）。ここで大内家はその理由を「当時御和談の上は」と述べているので、能島・因島・来島の村上海賊衆を中心とした芸予諸島の海賊衆と大内家の争いは終了していたとみるべきだろう。

先行研究［川岡・西尾：二〇〇四］によると、和睦には伊予国河野通直も関わっているという。ここまで述べてきた冷泉隆豊の動向や、大内家被官杉氏出身で厳島神主となった佐伯景教が伊予国越智郡能島城に入城したことからすれば、大内家が村上海賊衆をほぼ傘下に収めていたとみてよいだろう。以後、義隆は伊予介を称することはなくなる。先行研究［同］は、それを河野家との和睦の証とみているが、そうではなく、前述したように、養子であろう、甥のチャチ（土佐国一条房冬と義隆の姉妹の子）に、「大内伊予介」を名乗らせたからという可能性もある。そこで、この称の意味を考えてみると、それは、この時期、すでに義隆には嫡子周防介義尊が生まれているため、息子の将来を考えると、かつて、「出雲遠征」敗戦のショックのなかで、恐らく、「大内周防権介」の名乗りを与えてしまった養子で甥の豊後国の大内晴英が邪魔になったということがあるのではなかろうか。そこで、義隆は山口にいるチャチを元服させ、大内伊予介を名乗らせて引き立てることで、豊後にいる晴英の希少性を失わせようとしたのではなかろうか。チャチの元服後の実名は不詳だが、案外、従来、養嗣子であった故恒持への贈名とされてきた「義房」などが有力候補ではなかろうか。それは、恒持の贈名は、前述したように、恐らく、「晴持」であったことと、チャチの父親が故恒持と同じく、土佐国一条房冬だからである。将軍家の「義」偏諱と一条家通字の「房」をつなげて大内義房ということである。以上は、ほとんどが推測だが、正しければ、義隆は嫡子周防介義尊を養子で甥の周防権介晴英と伊予介義房に支えさせようとしたということになる。しかし、チャチが恒持の同母弟で、一五歳で死去したのであれば、このころに死去せねば、恒持との年齢差が不自然になってしまう。だから、チャチすなわち、大内伊予介は、天文一六、七年ごろに一五歳で死去し、後は前述の通り、山口保寿寺に葬られ、俊英宗傑と贈名されたのではなかろうか。

備中守毛利隆元

大内家は九月二五日付で肥前国代官龍造寺胤栄に与えていた筑前国太宰府天満宮満盛院領同国早良郡戸栗・重富の半済分を同院に返却する（『宰』一四—六六四～

五頁)。胤栄が肥前国国少弐冬尚との合戦を優勢に展開していたためだろう。義隆は一〇月一〇日付で杉宗長入道を介し、用木探しからおこなっていた安芸国厳島神社大鳥居の落成を祝して、同社に備前長船らしき久光(ひさみつ)の太刀を寄進する(『広』三一二〇八頁)。『李朝実録』によると一一月二九日、義隆の使者、稽囿西堂(けいゆう)が朝鮮国を訪れて同国王に挨拶する。

このころ、備後国の前線と山口を上使として往来していた小原隆言(おばらたかとき)(前名、飯田隆言)は一二月二六日付で毛利元就の子の毛利隆元に書状を送る(『毛』三〇五)。その大意は「御目にかかりたいとのことであったが、出雲国尼子勢が備後国境に在陣しているため、(隆言は)安芸国賀茂郡志芳で元就と協議し、備後国外郡(同国南部)に赴き、所々に調略をしていて暇がなく、(面談が)延引している。ただ、こちらはうまくいき、尼子勢は撤退した。これらは隆元の(石見国などへの)出陣のおかげでもある。そこで、(義隆が)備中守(びっちゅうのかみ)の吹挙状を発給された。同吹挙状は自分で隆元のもとへ持参するつもりであったが、こちらの情勢を早々に(義隆へ)報告せねばならないので、とり急ぎ(山口に)戻る。その上、すでに年末なので、勝手ながら、(吹挙状を部下で同僚の)貫淡路守(ぬきあわじのかみ)に託す」といったものである。義隆が隆元に備中守の官途称を許した官途状は四ヶ月前の八月一二日付だが、これは、恐らく、隆言を介して申請があったものと思われる。この官途称は、状況を鑑みれば、毛利氏によっての隣国(りんごく)官途称(かんと)(住国の受領官途を避けて隣国の受領官途を称すること)ということのみならず、備後国を掌握しつつあった大内家にとっての隣国官途称でもあろう。義隆としては、大内家がやがて本格的に備中国に兵を進めたときは、隆元にその尖兵をつとめさせるつもりだったのかもしれない。このあたりの義隆と隆元の関係は、駿河国の戦国大名、今川義元（いまがわよしもと）と、若き日の松平元康（まつだいらもとやす）（後の徳川家康（とくがわいえやす））の関係に似ている。

第六章　戦勝と終極

1　終わりのはじまり

龍造寺胤栄の死

義隆は天文一七年（一五四八）二月二八日付で備後国衆田総元里に対し、同国神石郡福永内二〇〇貫地を与える（『山』三―九八五頁）。義隆の軍事的関心はこの年も備後国へ向けられることになる。『歴名土代』によると、一月三日、多々良姓一門被官冷泉隆豊が従五位上より正五位下に昇進する。この位階は、転法輪三条家の家司扱いでもあったらしき沼間隆清の従四位下に次ぐ分国二番目の位次で、周防国守護代陶隆房よりも上である。『御ゆとの丶うへの日記』によると、一月二一日、義隆は金額不詳ながら、後奈良天皇に対し、去年分の「今年の御礼」を献上する。『歴名土代』によると三月一六日、義隆側近の青景隆著が従五位下に昇進する。

義隆は三月一七日付で岳父で廷臣の広橋兼秀に対し、同東坊城長淳が筑前国太宰府天満宮に参詣する際は手助けせよとの後奈良天皇の勅命を承ったと連絡する（「手鑑」）。この文書の署名は「兵部卿多々良義隆」という珍しいものである（あて名は「謹上　広橋大納言殿」）。勅命を義隆に伝えたのは長淳（長淳の出京は天文一六年一一月二八日）本人で、長淳は天皇宸筆の法華経を天満宮の安楽寺に納めるべく、三月二三日に周防国防府を出航し、筑前国太宰府に向う。

しかし、長淳は途中、同国博多津で急死する。死去について『公卿補任』では長門国赤間関で「頓死（急死）」とするが、『公卿補任』の書写と形成に関わった山科言継は、日記『言継卿記』同年四月二七日条で「酔死」とする。菅原道真の霊廟近くで、道真の子孫にして勅使の長淳が酒の飲みすぎで死去したとあってはかっこうがつかないので、言継かその子山科言経（やましなときつね）あたりが気をつかって『補任』では頓死にしたのかもしれない。『肥陽軍記（ひようぐんき）』によると、三月二二日、大内家肥前国代官の龍造寺胤栄が死去したため、同氏分家水ヶ江龍造寺家兼（天文一五年死去）の曽孫胤信（たねのぶ）（後の隆信（たかのぶ））が本家を継承する。『北肥戦誌』によると、これを好機とみた筑後国で逼塞中の少弐冬尚が再挙し、肥前国に帰国したとするが、ありうる話である。

陶隆房の昇進

大内家は四月二日付で、備後国で合戦を展開中の芸備方面代官弘中隆兼による安芸国衆久芳途重（くばみちしげ）の対馬守（つしまのかみ）官途称許可申請を認める（『閥』四―一一〇頁）。近現代でいう野戦任官（やせんにんかん）ではないが、前線指揮官の権限として注目される。隆兼の申請文書は義隆が戦況検分のために前線に派遣していた上使吉見興滋によってもたらされたものである。途重の子は兼重（かねしげ）であるが、経緯からして「兼」はほぼ確実に隆兼の偏諱であろう。

『歴名土代』によると四月一六日、周防国守護代陶隆房が従五位下より従五位上に昇進する。隆房は二八歳である。長門国守護代内藤興盛は世襲守護代家中唯一、『歴名土代』に名前が見えないので位階昇進を拒んでいたのかもしれないが、隆房は異なる。昇進している以上、各種の軍記物にみえる隆房が義隆の官位上昇をにがにがしく思っていたという評価は当たらないだろう。

これで分国における最高実力者の隆房は、従四位下の沼間隆清、正五位下の冷泉隆豊に次ぐ三番目の位階となった。外様国衆毛利元就やその他の大内家有力被官多数が保有する従五位下の格上に昇進したことの意義は小さくないだろう。以後、このいわゆる「大内家諸大夫」の位階席次は、上から、従四位下の隆清・正五位下の隆豊・従五位上の隆房の上位三名を別格とし、その他は全員、従五位下という体制で義隆が死去するまで固定することになる。ただ、新規の従五位下昇進者は以後も生まれる。

村上善鶴丸

大内家は、このころと思われる五月二一日付で、和泉国堺の商人、紅屋五郎右衛門に対し、興味深い被官連署書状を発給する（『広』二―三〇頁）。同書状の大意は「唐荷駄別役銭の事。（かつて）村上善鶴丸が（大内家に）愁訴したので、（善鶴丸に同銭を徴収せよと）お命じになった。そうしたところ、（今回、紅屋より）『（善鶴丸が）厳島その他の津々浦々において荷物点検をするので迷惑である』との言上があったので、これを（義隆に）披露した。（義隆は紅屋の訴えを）ご了解なされ、『堺津において、日向・薩摩唐荷役を賦課せよ』と村上（善鶴丸）にお命じになった」というものである。

この村上善鶴丸は、状況と与えた権限の大きさからすれば、後の能島村上武吉か、その早世した兄などの可能性があろう。幼名で当主扱いされているので、武吉の父で、親大内家だった能島村上義忠はこのころまでに死去していたことになろう。善鶴丸を軍事的に支援しているのは、伊予国越智郡能島城に在城していた安芸国厳島神主佐伯景教とその配下の大内水軍だろう。

堺には、大永年間（一五二一〜二八年）に「紅谷庵」という草庵を建造した紅屋喜平という商人がいたので、紅屋五郎右衛門はその一族筋の者と思われる。また、大内家分国から堺にもたらされる「唐荷（中国大陸由来の積荷）」が、「日向・薩摩唐荷」と表現されているのも興味深い。大内家は数年に一度の遣明船を肥前国五島列島より出しているが、恒常的にとりあつかっている唐荷は、中継貿易で知られる琉球王国・薩摩・日向経由の荷なのかもしれない。なお、同文書の年代比定は、本文に、天文二〇年九月に死去する岡部隆景（興景の子）が加判していることと、同時に作成されたらしき、同日付の数通ある別文書の包紙に、同文書の日下加判者（日付の下に署名する責任者のこと）で、天文一六年閏七月ごろまで右京進である青景隆著の官途称が、越後守になっているためである。

六角定頼との交信

六月二日、長門国国衆山田言輔らの大内勢が、備後国安那郡「神辺表」で、同村尾城主山名理興勢と戦う（『閥』三—三五一頁）。六月五日には、同石津氏宗らの大内勢が「神辺表」で理興勢と戦う（『山』四—二六七頁）。この軍勢の総大将は弘中隆兼だろうが、言輔の「言」は小原隆言の偏諱であろうし、両人の戦功報告は小原隆言がおこなっているので、この軍勢の指揮官は隆言であろう。

『言継卿記』によると、六月四日、廷臣山科言継が京都で大内家使僧宝積院（山口県光市カ）の伯西堂と面会する。この使僧の役目は、中央政局の情報収集と前将軍義晴・将軍義藤親子の安否確認だろう。近江国六角定頼は恐らくこの伯西堂と接触し、義隆に対する書状を託す（『六』六四九）。書状の大意は「昨日七日に公方様（義藤）が御入洛された。公私にとって大慶である。お喜びだろう。参洛について定頼は再三辞退したのだが、堅い上意であったので、供奉を致した。情勢については宝性院（宝積院カ）より御演説があろう」というものである（あて名は「謹上　大宰大弐殿」）。長年の薄い友好関係にある定頼からの連絡なので、義隆としては、多少悔しく、その上洛意志も刺激されたことだろう。

備後国神辺村尾城の戦い

六月一八日、弘中隆兼・安芸国衆毛利隆元・同吉川元春らの大内勢が、備後国安那郡の「神辺表」や「神辺固屋口」で同村尾城主山名理興勢と戦い、二〇日にも戦う（『閥』四―一一〇頁・『吉』五〇七・『閥』三―一五二頁）。この戦いは吉川元春にとっては、吉川家当主となってからははじめてのものだろう。なお、同攻城戦で大内家は「豊澄」という者を擁立している（『山』三―九九七頁）。これは、『芸藩通志』のいう御調郡高根山城（広島県三原市）城主山名豊澄のことであろう。この者は、名前からすれば、前伯耆国守護職山名澄之の子が、但馬国山名家本家当主山名祐豊から「豊」偏諱をもらったようにみえる。もしそうなら、尼子方の伯耆国守護職家筋にして、備後国にも所領をもっていたらしき前述の山名豊興の弟ということになる。となると、この豊澄こそが、前述した、伯耆国における親大内家の「山名六郎」その人で、豊澄はこのころまで

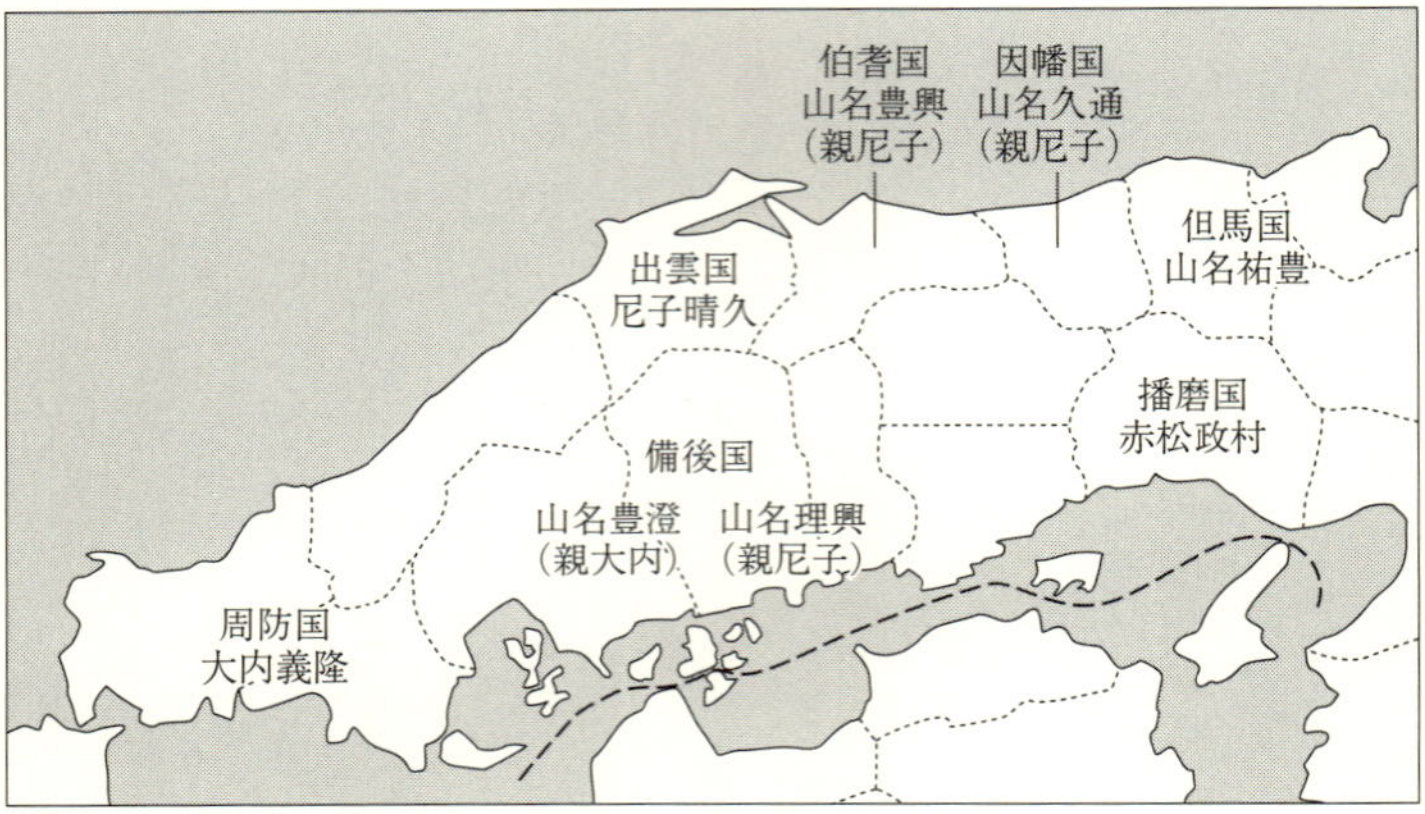

備後国における山名氏の勢力関係略図

に、尼子家と兄の豊興に敗れ、備後国の所領に逃れてきていたということになろう。そうであるならば、大内家による山名豊澄の擁立は、とりあえずは、山名理興の貴種性に対抗するためであろうが、理興を打倒した後には、豊澄を押し立てての伯耆国への侵攻もなくはないという含みがあったであろう。もしも、大内家が伯耆国を影響下に収めれば、但馬国の山名祐豊と連携して因幡国を東西から圧迫することができる上、出雲国の尼子晴久を包囲することも可能である。

青景隆著の不満

義隆側近の青景隆著はこの年と思われる七月一日付で安芸国衆毛利氏使僧策雲竹英に対し、毛利元就の山口下向と自身の備後国（神辺）への出陣が決定したと述べる（『吉』三九二）。隆著は、出陣にあたって元就と面談したかったが「世上が難しいので状況による」とし、自身の出陣の理由は「諸国衆と弘三（弘中三河守隆兼の略称）の働きの浅深を見極めるため」とする。隆著の役目はまさに軍目付であるが、

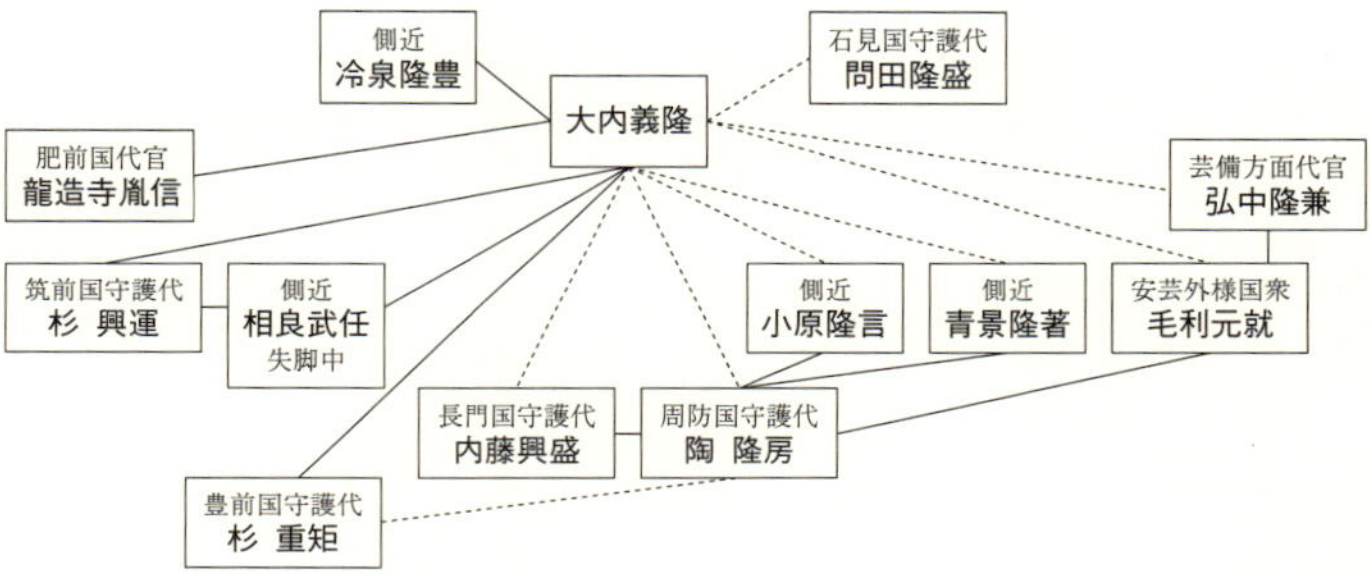

天文17年ごろの大内家の相関図
実線は良好な関係を，点線は曖昧か険悪な関係をさす。

世上が難しいというのは、隆著は、「相良武任申状写」によると、このころより義隆との対立を深めていた周防国守護代陶隆房派の人物で、隆房の意向を受けて元就の抱き込みを図っていた人物とされるので、それ絡みのことだろう。そして、注目されるのは、隆著は「従爰元にき丶丶と御勢立候へかしと存候へとも、只拙者之覚悟と候上者、おも丶丶敷申候するも如何候（こちらからにぎにぎしく御軍勢が出陣するべきだと思うが、それは拙者一人の考えなので、あまり申すべきではない）」と述べている点である。こちらからの御軍勢というのは、義隆と義隆直営の軍勢のこと以外にありえない。

ここまでの経緯からして、義隆が率兵上洛の企図をもっていたことは間違いない。ただ、義隆には、「出雲遠征」敗戦という苦い経験がある。出陣を厭うような、恐ろしく思うような気持ちがあったのだろう。そのため、このころ、陶隆房や青景隆著が、備後国神辺村尾城攻めの総仕上げのため、義隆みずから備後国へ出陣してほしいと言上され、それに煮え切らない態度をみせてしまったのかもしれない。であれば、隆著の発言は、主君義隆の軍事に対する弱腰を暗に非難するものということになろう。結局のところ、これが義隆と、隆房や隆著の決裂の原因ではなかろうか。隆房や隆著は、いずれも、朝廷より正式に官位を受けているし、義隆は、なにも一代で公卿化したわけではないので、そのことには、それほど不満は持っていなかったと思われる。安易に、「官打（官位が高くなりすぎて、かえって不幸になること）」の思想と結びつける必要もないだろう。そのようなことよりも、武断で鳴らした大内家当主として、出陣を厭うとは何事かといった不満と失望の方が大きかったのではなかろうか。

『明史』によると、この六月、寧波あたりで足止めされていた策彦周良を正使とする大内家主催の遣明使節団（通称、天文一六年度）が再度、明帝国の朝廷と交渉し、交易と新勘合符の受給に成功する。このとき明側は古い勘合符をすべて提出するようせまったが、周良は一五通を身分保証のために手元に残し、四〇通を返還することで新勘合符を得る。

公儀の合戦

この年のものと思われる七月一〇日付の毛利元就の書状（『閥』二―七四七頁）によると、「防州（義隆）」はこのごろ、備後国安那郡「神辺表」周辺の「稲薙（兵粮を確保する目的と、敵兵の士気を削ぐ目的でおこなわれる常套戦術）」と、備後国の「外郡衆（南部）」のみならず「内郡（内陸部）」国衆の動員の徹底を攻城指揮官の弘中隆兼と小原隆言に命じている。この文書で隆言は「小原安芸守」と称されていて、これ以前に隆言が官途称を六郎左衛門から安芸守に改めていたことが知れる。隆言は安芸国関連の任務をこなすことが多いため、これは隣国官途称とはいえず、任務を円滑におこなうための箔付けのための当国官途称ということになろう。

また、安芸国西条衆の備後出陣が決定されているが、弘中隆兼勢と西条勢が分けて書かれているので、このころまでにこの小原隆言か青景隆著あたりが東西条代官に就任し、同職は芸備方面代官の隆兼とあわせて、複数体制になっていたのかもしれない。なお、元就はこの戦さを「公儀」によるものとする。この戦さが、地域的、地方的な大規模権力である義隆個人と大内家が展開する公戦という意味だろうが、義隆が上洛をし、前将軍義晴と将軍義藤親子を支えるための前哨戦との含意がある可能性もある。

相良武任の再出仕

「相良武任申状」によると、義隆は八月ごろ、相良武任を再出仕させる。武任はこのとき、大内家の財政担当奉行である政所と評定衆に復したものと思われる。義隆としては、家中に不穏な空気を感じて周囲を固めたかったのであろうし、側近に財務と文書作成業務に長けた武任がいないと不便だったのだろう。

この武任は、天文一四年五月に、出家・隠遁し、筑前国守護代杉興運に庇護されていた。武任は再出仕したあと、父祖の正任が出家後、漢字を変えず、よみを音読みにして「ショウジン」と称した先例にならい、名前を「ブジン」などと音読みし、法体のまま義隆に仕えたとする先行研究〔中島：二〇一六〕もある。しかし、武任は再出仕後、竪紙（紙を折らずに使用した文書のこと。折って使用された折紙よりも厚礼とされる）の大内家奉行人奉書に「遠江前司」の肩書で加判している。出家している者が竪紙の奉書に署名をする際は「沙弥」とするのが作法である。武任は文書作成に長けている人物であるため、当然この作法を知っているであろう。とすると、武任は天文一四年に隠遁した際、実際には髪をそらなかったか、あるいは再出仕の際に還俗していたということになろう。

ちなみに、分国には、俗名を音読みすることで法名にするという事例が相良正任の他にもある。二代義弘は、足利義満が出家した際、一種の政治パフォーマンスとして、その出家につきあっていたが、『兼淳朝臣記』の応永五年（一三九八）年八月七日条に「大内左京権大夫入道義弘〈法名・俗名通用〉」とある。義弘は漢字をそのままに法名とし、これを音読みして、「ギコウ」入道を名乗っていたらしい。この現象は史料文言ままに、「法名・俗名通用」事例と呼んでよさそうである。他地域・他時代でもある事例なのだろうか。難読の下の名前は音読みしてお茶を濁すという現在でもある風習にも通じそうで、興味深い。

武任の話に戻るが、武任がわざわざ、前の国司という意味の前司を称したのは、武任の遠江守が朝廷の許可を受けた正式任官であり、前述したように、分国には、廷臣三条西実隆の指南によって、国司系官職には任期があるとの意識があったためであろう。

大内家は九月九日付で安芸国衆毛利元就に対し、元就の子の吉川元春による正式な吉川氏家督の相続に備え、同国東西条衆笠井正盛（正盛の「正」が、大内家の〝みなし偏諱〟なら、よみは「ただもり」となる）らを吉川氏本城同国山県郡火野山城に派遣すると述べる。東西条衆の派遣は元就の要請による（『吉』四三二）。

従二位昇進

『御ゆとの、うへの日記』によると、九月一一日、周防国に在国していた廷臣持明院基規が帰洛する。『言継卿記』によると、後奈良天皇の要請を受けていた義隆が、一

○月二二日、基規を介して朝廷の内侍所臨時御神楽の費用を献上する。

この年らしき一一月三日付で備後国出陣中の安芸国衆沼田小早川又鶴丸（正平の子。後の繁平）が被官椋梨盛平に対し、安那郡神辺村尾城攻城軍総大将の弘中隆兼経由で「防州（義隆）」に帰国願いを出して拒否されたが、引き続き、「公方」に帰国を願うのでその援護を頼むと述べる（『小』一―一二五頁）。攻城戦の最中での帰国願いであるので、又鶴丸はよほど体調を崩していたのだろう。ここでいう公方とは、当然、将軍義藤のことではない。「防州」もそうであるが、こうした際の「公方」は、関東、相模国の後北条家における「大途」やそれをもとにした「公儀」に関する議論［久保：二〇〇二］を参考にすると、義隆個人のことであり、大内家のことであり、分国総体のことと考えるべきであろう。

安芸国東西条代官の一人らしき青景隆著は、一一月二七日付で安芸国大厳寺尊海に対し、同国厳島社に送られた二つの勅額について、楷書体の方は外鳥居に用い、草書体の方は内宮の額とされよと述べる（『広』二―三六頁）。義隆は一二月一〇日付で安芸国衆吉川元春に対し、この六月一八・二〇日の備後国安那郡神辺「村尾城下」の戦いにおける戦功を誉める（『吉』五〇八）。大内家側の史料で、村尾城の名前が出てくるのはこれがはじめてである。大内勢が神辺領における戦いに勝利し、山名理興が籠城する村尾城に肉薄したということであろう。大内家は一二月一五日付で備後国衆杉原氏被官横山盛資に対し、大内家被官菅田宣真と協力して調略をおこなうとしたことを賞する（『広』四―八六三頁）。神辺村尾城攻めもいよいよ大詰めである。

『公卿補任』によると、この月、義隆が従三位から従二位に昇進する。義隆は四二歳である。帰洛した持明院基規を介した内侍所臨時御神楽費用献上の功績によるものだろう。義隆は、父義興の位階を越えたことになる。

2　御家競望

小田村備前守誅伐命令

「相良武任申状」によると、天文一八年（一五四八）一月、義隆は筑前国衆麻生家重被官、小田村備前守（おだむらびぜんのかみ）の誅伐を命じる。家重は麻生氏の分家出身だが義隆より本家当主扱いをされている人物である。小田村某誅伐の成否は不明だが、より重大であるのは、小田村某の謀叛計画に周防国守護代陶隆房が関与しているとの噂が立ったことであった。これは隆房と家重が兄弟契約を結んでいたため持ちあがった噂であったので、隆房もこれを等閑視せず、そのことを記した兄弟契約状を義隆に提出し、潔白を陳弁する。

処置に迷った義隆は、内々に、側近で評定衆の相良武任を豊前国守護代杉重矩のもとへ派遣する。すると、重矩は「これこそ、数年来、申しあげてきたが、一向にご理解を得られなかったことである。御運も末と存ずる。隆房の企ては明らかであるのに、それを断罪するお覚悟がないのだ」という。これを受けて武任は「隆房の覚悟とはなんのことか」と聞く。すると、重矩は「御家競望（謀叛である）」という。そこで武任は「それはありえない。仮に隆房がそのように考えていたとしても、家臣達が隆房を主君に仰ぐだろうか」と述べる。すると、重矩は「武任は近年出仕していなかったので、世上の情勢を知らないのだ。大内家御家人は大小・老若、その他、御分国中の土民・商人以下までもが、ことごとく、隆房の配下となっている。隆房は、（義隆の）側近の若年の衆まで味方に引き入れているので、御前のことは筒抜けである。隆房は早晩、（義隆に対して）忠節をつらぬこうとする者を滅ぼしにかかるだろう。小田村の件は、麻生家重が謀叛を企む隆房に同心せず、「上意（義隆）」を大切に考えたので、発覚したのである」という。

武任は仰天し、ともかくも山口に帰る。そして、重矩の発言を詳しく義隆に言上する。すると、義隆は「そのことである。重矩はそのようなことを繰り返し申し述べてきた」という。そこで武任は「隆房がそのような分不相応な考えをもっていたとしても、大内家の御家人が隆房を主君と思うわけがない。この点は無理があると重矩に申した」と言上する。すると、義隆は「それは考えが至らなかった。隆房謀叛と決めつけぬようにしよう」と述べる。武任は「とはいえ、重矩ともあろう者が申したこと。長門国守護代内藤興盛にも相談なされては」と言上する。すると、義隆は興盛のもとを訪ねて意見を聞くよう命ずる。

そこで武任は、重矩の申し立てであるということは伏せて、興盛にこの件の相談をする。すると興盛は「武任の主張は不確かである。ではあるが実否は知らない。いずれにせよ、重要な相談を持ち掛けて頂いたことはかたじけない」という。

どこかのんびりしている義隆と、いら立っている杉重矩と、義隆のために奔走する武任と、礼節を尽しているようにみえて一番冷めたい反応をしている内藤興盛、といった各人の様子がよくうかがえる。興盛の冷淡な反応は政弘期長門国守護代内藤弘矩（義隆の母親、東向殿の父）の横死によるものだろう。興盛からみて伯父にあたる弘矩の横死は、政弘・義興期大内家と周防国守護代陶氏の権力闘争に巻き込まれたことによる可能性が高いので、興盛としては、その轍は踏まないとばかりに静観を決め込んでいたのだろう。

元就山口下向

備後戦線における大内家優勢によって余裕が生まれたことを受けてか、「元就公山口御下向之節饗応次第」によると、二月一四日、安芸国衆毛利元就が山口に下向する。これは、次男元春の吉川氏相続と、三男隆景の竹原小早川氏相続の礼のためである。宿所は山口の浄光寺であった。元就の在山口中の行動については「天文一八年毛利元就山口下向時の日程」にまとめ、山口到着時に元就が各所へ贈った礼物については「天文一八年毛利元就山口下向時の礼物一覧」にまとめた。

日程の特徴としては、4のように、義隆よりも先に東西条衆らしき笠井源七に挨拶をしている点、義隆に会った後は、6のように安芸国東西条代官らしき青景隆著に会っている点が注目される。笠井源七を丁重に扱ったのは、次男吉川元春の火野山城受け取りの際に、笠井正盛に兵を出してもらったことへの返礼だろう。また、7・15・24にように嫡男毛利隆元の妻の実父である長門国守護代内藤興盛に滞在中、少なくとも三度会っている点もうなずける。陪臣（家臣の家臣）であるのに挨拶をしたのは16の周防国守護代陶隆房有力被官の江良房栄と、12・17の豊前国守護代杉重矩被官の毛利少輔

天文18年毛利元就山口下向時の日程

	月　日	日　　程	備　　考
1	2月14日	山口到着	
2	2月26日	宿所浄光寺に移動	
3	3月1日	大内館へ到着報告	
4	3月3日	笠井源七の饗応	源七は笠井正盛の一族ヵ
5	3月5日	義隆の饗応	
6	3月9日	青景隆著の饗応	
7	3月11日	内藤興盛の饗応	
8	3月16日	陶隆房の饗応	
9	3月17日	吉見興滋の饗応	
10	3月18日	佐波隆連の饗応	
11	3月19日	陶隆房の饗応	2度目
12	3月19日	毛利少輔五郎の饗応	少輔五郎は杉重矩被官
13	3月23日	義隆・陶隆房の饗応	2度目・3度目
14	3月27日	岩正宮内丞の饗応	
15	3月29日	内藤興盛の饗応	2度目
16	4月2日	江良房栄の饗応	房栄は陶隆房被官
17	4月12日	毛利少輔五郎の饗応	2度目
18	4月14日	陶隆房の饗応	4度目
19	4月18日	小笠原与五郎の饗応	与五郎は小笠原長徳の一族
20	4月20日	佐波善太郎の饗応	善太郎は佐波隆連の一族ヵ
21	4月23日	吉見興滋の饗応	2度目
22	4月24日	天野隆良の饗応	隆良は金明山天野隆重の弟
23	4月26日	義隆の饗応	3度目。茶湯で挨拶
24	4月晦日	内藤興盛の饗応	3度目
25	5月15日	義隆への暇乞い申し入れ	
26	5月17日	義隆よりの暇乞い挨拶	
27	5月18日	山口出発	

天文18年毛利元就山口下向時の礼物一覧

	礼　　物	礼物の贈り先	礼物贈り先の備考
1	1万疋・太刀	義隆への挨拶	
2	1000疋・太刀	義尊への挨拶	
3	1000疋・紙10帖	本女中への挨拶	義隆正室。廷臣万里小路秀房の娘
4	1000疋・紙10帖	東向殿への挨拶	義隆母。内藤弘矩の娘
5	1000疋・紙10帖	御新造様への挨拶	義隆側室。義尊の母。廷臣広橋兼秀の養女（実は小槻伊治の娘）
6	1000疋・紙10帖	高徳院御新造様への挨拶	義隆側室。廷臣広橋兼秀の娘
7	500疋・紙10帖	大宮殿	義隆岳父廷臣小槻伊治
8	300疋・紙10帖	高徳院殿	六代政弘妹，弘宙
9	300疋	御馬料	
10	300疋・太刀	次男元春が吉川氏家督を継承した挨拶	
11	300疋・太刀	三男隆景が竹原小早川氏家督を継承した挨拶	

五郎（ごろう）だが、少輔五郎は同姓のよしみということだろう。19の小笠原与五郎は石見国衆小笠原長雄・長徳父子の一族で、義隆の近習を務める、ありていにいえば人質だろう。元就は特に19・20・21で、名門石見国衆の小笠原・佐波・吉見氏の者に連続して挨拶しているので、大内家の石見支配はまず安定していると感じたであろう。

礼物の特徴としては、この書き方からすれば、少なくとも天文一八年段階での義隆の奥向きにおいて、「本女中様（ほんじょちゅうさま）」（正室万里小路貞子）の権勢が失墜していないこと、義隆側室で嫡子義尊生母の「御新造様（ごしんぞうさま）」（廷臣小槻伊治の娘で廷臣広橋兼秀の養女。広橋兼子。通称「おさい」。元、正室貞子の侍女）の権勢が、実家の身分差（小槻家より広橋家の方がはるかに格上）を超えて「高徳院御新造」（廷臣広橋兼秀の実の娘）の権勢を上回った様子がうかがえる。また、それにともない、元就が7のように、在山口廷臣の小槻伊治に礼物を贈っていることからすれば、分国における伊治の権勢が無視できないものになっていることがうかがえる。

このころ、「相良武任申状」によると、陶隆房派の青景隆著が周旋し、夜な夜な隆房の屋敷に元就を呼んで義隆打倒の密談をかわしたという。

三月一五日、長門国守護代内藤興盛の命により、同小守護代勝間田盛治が「長門国守護代記」を作成し、正本を山口の御倉に納める。安芸国東西条代官の一人らしき青景隆著は、四月一五日付で毛利氏使僧興禅寺策雲竹英に対し、同国衆吉川・笠間・出羽氏における各人の家督相続・官途状発給の取次をおこなうと述べる（『吉』六〇六）。隆著の権限が大きくみえるが、それは同役らしき弘中隆兼と小原隆言が備後戦線にいて不在だからであろう。

二月二六日、安芸国衆竹原小早川隆景らの大内勢が、備後国安那郡神辺の「村尾要害麓」で城主山名理興勢と戦う（『小』二―一五一頁）。四月六日と四月一六日には、杉重輔らの大内勢が「神辺城下」で理興勢と戦い、一七日には山田言輔・安芸国衆平賀隆宗らの大内勢が「神辺表」「籠屋口」で理興勢と戦う。すべて神辺村尾城の戦いを指すが、これらの戦功を上申したのはいずれも、軍目付をつとめていたらしき小原隆言である（『閥』二―七八二頁、『閥』三―三五一頁、『平賀』一六九）。

『明史』によれば、四月一八日、大内家主催の策彦周良を正使とする遣明使節団（通称、天文一六年度）が明帝国北京に入り、やがて同国宮中に参内する。「前住円覚策彦良禅師行実」によると、このとき策彦周良は、遣明船は一〇年一度なのにそれ未満で来訪した理由を、大内家の宝蔵が賊徒に襲われ「勘合符券」を盗まれたからということにしていたらしい。

吉川元春の山口下向

このころ、毛利元就の次男の吉川元春が備後国の戦線から山口を訪れる。元春が備後を離れることができたのは、元春は神辺村尾城攻めの部将ではあっても、大将ではないからである。義隆は元春を引見し、四月二二日付で元春の吉川氏家督継承を認め、あわせて治部少輔の官途称を許す。これらの諸儀式は青景隆著が担当奉行を務めたらしい。元春はこの儀式が終わると、父元就を山口に残して、備後戦線に戻る。元春のことだから、元就にろくに挨拶もしなかったのではなかろうか。後年、元就は、長男隆元より、弟の元春と隆景に無視されているという愚痴をこぼされた際、元春と隆景は、自分にすら、ろくに挨拶もしないのだから気にするなと慰めている。なお、このころ、青景隆著は元春に「元春を疎かにしない」という「典厩（元就）」の意向を伝えたことで、そのことへの謝意が述べられた元春よりの「懇札（丁寧な書状のこと）」を送られている。

だから、このころ、毛利元就・吉川元春父子は、大内家被官の仲裁が必要なほどに、不和になっていたらしい（『吉』六〇七・四三〇・四三一）。これこそが、元就が元春や隆景を他家の養子に出した際の憂慮であり、あるいは、義隆や大内家の真の狙いであったかもしれない。

大内家は五月一五日付で青景隆著を介し、吉川元春に対し、元春が安堵申請した吉川氏所領群のうち、石見国永安別符という所領のみは安堵を拒否し、これを同国衆三隅氏領とする（『吉』四四〇・四四一）。このとき大内家は、まるで幕府のように、元春の主張の論拠となる文書一二通を山口に取り寄せ、審査・裁判をおこなっている。その結果、永安別符に限ってということにはなるが、在山口中の元就の次男元春の申請を却下したことになるので、大内家では政治情勢よりも法理優先の裁判をおこなったとの見方もできる。無論、益田氏に押される一方の三隅氏を見捨てられないという政治的配慮も考慮すべきであるが。

また、そろそろ大内家でも、過度な元就と隆元（毛利）・元春（吉川）・隆景（小早川）親子の優遇路線をやめた方がよいのではという動きがではじめていたとみることもできる。ただ、それが義隆の意向であるのか、周防国守護代陶隆房の意向であるのかはわかりにくい。何度か触れたように、権臣青景隆著は「相良武任申状」では隆房派と評価されているので、それに従えば、これは隆房の意向ということになろうか。となると、ややこしいが、義隆は元就親子を重視する方針をもっていて、一方の陶隆房は後年の行動からすれば、本心としては元就親子を警戒しているものの、義隆打倒のために、あえて元就に接近しているという構図になる。であれば、これは隆房の本音が透けてみえた判断ということになろうか。

五月一八日、山口を訪れていた安芸国衆毛利元就が帰国する。義隆はこの日付で元就に対し、「終身不可存隔心候（終生、疎かには思わない）」と述べる。結果的にいえば、元就が義隆の姿を見たのはこれで最後ということになる（『山』二―八九二頁）。

大内晴英の願文

この五月、義隆と養嗣子契約を結んでいた豊後国大友義鑑の子の晴英が「周防介晴英」の署名で、豊前国宇佐八幡宮に対し、興味深い願文を納める（『宇』一―二―四二八～三〇頁）。趣旨は義隆に実子義尊が誕生したことで養嗣子契約が反故となり、恥を受けたのでそれをすすぎたいというものである。ここで晴英は、古代中国における堯から舜への禅譲の話や、周の成王が周公旦の諫言によって弟叔虞を唐に封じたことで晋が建国された古事を引用しつつ、契約を破った義隆を暗に非難する。前者は実子がありながら徳のある者に帝位を譲った話で、後者は封土を与えるとした冗談を王が取り消そうとしたところ、宰相から王に冗談はないと諫言され、冗談半分の王の約束が実現した話である。晴英としては、実子が生まれたとしても養嗣子契約を守るべきだし、大内家の後継者は、血筋よりも、器量や徳によって定めるべきではないかといいたいのであろう。

備後国神辺村尾城攻略

六月一八日、備後国安那郡の「神辺要害」や「神辺要害固屋口」において、安芸国西条衆の石井宣家・久芳明秀らの大内勢が神辺村尾城主山名理興勢と交戦する（『広』四―二九五頁、『閥』四―一一〇頁）。彼らの戦功を義隆に上申しているのは、弘中隆兼なので、このころ、隆兼直営の安芸国系の軍勢が同城に猛攻をしかけていたらしい。なお、小原隆言はこれらの戦功を賞する大内家奉行人奉書に加判しているので、これ以前に山口に戻っている。義隆は七月三日付で「神辺面（表）」において戦功のあった吉原弥七に対し、治部丞の官途称を許す（「譜録」）。ただ、同日、村尾城攻めのさなか、大内勢の安芸国衆平賀隆宗が死去する。平賀氏の家譜には「運之矢」を受けたとあるので流れ矢があたったのかもしれない（『平賀』二四八）。

九月四日夜、弘中隆兼率いる大内勢がついに神辺村尾城を攻略する。毛利元就は九月七日付でこのことを有力被官の福原貞俊（ふくばらさだとし）に対して伝えているが、その文面は「神辺之事、去四日夜落居必定候、理興事被切抜之由候、実説候者自是可申入候、先々当秋之動有間敷候（神辺村尾城が去る四日に落城したことは間違いない。理興はお切り抜けになったということである。確かな情報があればこちらから申し入れる。ひとまず、本年秋の戦さはないだろう）」というものである（『福』上―二二頁）。元就が、敵である理興の行為を「お切り抜けになった」と敬語を使用しているのは、山名家一門への敬意ということであろう。そして、秋の戦さがなくなったことに安堵している様子からすれば、毛利氏も、少なからず疲弊していたらしい。

『言継卿記』によると、九月五日、これ以前に義隆より朝廷に対して一万疋（一〇〇貫文、一〇〇〇万円程度）の献上があったため、禁裏で楊弓（ようきゅう）の会が開かれる。周防国守護代陶隆房は九月八日付で安芸国衆平賀弘保に対し、嫡孫隆宗死去の悔やみをいい、家督相続人については、「神辺一着以後（神辺村尾城を攻略した後）」に定めるので、その際に再び言上されよとする。また、それについては義隆から直接、申し出があるだろうとする（『平賀』六六）。在山口の隆房は、この段階では、神辺村尾城の攻略を知らなかったのだろうし、攻略には今少し時がかかるとみていたのだろう。ただ、この数日後には義隆や隆房をはじめとした山口の人々も戦勝を知ったことだろう。

義隆は九月一三日付で備後国衆宮氏の庶流、有地美作守（あるじみまさかのかみ）に対し、「村尾城頓落居之由候、先以可然候、理興討漏之条、猶以無心元候間、隆兼・隆著差遣候（神辺村尾城がにわかに落城したとのことでまずはよかった。しかし、城主山名理興を討ち漏らしたことは、なおも心配なことであるので、弘中隆兼と青景隆著を派遣した)」とし、両人への協力を要請する(「有地」)。隆兼については神辺村尾城攻撃の総指揮をとっていたので、改めて理興の追撃と捜索を命じたということであろう。隆著はここまで在山口であったので、このころ、備後より山口に戻っていた小原隆言と交替の形で、備後出陣の命が下っていたらしい。義隆は一一月三日付で備後国衆湯浅五郎次郎に対し、青景隆著を「村尾要害」に配置したと述べているので、隆著は、村尾城の城督の一人になったらしい(『閥』三―二七六頁)。かつて、備後国守護所でもあった神辺領の村尾城攻略は、大内家が備後国南部に大きな橋頭保を築いたことを意味する。

勝利の影響

弘中隆兼は、神辺村尾城攻城中、備後戦線から本拠の安芸国東西条槌山城に何度か戻ったことがあったかもしれないが、経緯からして、攻城戦の総大将であったとみてよい。だから、義隆が村尾城城督に青景隆著を起用したことは不満であったかもしれない。しかし、安芸国佐東郡銀山城城督の事例をはじめとして、城督は一人とは限らない。主要な城督が隆兼で、軍目付的な立ち位置の城督が隆著ということであれば、隆兼としても不満は感じなかったかもしれない。

それはさておき、結果的にいえば、これが義隆最末期の本格的外征で、それは、意外にも勝ち戦さに終わったということになる。義隆は軍事についての自信を取り戻しただろうし、義隆の軍事における弱腰を批判的な目で眺めていたらしき陶隆房や青景隆著からすれば、この勝利はむしろ、想定外であったろう。現代風にいえば、革新派を称する副社長や有力部長がすすめていた社内クーデターの敢行前日に、保守派のレッテルを張られていた社長肝いりのビッグプロジェクトが成功したようなものである。

このうち、青景隆著については、最前線の村尾城城督の一人に起用された手前、反義隆の気組をうまくはずされたかもしれない。隆房としても、備後戦線の不調を理由に義隆に対し、穏便に引退をすすめる腹積もりがくるったようなことがあったかもしれない。仮に引退の提案を強行しても、自信を回復した可能性が高い義隆は応じないだろう。

生真面目な弘中隆兼の奮闘と勝利が、諸方の心理に微妙な影響を与えたことだろう。隆房は、この戦勝を受け、かえって穏便な案を捨て、義隆弑逆の思いを強めたかもしれない。

『言継卿記』によれば、一一月一〇日、廷臣転法輪三条公頼・持明院基規が周防国山口をめざして京都を出発する。結果的にいえば、間が悪い、気の毒な公家衆である。

備中国の戦局　様々な思惑が交錯するなか、義隆は備後国をほぼ手中に収めた。次に義隆が目をむけたのは備中国の情勢である。義隆はこれについて、このころらしき一一月一七日付で安芸国衆毛利元就に対し、興味深い書状を送る（『広』五―三七二頁）。その大意は「(備中国) 三村に敵が出陣してきたので、(備後国神石(じんせき)郡) 志摩利口まで早々に出陣せよ。外郡 (備後国南部) 衆を動員するため小原安芸守 (隆言) を派遣した」というものである。冒頭の三村とは、備中国衆三村家親の本貫地である小田(おだ)郡星田の近辺らしき三村荘のことだろう。恐らく、大内勢による備後国平定を牽制するため、出雲国尼子家方の軍勢が攻め寄せていたのだろう。前述したように、義隆の対備中国政策は庄為資と三村家親を頼りにするというものであった。だから、義隆は、家親の救援要請を受けて小原隆言と元就の備中派兵を決めたのだろう。隆言が備後・備中方面に派遣されたのは、芸備方面代官弘中隆兼が働きづめで、青景隆著は備後国神辺村尾城での戦後処理に忙しかったからだろう。この文書の年代比定は、備後国外郡衆を動員しての備中国出陣は、山名理興が村尾城に籠城している間は難しいとみたことによる。

長門国守護代内藤興盛は一一月一九日付で娘聟である安芸国衆毛利隆元に対し、戦勝を祝して、先代義興期永正八年(一五一一)の「船岡山合戦」以来着用という鎧を贈る(『毛』三〇六)。戦勝とは時期的にみて、明らかに神辺村尾城の戦いである。興盛は周防国守護代陶隆房同様、これへ参戦した形跡はないが、この戦いに特に反対していたわけではなさそうである。

石見国　大田造山城の戦い

一一月二四日、石見国衆吉川経冬・同小笠原長雄らの大内勢が、出雲国と石見国の国境地帯である「安濃郡大田表」・「太田造山」に攻め込む(『吉』石見―六三、『島』四九五頁)。相手は当然、尼子方の軍勢であろう。経冬の軍忠状は、「出雲遠征」の際、義隆が迩摩郡に派遣していた町野隆風にあてたもので、文章は「右、去廿四日、至安濃郡大田表御動之時(去る二四日に安濃郡大田表まで御進軍された際)」とはじまっている。だから、この戦いは町野隆風を総大将とする軍事活動だったとみてよい。隆風が出陣している以上、この戦いは義隆の命に基づくものということになる。備後国神辺村尾城攻略と連動した作戦であろう。前述したように、町野氏は本姓三善氏なので、同姓佐波氏系一族の協力を期待したものということになろう。

なお、この戦いで、経冬自身、右足に矢傷、左足に礫(投石)による傷をおっているのでそれなりの規模の激戦であったらしい。やはり、大内勢に属していた小笠原長雄は配下の平田彦兵衛（ひらたひこべえ）に対し、「太田造山に赴き、屏足（へいそく）（城壁の塀際）において数刻戦い、負傷したことは神妙である」と述べる。これらを勘案すると、この戦いは、義隆の「出雲遠征」失敗後、尼子家が国境を踏み越える形で築城していた石見国安濃郡大田造山城（おおだつくりやまじょう）（島根県大田市）とでもいうべき城砦を攻撃した攻城戦と思われる。経冬の負傷状況も、城方からの投石攻撃によるものと考えればつじつまがあう。この戦いについては関係史料が少なく、くわしいことはわからないが、結果的に、義隆の命にもとづくものとしては、大内軍、最後の外征となった。

陶隆房と杉重矩の和解

この冬、「相良武任申状」によると、ここまで不和であった周防国守護代陶隆房と豊前国守護代杉重矩が和解する。武任は「重矩は義隆に隆房謀叛の言上をしたことが隆房に露顕すると一大事と考え、どういいつくろったのかはわからないが和解をし、挙句の果てに武任に（責任を押し付け）腹を切らせようとしている」とする。この申状は、隆房の謀叛計画のみに目がいきがちだが、重矩が隆房の謀叛計画の告発をしたものの、途中で腰砕けになって隆房と和解し、全責任を武任に押しつけようとしていることを非難する点にも力点が置かれている。

3　二階崩れの余波

尼子家との和睦交渉

天文一九年（一五五〇）一月一日付で義隆は妙見神社という神社に太刀・馬の寄進をする（「秦」）。大内家は渡来人の末裔を称するだけあって、航海に必須の北極星や北斗七星を重んずる妙見信仰を大切にする家（例えば、菩提寺興隆寺の鎮守が妙見社）であるので、各地の妙見神社を大切にすることに不思議はない。ただ、この寄進状が出雲国日御碕神社領の同国神門郡園村関連の文書群である「秦文書」の一通という点は興味深い。この妙見神社は、別名、長浜神社という園村にある妙見神社の可能性が高いのである。となると、義隆の寄進状が、どのようにして、宿敵、尼子家分国である出雲国の同社にもたらされたのかという問題がでてくる。推測すると、義隆はこのとき、第二次出雲遠征を計画中で、そのための調略の一環かという可能性はある。しかし、実は、大内家と尼子家は、管見の限り、ということにはなるが、天文一八年一一月の石見国安濃郡大田造山城の戦いを最後に直接的な合戦をおこなった形跡がない。そこからすれば、両家は一種の休戦協定を結んだか、和睦のための交渉中であった可能性がある。あるいは、尼子家が大田造山城の戦いの後に同城を放棄したことによって、大内家と尼子家の分国の国境が、きれいに石見国と出雲国の国境になったため、休戦の機運が高まったということかもしれない。そう考えれば、この寄進状は、和睦交渉のために月山富田城を訪問した大内家の使者がもたらしたものということになろう。ちなみに、この年の四月二五日付で大内家は「御家人之輩（大内家御家人）」が菩提寺周防国興隆寺近辺で屋敷地を構えたり、下作職を保有したりすることを禁じているが、その文書の加判者中最高位に名前がみえる石見国守護代問田隆盛の花押を書くべき箇所に「在城」とある。どうやら、隆盛は大田造山城の戦いとその後の尼子家との和睦交渉に備えてか、当時、本拠の石見国迩摩郡高城に在城していたらしい（『山』三―三二九頁）。

あるいは、義隆は、このころ方針を大転換し、尼子家と和睦をした上で、率兵上洛の素志に返ろうとしていたのかもしれない。

二階崩れの変　二月一〇日、豊後国大友家では、次期家督を廻る問題と家中内の勢力争いが絡み合った末、通称、「二階崩れの変」が発生し、当主大友義鑑が大友家被官の津久見氏・田口氏の軍勢に襲われて重傷を負う。事変の詳細についてはここでは踏み込まないが、義鑑は死の間際の二月一二日付で、全一一条からなる置文を作成する。

置文にみえる大内家に関する部分のみを紹介すると、第六条には、現在は大内家領となっている筑前国粕屋郡立花城を取り戻すかどうかはよく思案すべきとある。第七条には、筑後国の南北の連絡に都合の良い城を築くべきとある。第八条には、大内家との関係は「信無二の儀」が大切とある（『法制』四―二〇二頁）。

これは、あわよくば大内家をだしぬこうとする気配のあった義鑑の意向とも思えないので、義鑑殺害を使嗾した可能性が濃厚な、義鑑嫡子、義鎮の施政方針に近いものだろう。

義鎮新体制となった豊後国大友家は、このころらしき三月一五日付で大内家に対し、「大内家に流寓している田原次郎（親宏）が色々と謝罪を述べたので赦免することにした」とし、その帰国に協力してくれるよう要請する（『編年大友』一九―三五頁）。親宏は、大内家の客将として大友家を悩ませていた田原親董の弟である。これは、文面の通り、親宏が大友家の代替わりを契機としてそのような要請をしたことをうけてのものということかもしれないが、要は、大友家の新体制を大内家が容認するか否かを探るための瀬踏みということでもあろう。親宏が豊後国へ帰国するのは義隆の死後となるので、義隆の反応は不明である。

遣明船の帰国

「策彦和尚略伝」によると、六月九日、策彦周良を正使とする大内家主催の遣明使節団（通称、天文一六年度）が帰国する。船が四艘だったのであれば、大内家は一万二〇〇〇～一万六〇〇〇貫（一二億～一六億円程度）の収入を得た可能性がある。義隆期大内家は、通称天文七年度と通称天文一六年度の使節団の派遣によって、合計二一億～二八億円程度の収入を得た可能性があることになる。

また、大内家が、この両度の遣明使節団の派遣によって、当該期の日本へ、中国大陸の文物をもたらしたことはいうまでもないであろうが、それのみならず、〝フレッシュ〟な中国銭（宋銭・明銭）をかなりの量、もたらしたことも間違いないだろう。その規模は明らかにしえないが、京都や他地域の人々は大内家分国の人々の手垢のついた貨幣をつかわざるをえないのだから、大内家は、遣明船を独占することで、大袈裟にいえば、日本における事実上の通貨発行権を握っていたともいえる。

『言継卿記』によれば、これ以前に周防国に在国していたらしき義隆の岳父にして廷臣の広橋兼秀が六月一六日に堺に到着する。結果的にいえば、兼秀としては命拾いしたことになる。六月三〇日に義隆は、恐らく、兼秀を介して後奈良天皇に「銀鍺子」他の品を献上する。これは石見銀山産出の鏈（鉱石）のことだろう。事実上の通貨発行権を掌握していたのみならず、銀山経営まで好調となると、分国の経済は相当に潤沢であったはずである。

龍造寺隆信像（宗龍寺蔵）

龍造寺隆信の誕生

義隆は七月一日付で肥前国衆龍造寺胤信に偏諱を与えて龍造寺隆信とし、あわせて山城守の官途称を許す（『佐』三―六八～九頁）。周防国守護代陶隆房は七月二日付で隆信に対し、豊後国で発生した「二階崩れの変」の詳報を要請し、「（隆信の処遇は）豊前守殿（龍造寺胤栄）が受けた筋目と変わりないと聞いている。よろこばしい。愚身（自分のこと。ここでは隆房）としても異論はない」とする（『佐』一〇―三六五頁）。龍造寺隆信はこれで、先代の胤栄同様、大内家肥前国代官になったとみてよい。前名との兼ね合いでしかたがないが、親大内家の肥前国国衆、平戸松浦隆信と同じ名前ということになる。「胤」字は肥前国の名門国衆千葉氏の偏諱であるので、それを捨てて大内家偏諱を選んだという意味は小さくない。それはさておき、隆房が大友家の「二階崩れの変」に関心をもっている点が目を引く。隆房の胸中にあった弑逆の発想がこの事件によって刺激されたかもしれない。但し、この隆房による隆信への交信の作法をみると、隆房の書状中で義隆の意向が明らかに踏まえられているし、日付も義隆の文書の翌日付となっている。これらは、主従のけじめがついた、書札礼にかなったものといえるので、隆房としても、この先どうするか、迷っていた可能性もある。

生前最後の「今年の御礼」

『御ゆとの、うへの日記』によると、七月一〇日、義隆は岳父で廷臣の広橋兼秀を介して後奈良天皇に珍品を献上する。これは遣明船帰国に伴う品である。七月一二日には天皇に去年分の「今年の御礼」として四〇〇〇疋（四〇貫文。四〇〇万円程度）と、色々なことへの御礼ということで三万疋（三〇〇貫文・三〇〇〇万円程度）を献上する。むしの知らせではないだろうが、例年より多額で、これが生前の義隆より天皇への、最後の献上ということになる。ただ、当然、これはお別れの挨拶ということではなく、同年七月における自身のとある官職への任官と、大内家被官・分国内神主七名が従五位下に昇進することへの礼銭であろう。

『歴名土代』によると、武家被官のみでいえば、七月一七日に筑前国守護代杉興運と杉隆相（たかすけ）・飯田興秀が、七月一九日に正六位上杉隆泰・杉正重（ただしげ）（重矩の子カ。「正」は大内家の〝みなし偏諱〟カ）が、七月二一日に岡部隆景が従五位下に昇進する。特に隆泰は、廷臣広橋兼秀を介して後奈良天皇の口宣案を得た上で、治部大丞に任官する（『萩杉』八〇～八二）。隆泰の特別扱いは、前述したように、義隆の男色相手だったからかもしれない。また、筑前国守護代杉興運は大宰権少弐に正式任官するが、これは、義隆からすると、肥前国少弐家は、自分の被官の筑前国守護代杉興運と同格か、興運は正式任官なので興運よりも格下だという演出のための任官であろう。これにより、本書では大内家被官の四位・五位保有者をさして呼んでいる、「大内家諸大夫」が二〇名を越えることになった。

参議任官

そして、この七月、義隆は参議に任官したと思われる。廷臣広橋家に伝来した「広橋家旧蔵記録文書典籍類」の内の、廷臣清原枝賢が記録した受領官途と兼官の報告書集である「大外記枝賢勘申兼国例」によると、「参議兼国例」として「従二位多々良朝臣義隆　歴二年」とあり「天文十九年七月任」とある。実際、義隆はこの年の一〇月二六日付の安芸国厳島神社・筑前国太宰府天満宮満盛院・石見国物部神社への寄進状（『広』二―二六頁、『宰』一四―七一七頁、「物部」）にそれぞれ、「参議従二位行兵部卿兼大宰大弐侍従臣多々良朝臣」と署名する。義隆は前述したように、肥前国少弐家による大宰少弐を「僭称」と非難していたことからしても、参議は自称ではないだろう。戦国期において、非足利家一門の武家大名（公家大名は除く）が参議に任官したのは義隆が初例だろう。

ただ、これは『公卿補任』には記録されなかった。義隆は参議任官後、一年たらずで死去することになるので、凶例ということで記録されなかったのだろう。すでに従二位の義隆があえて公卿の登竜門たる参議に任官した理由としては、非参議の公卿としての昇進にあきたらなくなったということであろうし、中納言・大納言の任官を視野に入れていたということであろう。そして、この計画は、この記録の残り方からみて、前月に山口から帰京した、岳父で廷臣の広橋兼秀の発案とみて、ほぼ間違いないだろう。

井上衆誅伐事件

詳しくは毛利氏に関する著書［池：二〇〇九b他］に譲るが、七月一二・一三日、安芸国衆毛利氏家中において有力被官井上氏一族の誅伐事件、いわゆる「井上衆誅伐事件」が発生する。福原貞俊らの毛利氏一門・被官は七月二〇日付で毛利元就への忠節を誓い直す（『毛』四〇一）。これを受け、山口に戻っていたらしき義隆側近小原隆言は、七月二五日付で毛利隆元に対し、義隆が井上衆の誅伐を誉めていたこと、杉武益が使節として派遣されることをしらせる（『毛』四〇〇）。実は、この書状から明らかなように、誅伐事件は義隆の命を受けて隆元が遂行したという形式となっている。結果論的にいえば、元就・隆元親子は義隆の権威を利用して当主権力の強化に成功したということになるが、見方をかえると、毛利氏の福原とか志道といった有力一門被官や井上氏などの有力被官は、大内家より直接命令を受ける存在、つまりは、独立の大内家外様国衆的側面を持ち合わせているため、生殺与奪の権は大内家当主が握っている面もあったことを示す。

現在の歴史学上の評価としては、この事件は毛利氏権力の成長に欠かせぬものという位置づけになっているが、同時代的な評価としては微妙であろう。やがて、毛利氏が大名に成長することと直接的因果関係はない。元就としては、家中で圧倒的な軍事力を保有する井上衆に追い込まれた末、やむにやまれず先手をうったところ、単にそれが成功しただけの話だろう。

それはさておき、この一報を聞いた義隆と隆房はどう思ったであろうか。義隆としては、これにならって、隆房一党を殲滅するかと思ったかもしれないし、隆房としては、身の危険を感じ、大友家の「二階崩れの変」にならって弑逆の念を強めたかもしれない。

陶隆房の叛意

当時、山口にいた評定衆の飯田興秀は八月一二日付で親交のある肥前国衆平戸松浦隆信の被官、籠手田定経に対し、分国や備後・備中方面に異変はないと連絡する（『籠』二四）。在山口の興秀が義隆と周防国守護代陶隆房の対立を知らないはずがないので、これは遠方の外様国衆を心配させないためだろう。

ここまで、主君義隆と微妙な関係にあった陶隆房はついに叛意を表す。隆房は八月二四日付で安芸国衆毛利元就・同隆元・吉川元春・米山天野隆綱に対し、ほぼ同文で、義隆を廃し、その子義尊を擁立する企てがあることを明かし、それへの協力を呼びかける（『吉』六〇九・『山』三―四六二頁）。元春あてのものの文章は「義隆某間之儀、更無赦免候之条、若子之事、可取立心中候之由、杉・内藤申談候、此節預御入魂候者、可為本望候（義隆とそれがしのこと（不和）について、（義隆の）赦免はないようなので、若君（義尊）を擁立するつもりである。このことは杉重矩や内藤興盛に相談をもちかけている。このさい、ご協力いただければ本望である）」というものである。他家の人にあてた文書で自分の主君の実名を呼び捨てにするのは、室町後期から織豊期まで散見されることなので、ここでの「義隆」の呼び捨てには、特に意味はない。また、中世武家社会のうち特に男性の場合、実名書（実名で署名をすること）の必要がある文書の書式（折紙形式の奉行人奉書など）が存在するので、実名忌避習俗はないといってよい。

ちなみに、竹原小早川隆景あての同種の文書はないようである。それは、前述したように、竹原小早川氏が外様国衆の家のなかでは、大内家被官的性質が濃いためであろう。また、隆景自身が義隆の厚遇を受けていたからだろう。『陰徳太平記』の影響で、隆景がかつて義隆の男色相手であったとされることも多いが、そのような可能性もあるかもしれない。「大内義隆記」では、陶隆房も、少年のころ、義隆に「恋慕」の思いをもたれた男色相手であったとする。ただ、同時代史料で男色関係の裏付けめいたものがとれるのは、前述した杉隆泰のみであろうか。

それはさておき、隆房としては、この謀叛計画は数年来悩み、温めてきたものであっただろう。しかし、客観的にみれば、大内家が備後国安那郡神辺村尾城の戦いで快勝をおさめた直後なだけに、仮に〝弱腰の義隆を廃する〟という大義名分があったとしても、それがぼやけてみえる。そこで、この予想が間違っているとすると、想像に想像を重ねることになるが、隆房は、義隆が持っていたかもしれない、〝尼子家と和睦し、率兵上洛する〟という計画を阻止したかったということであるかもしれない。もし、そうなら、この陶隆房の謀叛について従来いわれてきて、筆者もまた、そう考えてきた、文治派（保守派）義隆に対する武断派（革新派）隆房のクーデターという評価はまったく当たらないことになる。むしろ、義隆が父義興同様、大胆に率兵上洛しようとし、隆房がそれを危ぶんで反乱したということである。

この後、隆房は「大内義隆記」によると、当初、義隆のみを亡き者にするつもりでいたが「義隆ともども義尊も殺さなければ、ことは収まらない」と陶氏被官から諫言され、そのように方針を変更していく。隆房は九月六日付で吉川元春に対し、同国衆笠間(かさま)修理亮(しゅりのすけ)旧領の支配を認めるが、その文言をみる限り、義隆の判断を仰いだ形跡はない（『吉』四四九）。これは隆房の独断だろう。

八月二八日、「少分限（所領が少ない。規模が小さい）」と評される大内家被官、井原長頼(いはらながより)が、「具足(ぐそく)五両」を率い、大内勢による備後国安那郡「外郡法成寺」攻めに参加する。具足五両というのは、侍身分の被官五名ということなので、仮に侍身分の者一人につき、平均五名の非侍身分の下人がついていたとすると、井原部隊は三〇人ほどということになる。ちなみに、長頼の「長」字は、井原氏が筑前国守護代杉豊後守家の居城、同国粕屋郡高鳥居城の城番衆を務めることが多かったことからすると、杉豊後守家の先代当主にして、先代の筑前国守護代、杉興長の偏諱とみてよい。長頼はこの合戦で、恐らく、名のある武士の首一つを挙げているが、彼自身は、当時、同郡神辺村尾城の城番衆をつとめていて、この戦功の義隆への報告をおこなっているのは同城城督の青景隆著であるので、軍勢の指揮をしていたのは隆著の可能性が高い。敵勢は寺を城郭化して籠城していた山名理興の残党かなにかであろう（『山』三―一八九〜九二頁）。

この段階では、現場指揮官より戦功報告を受けて義隆が戦功人に感状を発給し、その翌日付で、当主感状の発給をしらせる奉行人連署書状ないしは奉行人奉書が発給される、〝感状発給システム〟が機能していることがわかる。ちなみに、このときの連署書状には、すでに叛意を明らかにしている陶隆房の有力一門、陶安房守家当主の陶隆満が加判している。隆満は隆房に荷担するかどうか迷っていたか、叛意を押し殺して義隆に祇候していたということになろう。

相良武任襲撃計画

「大内義隆記」によると、九月一五日、義隆が山口の今八幡宮と仁壁神社の例祭に出席する留守をつき、陶隆房が相良武任邸を襲撃するという風聞が立つ。義隆は、驚いた武任の訴えをうけて祭礼出席をとりやめ、評定衆杉宗長入道と側近で奉行衆の吉田興種を使者として隆房を詰問する。両者は軍勢を集めて一触即発の状況となったが、なんとか、ことは収まり、渦中の武任は九月一六、七日の夜半に山口市中の龍福寺に逃げ込んで剃髪する。「相良武任申状」によると、豊前国守護代杉重矩が口封じのため武任の切腹を策したとあるが、それはこのころのことだろう。

結果論だが、ここで武任が身を捨てる覚悟で隆房に経緯を説明していれば、違う結果になっていたかもしれない。「義隆記」などによると、武任はこの後、義隆の内意を受けて大内家一門格である吉見正頼の石見国津和野に落ちるが、正頼の受け入れ拒絶にあったのか、再び、筑前国守護代、杉興運のもとへ逃げ込む。

謀叛前夜

九月一四日、「梅霖守龍下向日記」によれば、京都東福寺の僧、梅霖守龍が、寺領にして、事実上の陶隆房領、周防国佐波郡得地荘の年貢催促のため、同国をめざして堺津を出航する。九月一九日、守龍の乗船は備前国日比島の沖で海賊に襲われるも、乗員がもっていた鉄炮で賊を撃退する。瀬戸内地域での鉄炮使用としては早いものだろう。守龍は九月二三日に安芸国厳島に入り、九月二五日に周防国守護代陶隆房の本拠地、周防国都濃郡富田に上陸し、山口がある吉敷郡と防府がある佐波郡の郡境である鯖山の関所を通り、九月二八日に山口に入る。一〇月四日に山口市中の陶邸で隆房に会い、一一月一二日に陶邸に改めて招かれ、播磨国よりの使僧吉祥院西堂・遣明使節団の正使を務めた策彦周良・長門国守護代内藤興盛・評定衆飯田興秀・同杉宗長入道・陶隆秋（隆満の子）と食事・猿楽を楽しむ。

なお、評定衆でもある陶隆房は九月一四日付で、同じく内藤興盛は九月一九日付で大内家の最高評議会である式日評定の欠席届を出す（『閥』三―一六〇～一頁）。いずれも評定衆の飯田興秀あてになっていて、隆房は「所労（病気）」、興盛は「虫を相煩う（腹痛）」としている。

吉川興経の殺害

九月二七日、隠居に追い込まれていた安芸国衆吉川興経が実子千法師とともに、安芸国安北郡深川郷で同国衆熊谷信直や金明山天野隆重によって殺害される。興経は四三歳であった。「芸陽記」や「吉田物語」では、毛利元就が息子吉川元春の家督継承を盤石ならしめるために殺害させたとする。しかし、信直と隆重はこの段階では、大内家より給地や預置地を拝領している大内家外様国衆であり、毛利氏の被官ではない。だから、この件の発案・申請者は元就かもしれないが、最終的に興経殺害の命を下したのは、従来から興経に強い不快感をもっていたらしい義隆か、あるいは大内家の実権を掌握しつつある陶隆房とみるべきだろう。

大内家は一〇月二五日付で安芸国衆平賀弘保に対し、家督相続人については大内家と弘保にとって「入魂之人（協力的な人材）」を選ばれたらば、その際にまた相談に応ずるとする（『平賀』六四）。この文書には青景隆著が加判しているので、隆著はこれ以前に山口に戻っていたらしい。「大内義隆記」によると、備後国神辺村尾城の戦いで陣没した平賀隆宗（弘保の嫡孫）は、死に臨んで、後継ぎは沼田小早川氏一族である船木常平の子、亀寿丸と遺言していたため、義隆がこれに平賀隆保を名乗らせて後を継がせたとする。隆保が実在するのは確かだが、隆保が家督を継承した経緯は、同時代史料がないため、不明である。各種の軍記物で、義隆は亀寿丸が自身の寵童（少年の男色相手）であったためにこれを後押ししたといわれているが、事実か否か不明である。ここまでの義隆と平賀弘保の関係は良好であるし、弘保の娘は義隆の信頼あつい冷泉隆豊の妻とされているので、義隆が弘保の意向を無視するとも思えない。義隆の死去後、隆保の後を継承することになる、平賀広相は隆宗の弟とされるが、広相とその子孫（つまり、長州藩士平賀氏）からすれば、隆保は〝偽物の当主〟と決めつけざるを得ない、都合の悪い存在であることも考慮すべきだろう。そもそも、隆宗に実弟がいるのであれば、このとき、このような問題は発生しにくいであろうから、本当は広相は隆宗の実弟ではないのかもしれない。

フランシスコ・ザビエル この月、バスク人のイエズス会宣教師、フランシスコ・ザビエルが山口でキリスト教の布教をおこなう。義隆は翌年、ザビエルを引見し、市中でのキリスト教の布教を正式に許可し、僧院を与える。ザビエルは義隆に「三つの砲身を有する高価な燧石の鉄炮」を献上したという［高橋：二〇一二］。これは、火縄銃（マッチロック式）ではなく、三連発の燧石銃（フリントロック式）とされる。ちなみに、先行研究［宇田川：二〇〇二］によれば、火縄銃は反動が少ないため狙撃精度に優れているが連射がきかず、燧石銃は反動が大きいため狙撃にむかないが、連射にすぐれているため弾幕戦術に耐えうるという。この段階の大内家の軍勢が火縄銃の装備をしているている点、興味深い。

形跡はまったくないが、義隆本人は、それをとおりこして、ヨーロッパでも最新鋭の燧石銃を手にし

ちなみに、次代当主大内晴英が事実上のキリスト教教会、山口大道寺の建立を承認した文書（『土』一〇一一七～八頁）には「従西域来朝之僧、為仏法紹隆可創建彼寺家之由……（西方より来日した僧が仏法をおこすため、かの寺を創建するとのこと……）」とある。ここから明らかなように、実は、イエズス会の宣教師達は、当初、キリスト教は仏教の一派と説明していた。義隆に対しても同様な説明をおこなっていた可能性が高い。「大内義隆記」には「天竺人」が時計と望遠鏡らしきものを献上したとあるので、義隆をはじめ当時の人々は、イエズス会の宣教師は仏教が生まれた国、天竺、つまりは、インドからやってきたインド人と思い込んでいた可能性が高い。無論、ザビエルはヨーロッパ人であってインド人ではないが、彼をはじめとしたイエズス会宣教師達は、皆、インド亜大陸のポルトガル領ゴアを拠点にしていたので、「天竺の方から来た」と説明していたとしても嘘をついたわけではないことになる。日本に仏教をもたらした百済王族琳聖太子の末裔を称する大内家としては、これは無碍にもできないだろう。なお、「耶蘇会士日本通信」に義隆はザビエルに山口市中での布教許可を与えた際、板にかかれた許可証を与えたとある。これは侍所や政所が立てる制札（高札）のことであろう。

陶隆房の山口退転

「梅霖守龍周防下向日記」によれば、一一月二七日、陶隆房が義隆に暇乞いをし、騎馬三〇ほどで自領の周防国都濃郡富田に帰る。そして、隆房は富田中心部から程近い要害の地（標高二一七メートル）にある若山城（山口県周南市）という本拠城を修築し、防

備を固める。この一一月、大和国奈良の東大寺は「防州太守御武運長久（義隆の武運長久）」と「陶尾張守隆房悪心帰伏（隆房の悪心降伏）」を祈る愛染明王法千座祈願をおこなう（『東』六四八）。

大内家使僧をよく務める安国寺真鳳は一二月三日付で肥後国衆相良晴広に対し、山口における騒動の当事者の一人である「御同名（同じ名字）」の相良武任は（前回の失脚時と同様）筑前国守護代杉興運のもとへ逃げ込み、その好意によって同国遠賀郡花尾城でかくまわれているとする（『相』四六三号）。晴広は平素、武任のことをあまり好ましく思っておらず、事情を問う飛脚を一人も送らなかったらしいが、真鳳はそれについて「個人的なことは脇に置くべき」とたしなめる。また、この騒動はもうすぐ収まるだろうから安心してほしいとし、状況によっては近日中に山口に行くつもりとする。晴広からすれば、相良氏と同族であるかどうかも分からないのに、遠江国相良荘を意識した遠江守を名乗る武任がうとましかったのかもしれない。

前将軍義晴の死

この年の五月、前将軍義晴が亡命先の近江国穴太で死去していた。四〇歳であった。義隆はこれを聞いて驚き、「御所様御幼稚之条、別而可致扶佐（将軍義藤様は御年少なので、特に支えたい）」と述べる（『風』一五—一九六頁）。この期におよんでというかたがふさわしいか否か難しいが、義隆は、恐らく、率兵上洛の意志を最後まで捨てることはなかったらしい。足元が見えていないといえばそれまでだが、隆房の件について甘い観測を持っていたらしき義隆からすれば、遣明使節団はうまくいき、石見銀山は好調で、芸予海賊を従え、備後国を平定し、備中国への派兵もはじめた上、播磨国赤松家・但馬国山名家との友好関係も継続しているため、確かに、上洛

天文20年（1551）大内家関係者官位表

名　前	本　姓	通称・注記	年齢	父　親	立場・役職	官　位
大内義隆	多々良	―	45歳	大内義興	当主	従二位参議兵部卿大宰大弐侍従
沼間隆清	橘	沼間淳定朝臣二男	不明	沼間敦定	転法輪三条家家司扱いヵ	従四位下
冷泉隆豊	多々良	大内大夫判官	39歳	冷泉興豊	被官	正五位下検非違使
陶　隆房	多々良	陶	31歳	陶　興房	周防国守護代・評定衆	従五位上尾張守
毛利元就	大江	芸州毛利	55歳	毛利弘元	（安芸国衆）	従五位下右馬頭
黒川隆像（前名氏男）	宗像→多々良	黒川	40歳	宗像氏続	被官	従五位下近江権守
原田隆種	大蔵	原田	不明	原田興種	（筑前国衆）	従五位下弾正大弼
陶　隆満	多々良	陶兵庫頭	55歳	陶　弘詮	評定衆	従五位下
相良武任	藤原	相良中務大丞	55歳	相良正任	評定衆	従五位下
右田隆量	多々良	右田	不明	右田弘量 or 興量	被官	従五位下
野田隆方	多々良	野田	不明	野田興方	被官	従五位下
杉　重矩	平	杉伯耆守	不明	杉　重清	豊前国守護代・評定衆	従五位下
渋川義基	源	九州探題渋川	不明	不明	（九州探題）	従五位下左兵衛督
佐伯景教	佐伯	厳島社司	不明	不明	厳島神主	従五位下刑部大輔
仁保隆慰	平	仁保	不明	仁保刑部丞某	被官	従五位下右衛門尉
大内義尊	多々良	大内義隆卿男	7歳	大内義隆	世子	従五位下周防介
青景隆箸	藤原	―	不明	青景弘郷ヵ	被官	従五位下
杉　興運	平	杉豊後守	46歳	杉　興長	筑前国守護代	従五位下大宰権少弐
杉　隆相	平	杉勘解由判官	30歳	杉　隆宣	被官	従五位下
飯田興秀	源	飯田石見守	不明	飯田弘秀	評定衆	従五位下
杉　隆泰	平	杉治部大丞	27歳	杉　興頼	被官	従五位下
杉　正重	平	杉　彦七	16歳	杉重矩ヵ	被官	従五位下
岡部隆景	小野	岡部右衛門尉	不明	岡部興景	被官	従五位下
陶　隆秋	多々良	陶　九郎	不明	陶　隆満	被官	従五位下
貫　隆仲	中原	貫下総守	不明	貫武助ヵ	被官	従五位下

『公卿補任』と『歴名土代』を使用した（義隆の参議については本文参照）。立場・役職欄の（　）つきのものは外様国衆という意味。分国内の一般社家は除いた。

は荒唐無稽な夢物語ではなかったかもしれない。この年、各種の軍記物によると、竹原小早川隆景が、義隆と実父元就の威光を背景に、沼田小早川又鶴丸より沼田小早川氏の家督を奪い、結果的に隆景は、両小早川氏を統一継承することに成功した。実際には、義隆の意向によるところの方が大きいだろう。

4　獲麟のとき

ここで大内家関係者の官位状況の把握のため「天文二〇年大内家関係者官位表」を掲げておく。

武任申状

筑前国遠賀郡花尾城に逃げ込んでいた相良武任は天文二〇年（一五五一）一月五日付で、本書では再々使用している「相良武任申状」を作成する。文書の直接のあて先は自分をかくまってくれている筑前国守護代杉興運になっているが、真のあて先、真のよみ手として意識されているのは、主君義隆である。ただ、中身は冗長で、意味の取りにくい箇所も多く、本当に文筆官僚でならした武任が書いたのか疑わしいような部分もある。とはいえ、興奮と感情のおもむくままに書いたのかと思えばそうともみえるし、当時の政治状況と合致する部分も多いため、本書では再々引用し、史実を述べたものと扱っている。ここで改めて全文を紹介することはしないが、要は、豊前国守護代杉重矩が武任を介して周防国守護代陶隆房の謀叛を告発したものの、途中で重矩が変節して隆房と和解し、口封じのために武任を切腹させようとしたことをなじるものである。

なお、この文書には、別稿［藤井：二〇一五］でも触れた通り、罰文（ばつぶん）（神の名を挙げて本文で述べた内容に嘘偽りはないと誓う部分）に、通常の起請文では必須の、牛黄宝印料紙を翻したものを使用していないとのことわり書きがある。だから、この文書は厳密にいえば、完全タイプの起請文ではない。しかし、「天道を仰がんがため、氷上妙見大菩薩（ひかみみょうけんだいぼさつ）や築山大明神（つきやまだいみょうじん）の神名を挙げて本文に嘘偽りがないことを誓う」といったことが書かれているので、起請文に準じたものではある。大内家の守護神である妙見大菩薩のみならず、五代教弘を祀る築山大明神の神名を挙げたのは、武任の父祖の正任を引き立てたのが教弘だからだろう。

隆房との破局

「梅霖守龍周防下向日記」によれば、この一月末ごろまでに、義隆と隆房の不和は一般に広く知られるまでになっていたらしい。東福寺僧の守龍は当時、隆房が防備を固める周防国都濃郡富田保に滞在し、陶氏からの寺領年貢の支払いを待っていたが、同記の一月一九日条に「山口之都督与陶家雑説区々ニ在之、呑気呑考而巳（山口の義隆と陶氏について（不穏な）さまざまな噂がある。呑気に考えるしかない）」とする。このころ、義隆は「二宮俊実覚書」によれば、元就に佐東郡内の地を与えているが、これは遅まきながら、対陶隆房の調略ということになろう。

「守龍下向日記」によれば、二月一三日に大内家菩提寺の山口興隆寺で二月会がおこなわれる。陶隆房は自領の富田にいるが、陶氏被官は儀式に参加し、儀式自体は無事に終わる。この後、守龍は陶氏より寺領周防国得地荘年貢一三〇石を受け取り、三月一四日に富田を出発し、帰洛することになる。

後奈良天皇は二月二二日に廷臣広橋兼秀に対し、筑前国筥崎宮に下向する予定の石清水八幡宮田中（たなか）

教清に義隆によろしくいうよう伝えよと命じる（『石』四六六）。三月二七日、「除書部類」によると、義隆の奏請により「上好礼」という架空の人物が大宰権大監に任官する。これは「上は礼（のある者）を好む」というような意味で、陶隆房の謀叛の噂に憤っている義隆の心情をあらわすだろう。義隆の奏請による架空の人物の同官任官はこれで最後で、前述したように、先行研究［山田：二〇一五］によると、全部で一三事例になる。『歴名土代』によると四月一日に被官陶隆秋が、四月二日に被官貫隆仲が従五位下に昇進する。

義隆の焦燥

義隆は筑前国宗像神社大宮司宗像氏男に黒川隆尚の名跡を継がせて黒川隆像と名乗らせ、四月二二日付で同大宮司に宗像宗繁を任じる（『像』一―三二八頁、二―五三七～八頁）。これは、隆像にも当主直属軍部将として功績のあった隆尚と同様な働きをしてほしいという願望だろう。つまりは、事変が近いことを感じての措置に違いない。

義隆はこの年の五月二七日付で安芸国衆吉川元春に対し、周防国興隆寺二月会大頭役について話し合うため、芸備方面代官弘中隆兼を呼んだので、警戒を厳にせよとする（『吉』九八八）。翌年は新当主となる大内晴英がみずから大頭役を務めるため、翌々年にはなるが、天文二二年の大頭役は隆兼の近親者らしき弘中道祖市丸（『山』三―二九九頁）なので、話し合うというのは嘘ではないかもしれないが、これも義隆が身辺を固めようとしてのことだろう。隆兼が義隆のことをどう思っていたのかがわかる同時代史料はないようだが、隆兼は芸備方面代官に起用される前は当主直属部将であったため、義隆からの信頼は篤かったようである。事変発生時の隆兼の居所については、備後国神辺村尾城や、本領の周防国岩国や、山口が候補だろうが不明である。いずれにせよ隆兼は、経緯は不明だが、目にみえて義隆を守り通すような行動はとらなかった。ただ、生前に依頼を受けた以上はということなのか、隆兼は義隆の死後、生真面目にも係累の者にこの大頭役を務めさせたということのようである。義隆は吉川元春にはすでに陶隆房の手が回っていることに気付いていなかったらしい。ちなみに、義隆がこの件の副状発給者としているのは、やはり、すでに隆房と気脈を通じていたらしき、小原隆言である。

双方の大内晴英への接触

「大内義隆記」によると、陶隆房は、五月中旬、義隆・義尊父子を殺害すると決め、豊後国大友義鎮の弟晴英に接触し、大内家相続の打診をする。使者となったのは、義隆に追われ、豊後国に逃れていた元、筑前国遠賀郡花尾城城主麻生弥五郎であった。一方、義隆の方も晴英に接触し、相続を打診する。これを受けて晴英が自身の重臣にどうすべきか助言を求めると、重臣は「義隆の仰せはもっともだが、それに乗れば、国は一年や二年では治まらない」と述べる。そこで、晴英は隆房の誘いに乗り、義隆より届いた調略の書を隆房に送る。これをみた隆房は、ますます謀叛の決心を固める。

「棚守房顕記」などによると、隆房は、八月一三日付で大内水軍の主力にして安芸国衆の白井房胤に同国の府中七五貫文地を与えることを条件に謀叛への協力を呼びかける。隆房の行動はすばやく、八月二〇日には被官大林（おおばやし）某をもって安芸国厳島を占拠する。後、隆房は同国佐西郡桜尾城城督の多々良姓一門被官、鷲頭（わしず）某を説得し、同城を開城させる。また、同国衆毛利元就は、同国佐東郡銀山城番衆福嶋某を誘って同城を開城させ、周辺地域を占領する。福嶋氏は大江姓の大内家被官で、義隆が気をつかって大江姓の元就や隆元の応接につかっていた一族であったが、それが裏目に出た。

義隆は、こうした安芸国の情勢を聞き、ようやく隆房謀叛と悟り、使僧安国寺真鳳を大友義鎮のもとへ派遣したらしい（『相』四六四）。当然、援軍要請のためであろう。義鎮の弟晴英への禅譲を条件にしての援兵派遣要請であった可能性が高い。結果、これは晴英側の拒否にあったようだが、それは前述したような経緯であったかもしれない。晴英としては、義尊誕生によって一旦成立していた養嗣子契約が反故にされた恥辱を晴らすといった要素もあったろう。

隆房挙兵

ただ、その一方で義隆は通常の政務もおこなっていて、七月九日付で豊前国衆恵良信勝に対し、弾正忠の官途称を許し（『大分』八―七二一～三頁）、八月二五日付で豊前国求菩提山上宮拝殿の再建を誉める（「求菩提」二九）。「大内義隆記」や「大内殿滅亡之次第」などによると、八月二七日、義隆はこの中旬にやってきていた豊後国大友家の使僧をもてなすため、山口の大内館で能楽をおこなわせていた。これが事実であれば、大友家は義隆に対し、返事の上では、援軍を承知したとでも返事していたのであろう。それはさておき、その、深更、江良房栄・宮川房長らの陶勢数千が、徳地口・防府口より山口に接近しているとの連絡が入る。

山口にいた公家衆らは、この合戦は和睦に持ち込むのが得策とし、義隆に対し、ひとまず近隣の法泉寺に退去されよと義隆に勧め、義隆はこれに応じて大内館を退去し、二八日の午前二時ごろに同寺へ避難する。その際、山口にいた長門国守護代内藤興盛と豊前国守護代杉重矩に参陣せよと使者を送

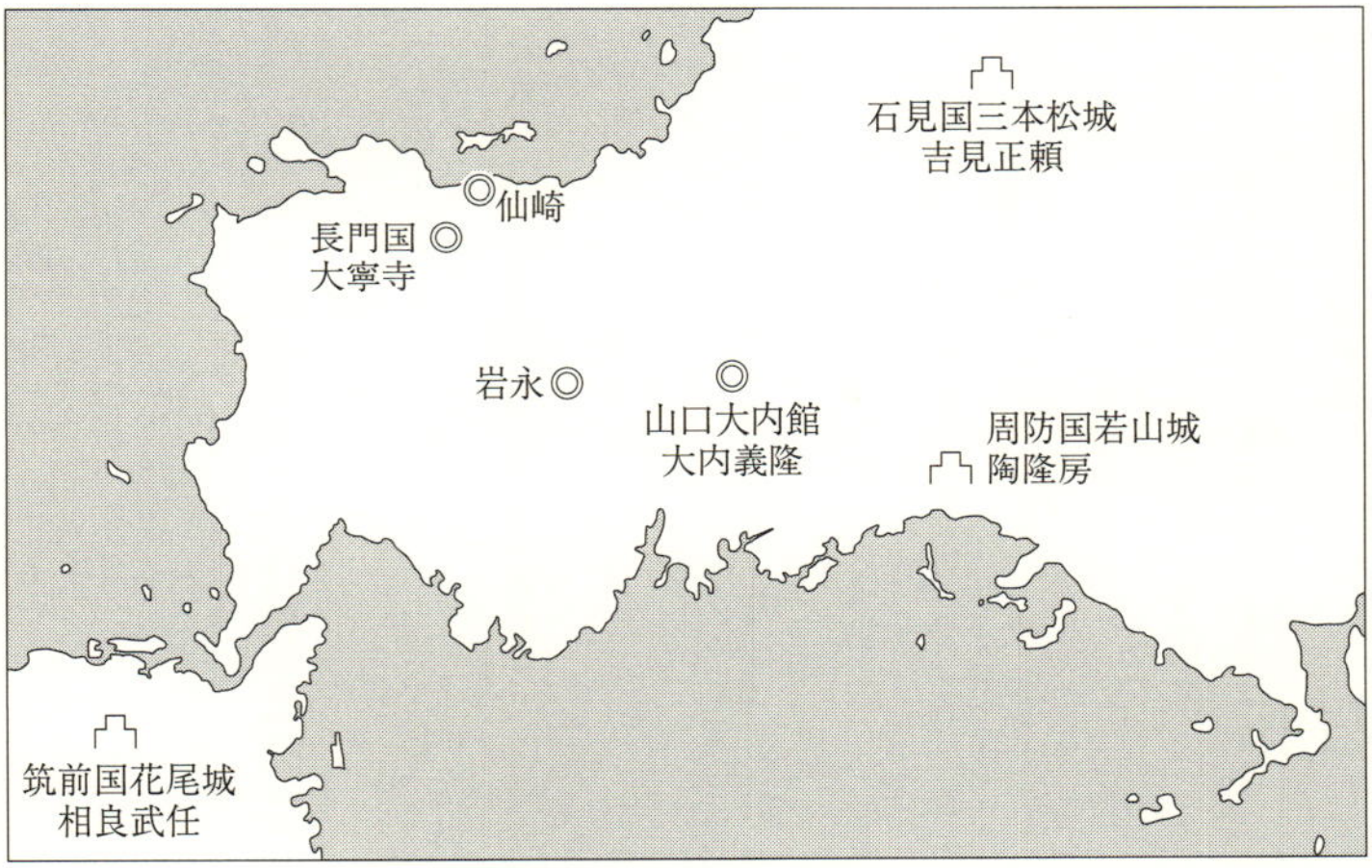

大寧寺の変略図

大内館と若山城の直線距離は約26km。地形は現在のもの。

ったが拒否される。義隆は法泉寺を軍勢で厳重に固めたが、夜に入り、軍勢から大勢が逃げ落ちる。それをみた「陶殿足軽大将」柿並（かきなみ）佐渡守（さどのかみ）率いる数千人の陶勢が矢を射掛け、鬨の声を挙げる。

義隆は扈従していた側近冷泉隆豊に宰領を命じ、二九日に長門国美祢郡岩永に退く。岩永はやはり義隆に扈従していた岡部隆景の所領で、義隆は同地の即心庵（そくしんあん）という寺に落ち着き、ここで湯漬けを食べる。同地では岡部の才覚によって駄馬を二疋用意し、その明け方、長門国大津郡仙崎に落ち、その地で、「後根（うしろね）の壱岐（いき）」という船頭の船に乗ったところ、一里ほど進んだところで強風に吹かれ、押し戻される。そこで、長門国大津郡大寧寺（たいねいじ）（山口県長門市）に入る。

大寧寺の変

義隆は大寧寺で覚悟を決めたようで、終夜、同寺住持の異雪慶珠（いせつけいじゅ）と仏法の雑談をおこなう。すると、早朝、柿並佐渡守率いる陶勢が押し寄せてきて、寺は矢を射かけられ、前後左右を攻め立てられる。義隆は、側近達による抗戦もかなわず、九月一日の午前一〇時ごろ、冷泉隆豊の介錯によって切腹して果てた。享年四五であった。「大内義隆記」によれば、このとき、隆豊は黒い兜、黒い鎧、黒い太刀といった全身黒ずくめの軍装で陶勢を相手に奮戦した後、討死した。隆豊は三九歳であった。いわゆる「大寧寺（たいねいじ）の変（へん）」である。

恐らく、フィクションだが、「大内義隆記」によると、最後まで義隆に付き従った金明山天野隆良（きんめいざんあまのたかよし）（隆重の弟）、岡部隆景―冷泉隆豊と黒川隆像を加える異本もある―は、義隆の側近でありながら、陶隆房に荷担した、小原隆言、青景隆著、吉田武種（よしだたけたね）（興種の子）、貫隆仲、仁保隆慰にあてた謀叛をなじる連署書状を送ったとされる。書状では義隆が是非なく大寧寺で自害した経緯を述べているが、文末の文言は、「万端奉期来世之参会候条、獲麟之一句、閣筆、恐々謹言（恨みのすべては来世での再会の際にはらすつもりである。これにて、獲麟の言葉は閉じる）」というものである。

この前後、在山口廷臣の二条尹房・転法輪三条公頼・廷臣小槻伊治らが自害するか、殺害される。嫡子義尊と二条尹房の子の二条良豊（にじょうよしとよ）はいずれも柿並佐渡守率いる陶勢が討ち取り、廷臣持明院一忍軒（じみょういんいちにんけん）（俗名、基規）や、義隆側近の黒川隆像・岡部隆景らも討死した。

『御ゆとの丶うへの日記』によると、九月一四日、義隆は、人を介して、後奈良天皇に対し、金額不詳ながら「今年の御礼」を献上する。これは義隆が生前手配りしていたものということになる。無論、義隆による最後の「今年の御礼」となる。

相良武任の最期

「大内殿滅亡之次第」によると、義隆の信頼篤かった相良武任は、「大寧寺の変」の後も筑前国遠賀郡花尾城にいた。そうしたところ、陶氏有力被官野上房忠（のがみふさただ）がやってきたため腹を切り、その首は山口にもたらされる。『歴名土代』や「義隆記」によると、九月九日には、やはり陶勢に攻められて筑前国守護代杉興運が自害し、九月一一日には隆房の命を受けた安芸国衆吉川元春らの軍勢によって、同国東西条槌山城が陥落する（『吉』別―三三四）。城主の芸備方面代官弘中隆兼は同城にはいなかったらしい。かくして、大内家分国は、ほぼ、陶隆房が掌握するところとなった。

翌年、隆房は豊前国守護代杉重矩の変節についての噂を耳にし、関係する文書（「武任覚書」などヵ）を入手する。隆房はそれをみて、「義隆様に御咎はなく、遠州（武任）に偽りはなかった。それなのに義隆様を追い詰めてしまい、あれこれ後悔している。かくなる上は、杉重矩に腹を切らせよ」といい、周防国佐波郡大崎にいた重矩に討手を派遣する。重矩は逃れたものの、長門国厚狭郡長光寺（ちょうこうじ）（山口県山陽小野田市）で腹を切った。

終章　義隆の残照と余徳

残照

天正三年（一五七五）八月一五日、中国地方の大大名、毛利輝元（元就の孫、隆元の子）が、周防国山口の龍福寺に対し、大内義隆の二五年忌の実施を命じる（『山』二―九二八頁）。輝元は織田信長が「本能寺の変」で斃れた後の、天正一一年（一五八三）閏一月にも義隆の三三年の追善供養の実施を命じている（『山』二―九三〇頁）。

弘治三年（一五五七）に大内家を滅ぼしたのは輝元の祖父の元就であったが、輝元が義隆の追善供養をおこなったのは、輝元の母親の尾崎局（おざきのつぼね）が義隆の養女（内藤興盛の娘）だからで、輝元からすれば、義隆は母方の義理の祖父にあたるからである。

この後、輝元は織田信長の天下を奪った豊臣秀吉と友好関係を結び、いわゆる豊臣家五大老の一人として、官位は従三位権中納言（ごんのちゅうなごん）にのぼる。輝元の父の隆元は大大名毛利家の礎を築く途中の永禄六年（一五六三）に死去し、次弟の吉川元春は豊臣政権下の天正一四年（一五八六）まで生きて甥にして主君の輝元を支え、三弟小早川隆景は輝元を支えたのみならず、輝元同様、豊臣家五大老の一人となり、従三位中納言に昇進して慶長二年（一五九七）に死去する。恐らく、義隆が自身の「隆」偏諱を与えた者の内で最も長く生きた著名人は小早川隆景だろう。

よく知られるように、毛利家は戦国中後期において、中国地方で圧倒的な勢力を築いたが、織田信長との戦いに際しても、関ヶ原の戦いに際しても乾坤一擲の大勝負には出なかった。それは、毛利元就の遺訓によるとされるが、それは、毛利家の成長が大内家の滅亡とともにあったからでもあろう。大名家としては南北朝以来の長い歴史を誇り、巨大な分国を維持し、外国諸国と交易をし、義隆にいたっては、最末期の外征に勝利していたにもかかわらず、滅びた。そして、滅びるときは、まさに、一瞬であった。この事実は毛利家の人々に深い教訓を与えたに違いない。

幻影の一大強国

歴史にもしもは禁物だが、もし、大内義興や陶興房がもう少し長生きしていたら、興房の長男興昌が陶氏当主となり、隆房が当主とならなければ、と思わずにはいられない。もしそうなっていれば、分国においては、石見銀山はなおも好調である。イエズス会とも良好な関係ができつつあった。すると、大内家は、博多や山口で盛んに南蛮貿易をおこなっていたかもしれない。となると、本州西端に大量の鉄炮と大砲を装備した一大強国が生まれていたかもしれない。しかも、当主は従二位参議兵部卿兼大宰大弐侍従の官職を帯び、当主のもとには有力部将が大内家諸大夫としてずらりと居ならぶ。義隆の率兵上洛は、岳父にして廷臣の広橋兼秀や後奈良天皇の歓迎を受け……。想像はつきないが、やはり、歴史にもしもは禁物である。

余徳

豊臣政権も滅び、徳川家康の江戸幕府がはじまってしばらくした元和四年（一六一八）、一人の武士が元服する。この武士は毛利輝元の次男で、長州藩の初代藩主毛利秀就の弟である。兄の秀就は、二代江戸幕府将軍徳川秀忠がそうであったように、豊臣家を滅した後も、豊臣家偏諱の「秀」を捨てなかった。しかし、それをさしおいて弟が徳川将軍家より偏諱をもらうわけにもいかないという事情があったのか、曽祖父元就の「就」の字と祖父隆元の「隆」の字を組み合わせて就隆と名乗る。ただ、隆元の「隆」は毛利家の通字ではない。大内義隆の偏諱である。就隆からすれば義隆は義理の曽祖父であるし、大内家は滅びた家なので気にしなかったのだろう。

この毛利就隆こそが、長州藩の有力支藩、徳山藩の藩祖である。そして、その直系の子孫が、毛利元徳といって、幕末の長州藩主毛利敬親の養嗣子となり、長州藩毛利家最後の当主となる人物である。実は、江戸中後期の長州藩主は、毛利輝元の直系子孫ではなく、輝元の叔父（隆元・元春・隆景の弟）の穂井田元清の子孫であったため、輝元系の当主が誕生したのは、久々なことであった。

元徳に、遠祖輝元と自身の実家、徳山藩毛利家に、前述のような大内義隆との多少の関係があるとの意識があったか否かは知らない。しかし、現在の山口県下にある大内家関連の石碑は、その多くが元徳の名前で建立されている。

これは、義隆の余徳といってよいかもしれない。

参考文献

池享『大名領国制の研究』（校倉書房、一九九五年）
池享『戦国大名と一揆』（吉川弘文館、二〇〇九年）a
池享『知将毛利元就』（新日本出版、二〇〇九年）b
伊藤幸司「大内氏の琉球通交」（『年報中世史研究』二八、二〇〇三年）
井上寛司・岡崎三郎『史料集　益田藤兼・元祥とその時代』（益田市教育委員会、一九九九年）
今谷明『戦国三好一族』（新人物往来社、一九八五年。洋泉社版は、二〇〇七年）
今谷明『戦国大名と天皇』（福武書店、一九九二年。講談社学術文庫版は二〇〇一年）
宇田川武久『鉄砲と戦国合戦』（吉川弘文館、二〇〇二年）
太田順三「大内氏の氷上山二月会神事と徳政」（『九州中世社会の研究』、渡辺澄夫先生古稀記念事業会、一九八一年）
川岡勉・西尾和美『伊予河野氏と中世瀬戸内世界』（愛媛新聞社、二〇〇四年）
川添昭二「九州探題の衰滅過程」（『九州文化史研究所紀要』二三、一九七八年）
川戸貴史『戦国期の貨幣と経済』（吉川弘文館、二〇〇八年）
＊戦国期の貨幣や経済について論じた研究書。大内家の貨幣政策についても追究する。
菊池浩幸「籠手田氏と大内氏の交流について」（前田育徳会尊経閣文庫『籠手田文書』、二〇一三年）

木下和司「大永七年九月の備後国衆和談と山名理興　上・下」(『芸備地方史研究』二七四〜六、二〇一一年)
久保健一郎『戦国大名と公儀』(校倉書房、二〇〇一年)
熊谷公男『大王から天皇へ』(講談社学術文庫、二〇〇八年)
黒田基樹『戦国大名と外様国衆』(文献出版、一九九七年)
近藤清石『大内氏実録』(マツノ書店、一九七四年)
＊大内家についての基礎的研究書。氏の考証に基づく、大内家の系図などを収録。
佐伯弘次「大内氏の筑前国郡代」(『九州史学』六九、一九八〇年)
佐伯弘次「大内氏の博多支配機構」(『史淵』一二二、一九八五年)
佐藤進一『日本の歴史9　南北朝の動乱』(中公文庫、一九七四年)
佐藤進一『古文書学入門』(法政大学出版局、一九七八一年)
設楽薫「足利義晴期における内談衆の人的構成に関する考察」(『遥かなる中世』九、二〇〇一年)
須田牧子『中世日朝関係と大内氏』(東京大学出版会、二〇一一年)
＊大内家と朝鮮王朝の通交関係を論じた綿密な研究書。
高橋裕史『武器・十字架と戦国日本』(洋泉社、二〇一二年)
中島圭一「「相良家文書」からみた相良正任の家系」(『史学』八六―三、二〇一六年)
西田友広『悪党召し捕りの中世』(吉川弘文館、二〇一七年)
野澤隆一「足摺岬金剛福寺蔵土佐一条氏位牌群」(『国学院雑誌』八七―四、一九八六年)
橋本雄『中世日本の国際関係』(吉川弘文館、二〇〇五年)
＊大内家の対外関係を論じた綿密な研究書。
橋本雄『中華幻想』(勉誠出版、二〇一一年)

長谷川博史『戦国大名尼子氏の研究』（吉川弘文館、二〇〇〇年）
福尾猛一郎『大内義隆』（吉川弘文館、一九五九年）
　＊大内義隆の人物伝。
藤井崇『大内義興』（戎光祥出版、二〇一四年）
　＊大内義隆の父、義興の人物伝。
藤井崇『室町期大名権力論』（同成社、二〇〇九年）
　＊南北朝・室町期大内家について論じた研究書。
藤井崇「西国大名と盟約」（酒井紀美編『契約・誓約・盟約』竹林舎、二〇一五年）
藤井崇「戦国初期大内氏領国における公銭貸付」（『戦国史研究』六一、二〇一一年）
堀新『織豊期王権論』（校倉書房、二〇一一年）
本多博之「戦国期社会における銭貨と基準額」（『九州史学』一二六、二〇〇〇年）
松岡久人『大内氏の研究』（清文堂出版、二〇一一年）
　＊大内家について論じた基礎的研究書。大内家研究の道筋をつけた。
三坂圭治『周防国府の研究』（積文館、一九三三年）
　＊周防国府について論じた、重厚感のある、基礎的研究書。
三村講介「大内氏の半済制」（『古文書学研究』五六、二〇〇二年）
矢部健太郎『豊臣政権の支配秩序と朝廷』（二〇一一年）
山田康弘「細川幽斎の養父について」（『日本歴史』七三〇、二〇〇九年）
山田貴司『中世後期武家官位論』（戎光祥出版、二〇一五年）
　＊大内家を廻る官位の問題について論じた研究書。

山本浩樹『西国の戦国合戦』（吉川弘文館、二〇〇七年）
＊戦国時代西日本のわかりやすい通史。
吉田賢司「将軍足利義教期の諸大名」（『竜谷史壇』一一七、二〇〇一年）
米原正義編『大内義隆のすべて』（新人物往来社、一九八八年）
＊大内義隆についての種々の論考・コラムを収録した、入門書。
和田秀作「大内武治及びその関係史料」（『山口県文書館研究紀要』三〇、二〇〇三年）

副題は省略。原則五十音順

典拠史料の略称

「阿川」→東京大学史料編纂所影写本の「阿川文書」
『阿蘓』→『大日本古文書　阿蘇文書』
『麻生』→『九州史料叢書　麻生文書』
「有地」→東京大学史料編纂所影写本の「有地文書」
「揖屋」→東京大学史料編纂所影写本の「揖屋神社文書」
『石』→『大日本古文書　石清水文書』
「宇佐諸家」→東京大学史料編纂所謄写本の「宇佐郡諸家古文書」
『上杉』→『大日本古文書　上杉家文書』
『宇』→『宇佐神宮史』
『大分』→『大分県史料』
『大山祇』→『大山祇神社文書』
「掟」→『中世法制史料集』の「大内氏掟書」
「韞」→東京大学史料編纂所謄写本の「児玉韞採集文書」
「笠」→東京大学史料編纂所影写本の「小笠原文書」
『像』→『宗像大社文書』

「語る益田」→『益田家文書の語る中世の益田』
「吉川家中」→東京大学史料編纂所影写本の「吉川家中幷寺社文書」
「御感書類」→東京大学史料編纂所謄写本の「御代々御感書類」
『吉』→『大日本古文書　吉川家文書』
「求菩提」→『研究紀要』一（北九州市立歴史博物館、一九七九年）の「求菩提山史料」
『熊谷』→『大日本古文書　熊谷家文書』
『熊』→『熊本県史料中世篇』
「古今」→東京大学史料編纂所謄写本の「古今消息集」
「小寺」→東京大学史料編纂所影写本の「小寺文書」
『籠』→『籠手田文書』
『小』→『大日本古文書　小早川家文書』
「榊」→東京大学史料編纂所写真帳の「榊文書」
『宰』→『大宰府・太宰府天満宮史料』
『佐』→『佐賀県史料集成』
『相』→『大日本古文書　相良家文書』
『島』→『新修島根県史史料編1　古代中世』
「肖像画模本」→東京大学史料編纂所の「史料編纂所所蔵肖像画模本データベース」
『島津』→『大日本古文書　島津家文書』
『集』→『室町幕府文書集成　奉行人奉書篇』
「杉原」→東京大学史料編纂所影写本の「杉原文書」

「尊経閣」→東京大学史料編纂所影写本の「尊経閣文庫所蔵文書」
「多賀」→東京大学史料編纂所影写本の「多賀文書」
『大徳』→『大日本古文書　大徳寺文書』
「手鑑」→東京大学史料編纂所影写本の「手鑑」
「天文書札案」→東京大学史料編纂所影写本の「天文書札案」
「土」→東京大学史料編纂所謄写本の「大内氏実録土代」
『東』→『大日本古文書　東大寺文書』
『蜷』→『大日本古文書　蜷川家文書』
「根岸」→東京大学史料編纂所影写本の「根岸文書」
「乃美」→東京大学史料編纂所影写本の「乃美文書」
「原田」→東京大学史料編纂所謄写本の「改正　原田記　附録」
「萩杉」→「萩博物館寄託「杉家文書」」（『萩博物館研究紀要』三、二〇〇七年）
『筥』→『筥崎宮史料』
「秦」→東京大学史料編纂所影写本の「秦文書」
『閥』→『萩藩閥閲録』
「日御碕」→東京大学史料編纂所影写本の「日御碕神社文書」
『引付』→『室町幕府引付史料集成』
『平賀』→『大日本古文書　平賀家文書』
『広』→『広島県史　古代中世資料編』
「藤村」→東京大学史料編纂所影写本の「藤村箴氏所蔵文書」

「譜録」→山口県文書館所蔵の「萩藩譜録」
「武州」→東京大学史料編纂所影写本の「武州文書」
「豊前平野」→東京大学史料編纂所影写本の「豊前平野文書」
『風』→『防長風土注進案』
『編年大友』→『増補訂正編年大友史料』
「宝」→東京大学史料編纂所写真帳の「東大寺文書（宝庫文書）」
「蠹」→東京大学史料編纂所謄写本の「蠹簡集残編」
『法制』→『中世法制史料集』
「益永」→東京大学史料編纂所影写本の「益永文書」
「前田」→東京大学史料編纂所謄写本の「前田家所蔵文書（別本）」
『益』→『大日本古文書　益田家文書』
『俣』→『日本大学総合図書館所蔵　俣賀文書』
『松資』→『平戸松浦家資料』
「松浦」→東京大学史料編纂所影写本の「松浦文書」
「松隈」→東京大学史料編纂所影写本の「松隈文書」
『壬生』→『図書寮叢刊　壬生家文書』
「村上」→東京大学史料編纂所影写本の「村上文書」
『宗郡』→『福岡県宗像郡誌』
「物部」→東京大学史料編纂所影写本の「物部神社文書」
『毛』→『大日本古文書　毛利家文書』

『山』→『山口県史　史料編中世』
『山内』→『大日本古文書　山内家文書』
「吉田」→東京大学史料編纂所影写本の「吉田文書」
「吉田履」→東京大学史料編纂所影写本の「吉田（履一郎）家文書」
『六』→『戦国遺文　佐々木六角氏編』
「若宮」→東京大学史料編纂所影写本の「若宮文書」

原則五十音順

あとがき

本書をご一読いただき、大内義隆への印象が少しは変わられたであろうか。そうであれば、幸いである。

私は、これまで、室町・戦国期の大名権力について、周防大内家を事例に研究してきた。研究のスタンスとしては、川岡勉氏の「幕府―守護体制」論を批判的に念頭におきつつ、氏がいわれるように、大名権力は、一五世紀中葉に、地域権力化したわけではなく、室町幕府発足以前より、地域権力化の傾向があることを強調せねば、室町幕府権力や室町期大名権力の本質を見失うことになるだろうというものだった。

そうした、南北朝・室町期大名権力は、秋山哲雄氏が研究されている、鎌倉幕府執権北条家の一門が、モンゴル戦争後の西国社会へ、代官ではなく、守護職保有者本人が下向し、政務にあたる、いわゆる「北条一門守護」こそが、ロールモデルだと思っている。

また、室町・戦国期大名権力の研究をおこなう際は、実力にもとづく部分と、室町幕府の地方役職である守護職の権威部分を峻別して議論すべきだと思う。ちなみに、支配の実際とはさほど関わりのない、幕府の理念的・理想的支配体制としては、川岡氏の説が妥当だと考えていて、無残に縮小した戦国期幕府の再建については、畿内・近国の大名のみならず、長尾景虎(上杉謙信)や織田信長も含め、地方大名も常に念頭に置いていたことと考えている。

また、私は、池享氏がいうように〝大名権力が守護職に依存しているか、利用しているか〟で大名権力の成長を測るべきと考えているので、「守護」という言葉は極力、使わず、単なる幕府役職という意図を込めて「守護職」といい、高校の教科書にも採用されている「守護大名」という語句は、〝幕府系勢力を滅ぼすことで成立した大名家もあることも重要だ〟とか、〝依存と利用の見分けが大切だ〟という立場にそぐわないため使用しないようにしている。

ところが、近年のこと、南北朝・室町期の幕府体制について、精力的に研究をしている山田徹氏より、前々著への書評で〝守護職という言葉を慎重に使用しているわりに、守護代という語句は頻繁に使用しているが、それは矛盾ではないか〟という御指摘を受けた。

まったく、氏のご批判は正論だと思う。しかし、大内家においては、周防国や長門国や石見国や豊前国の国規模代官は「〜守護代」というが、安芸国や備後国や肥前国の場合、史料用語としても、研究用語としても、「〜代官」と呼ばれることが多い。守護代の語句を使用しないと、その二種の言い分けが難しく、特に代案も思い浮かばなかったので、本書においても、従来通り、守護代呼称を続けさせていただいた。

ただ、この問題は、難しく、かつ面白い問題も含んでいて、例えば、室町幕府を滅ぼした織田信長は、続いて、ライバル朝倉義景を滅ぼし、越前国を奪うが、その際に前波吉継（桂田長俊）という元、朝倉家家臣の新参の織田家家臣を国規模代官にしたが、『信長公記』において、その立場は「守護代」と呼称されている。幕府が滅びているので、信長は少なくとも、幕府地方役職である越前国守護職を保有していないはずにもかかわらず、である。

他にも、守護職の任務を代行する守護代の任務を代行する立場は「小守護代」と呼ばれるが、周防国守護代陶氏の小守護代野上氏――大内家当主からみると、いわゆる、陪臣――が「守護」と呼ばれている史料もあるので、当時の社会の人々にとって、「守護」とか「守護代」は、その人やその主君が守護職を保有していようがいまいが、国規模支配や国規模で誰かの支配の代行をしている人を指すことばになっているらしい。だから、山田氏の批判は当たらない、という意味ではないが。

ちなみに、大内家は、守護職を保有している国は守護代と呼び、保有していない国は、幕府や、同職保有家筋の大名をはばかって、律儀に代官と呼んでいるふしもあるが、すべてそういうわけでもなく、安芸国は守護職を保有している認識を持っているのに、守護代とはいわない。しかも、守護職に関する幕府の意向をすべて尊重しているのかというと、そういうわけでもなく、本論でも述べた通り、大友家の史料によれば、義隆期の豊前国守護職は、途中で大友家に与えられているが、それは、無視している。また、先代当主、義興が幕府から拝領した山城国守護職は、幕府としては、義隆の相続を認めたわけでもないであろうに、それを自称している。つまり、戦国大名にとっての守護職は、朝廷官位同様、「あれば、大義名分のために便利だが、ないとただちに困るものでもない」といったものなのである。

私の以上のような研究上の立場は、基本的には、永原慶二氏や池享氏らの「大名領国制」論に属すもので、川岡氏らの、いわゆる「戦国期守護」論には属さない。とはいえ、後者の言説のすべてを否定するわけではないというものである。

さて、前著『大内義興』と本著『大内義隆』とで、結果的に、二代連続で大内家当主の人物伝を執筆したことになる。義隆には、数多くの義興期以来の被官がいて、かれらが、義隆期には、入道成りして、老臣的な立ち位置で活躍するため、〝ああ。あの人、頑張っているなあ〟といったような、まるで、史料の上で、知り合いに出会ったような感覚をしばしば抱けて、単純に楽しかった。

また、本論とはさほど関わりはないが、「偏諱」(人の実名のうちの一字。足利義晴であれば、「義」字と「晴」字)と、「通字」(足利家の場合「義」で、大内家の場合「弘」)について、煩雑かと思えるほどに言及した。各大学の歴史の入門授業でも、よく話しているが、このルールを理解しておくと、まったく、予備知識のない人物であっても、「実名」(下の名前。小早川隆景の場合、隆景)をみれば、どのような時代のどのような人かが、およそわかることが多いからである。これについては、大学受験のときに、知っておきたかったといわれることもよくある。官位についても、先学に学びながら、しつこいほどに言及した。

ところで、本書の主人公、大内義隆の最終官位は、従二位参議兵部卿大宰大弐侍従(参議については、本論参照のこと)という長いものである。

では、私の大学関連の肩書はというと、それは、師匠の池享氏をはじめとした関係各位のご厚情と、大学院時代の後輩、東北学院大学の竹井英文氏が、今季の夏季集中講義の講師を依頼してくれたことによって、聖徳大学・東海大学・立教大学・明治大学・東北学院大学兼任講師・千葉大学非常勤講師という長いものである。これは、私の人生史上、かなり長い部類にはいる肩書であろう。関係各位と、忍耐強く、私の授業を聞いてくれている各大学の学生さんに感謝する意味も込めて、触れておきたい。また、今季より、一番、古くから兼任講師をしている聖徳大学で、ＲＥ授業というフィールドワークの授業を受け持たせていただくことになった。戦国大名の遺跡を廻るという趣旨のものであるので、この本ともども、戦国大名ファンが一人でも増えてくれれば、研究者冥利に尽きる、といったところである。最後の最後になったが、この本のお話を持ってきていただいた東寿浩氏と編集をご担当いただいたミネルヴァ書房の本田康広氏に篤く御礼申し上げたい。

二〇一九年七月一日

藤井　崇

大内義隆略年譜

和暦	西暦	齢	関係事項	一般事項
永正四	一五〇七	1	11・15生まれる。	
享禄元	一五二八	22	12・20父義興没（五二歳）。	9月将軍義晴が近江国朽木に逃れる。
二	一五二九	23	12・23従五位上に昇進する。	
三	一五三〇	24	3・9幕府が義隆による遣明船再興を許す。8・15筑前国守護代杉興長の子の杉興運が肥前国田手で同国少弐勢と戦う（田手畷の戦い）。10月これ以前、周防介を辞め、左京大夫に任官する。	
四	一五三一	25	2月石見国衆小笠原長隆が大内家属城同国矢滝城を攻略し、石見銀山を奪取したとされる。7・20豊後国大友義鑑が安芸国衆武田光和・出雲国尼子経久・伊予国河野通直・豊前国衆宇都宮氏・能島村上氏と連携して大内家分国に侵攻する（反大内家同盟の形成）。10・9竹中興国の長門国忌宮神社大宮司職を	6月管領家細川高国自害（四八歳）。8月山科本願寺焼失。同寺法主証如、石山本願寺に入る。

天文 二	一五三三	27	安堵する。この頃より、義隆、天文年号を使用しはじめる。10・29正五位下に昇進し、左京大夫・周防介に再任官する。3月黒川隆尚らの大内勢が大友家属城筑前国粕屋郡立花城を攻略する。4・6周防国守護代陶興房らの大内勢が肥前国石動村で同国少弐勢と戦う。9・2長門国守護代内藤興盛らの大内勢が筑後国小郡村で豊後国大友家方軍勢と戦う。	
三	一五三四	28	1・1周防国興隆寺へ太刀・馬を寄進する。この頃より花押をC型に変える。4・6豊前国守護代杉重信らの大内勢が豊後国山香郷で同国大友勢と戦う（勢場原の戦い）。4・24後奈良天皇即位礼料一部負担要請を承諾する。4・30従四位下に昇進する。5・18石見国守護代問田隆盛らの大内水軍が豊後国臼野浦で同国大友水軍と戦う。7・19後奈良天皇即位礼料物用負担要請を承諾する。8・10塩冶興久自害（三八歳）。9・18豊前国守護代杉重矩らの大内勢が大友家方筑後国衆星野親忠を討つ。11・15平野兼永による義隆への神道伝授に吉田兼右が抗議し、相論の末、兼永が敗訴する。	5月織田信長生まれる。9月将軍義晴が帰京する。

四	一五三五	29	3・10将軍上使の勧説をうけ、対豊後国大友家の軍勢を解く。7・23使者孤窓西堂が朝鮮国を訪れる。11・21将軍義晴が平野兼永による義隆への神道伝授を承認する。12・29周防国守護代陶興房らの大内勢が肥前国少弐資元・冬尚父子を破り、肥前国三根郡を占領する。資元は多久へ、冬尚は蒲池へ逃亡する。	
五	一五三六	30	3・1後奈良天皇が義隆の要請で陣儀を開き、豊前国宇佐宮立柱上棟日を4月9日とする。3・26後奈良天皇が、義隆の料足負担により、即位の礼をおこなう。5・9後奈良天皇が義隆に昇殿資格を授与する。5・16大宰大弐に任官する。6・16義隆の即位料献上協力を賞するため勅使広橋兼秀が京都を出発する。9・4周防国守護代陶興房らの大内勢が肥前国多久城を攻略し、同国少弐資元を自刃させる。9・18筑前国に臨時段銭三〇〇〇貫文を賦課する。10・29周防国守護代陶興房が肥前・筑前国を平定し、周防国へ凱旋する。閏10月頃安芸国衆平賀弘保が息子で尼子方の平賀興貞と戦う。義隆、弘保に援軍を派遣する。12・28左兵衛権佐に任官する。大宰大弐は留任、左京大夫は辞める。	3月駿河国今川氏輝没（二四歳）。7月天文法華の乱。9月管領家細川晴元が入京する。

六	一五三七	31	1・6従四位上に昇進する。8・16尼子家が大内領石見銀山守将吉田興種らの軍勢を破り、同山を奪取したとされる。10・13義隆使者松屋禅師が朝鮮国を訪れる。12・1毛利元就の嫡男毛利隆元が周防国山口大蔵院に入る。12月頃幕府が義隆に上洛を要請する。	2月豊臣秀吉生まれる。
七	一五三八	32	2月頃大内家が筑前国の諸関を撤廃する。2・25養子大内恒持が元服する。3・8周防介に再任官する。3月豊後国大友義鑑との和睦が成立する。6月兵部権大輔に任官する。左兵衛権佐は辞め、大宰大弐は留任する。7・1義隆使者尊海らが博多から朝鮮国に出発する。8月頃出雲国尼子経久が隠居分となり、孫の詮久が当主となる。12・3養嗣子恒持が従五位下に昇進する。	7月播磨国赤松政村が出雲国尼子詮久に敗れ、淡路国に逃げる。
八	一五三九	33	1・5正四位下に昇進する。3・5大内家主催の遣明船が筑前国博多を出航する。4・18周防国守護代陶興房没(65歳)。5月大内家が尼子家領石見銀山を奪取し、被官内田正重を奉行にしたとされる。5月大内家主催の遣明船が明国寧波に到着する。6・17頃石見国小石見における大内勢と出雲国尼子方軍	

九	一五四〇	34	勢の合戦が尼子方優位で終結する。6・19養嗣子恒持が従五位下に昇進し、周防権介に任官する。閏6・16安芸国厳島社大願寺尊海が朝鮮国に大蔵経を求めるも同国に同経なしといわれる。8・9安芸国衆天野興定の早々の出陣を誉める。また、義隆、この頃より花押をD型に変える。8・12義隆使者龍穏東堂が朝鮮国を訪れる。10・29大内勢が筑前国夜須郡で筑紫正門らの肥前国少弐勢を破る。12・3宇野修理亮らの大内水軍が広島湾近辺で安芸国衆武田水軍と戦う。3・2大内家主催の遣明使使節団が明国北京の宮中に参内する。3・24伊予介に任官する。6・16安芸国衆毛利元就らの大内勢が尼子方同国頭崎城を攻略する。同城主平賀興貞は出家隠居する。8・13小原隆名らの大内水軍が伊予国風早郡忽那島で戦う。9・4出雲国尼子詮久率いる尼子勢が安芸国多治比砦に入り、同国衆毛利元就の同郡山城を攻める（尼子家「安芸遠征」の開始）。9・5養嗣子恒持が左兵衛佐に任官する。9・18石見国衆小笠原長隆が大内家領石見銀山奉行内田正重を敗死させ、同山を奪

			取したとされる。12・18義隆使者倪首座が朝鮮国を訪れる。	
一〇	一五四一	35	1・3安芸国東西条代官杉隆宣らの大内勢が安芸国吉田で出雲国尼子勢と戦う。1・13周防国守護代陶隆房らの大内勢が青山・三井山で尼子勢と戦い、尼子久幸らを討つ。同夜半、尼子勢が本国へ敗走する（尼子家「安芸遠征」の終了）。4・5安芸国桜尾城を攻略する。城主友田興藤自害（厳島神主友田氏の滅亡）。5・12周防国守護代陶隆房らの大内勢が安芸国銀山城を攻略する（安芸国衆武田氏の滅亡）。6・18小原隆言らの大内水軍が伊予国忽那島などで戦う。7・11大内家主催の遣明船が長門国赤間関に帰着する。7・22養嗣子恒持が左衛門佐に任官する。11・13出雲国尼子経久没（八四歳）。11・20頃被官杉刑部少輔を安芸国厳島神主とする。12・27従三位に昇進する。大宰大弐は留任する（但し、天文11年中は四位で位署書きをする）。	6月甲斐国武田信虎、子息晴信によって追放される。7月相模国北条氏綱没（五五歳）。10月木沢長政が京都に接近したため、管領家細川晴元が山城国岩倉に逃げる。11月将軍義晴が近江国坂本に逃れる。
一一	一五四二	36	1・5養嗣子恒持が正五位下に昇進する。閏3月晦日小原隆名らの大内水軍が伊予国棚橋要害を包囲する。6・7豊前国守護代杉重矩らの大内勢が出雲国	3月木沢長政討死。将軍義晴が入京する。但馬国生野銀山が発見される。12月徳川家康生まれ

和暦	西暦	齢	関係事項	一般事項
			赤穴城の麓で戦う（大内家「出雲遠征」の開始）。7・27周防国守護代陶隆房らの大内勢が出雲国赤穴城を攻略する。この頃、石見国衆小笠原長徳・長雄父子が大内家に服属する。9・5冷泉隆豊らの大内水軍が出雲国大根嶋で同国尼子勢と戦う。	る。
一二	一五四三	37	3・14長門国守護代内藤興盛らの大内勢が出雲国月山富田城で同国尼子勢と戦う。4・12頃大内家に寝返った多賀兵庫助ら出雲国衆が同国富田八幡に布陣する。これをめぐり月山富田城城下の塩谷で大内勢と尼子勢が戦う（塩谷の大槍）。5・7出雲国揖屋より海路撤退を開始する。養嗣子恒持・安芸国東西条代官杉隆宣らが戦死する。周防国守護代陶隆房らは陸路で撤退する（大内家「出雲遠征」の終了）。8・10但馬国山名祐豊が備後国衆上山実広に同国衆をとりまとめ、義隆に協力せよとする。8・18安芸国衆毛利元就に尼子家に寝返った同吉川興経の所領を与える。9・1石見国衆吉川経冬らの大内勢が同国久利郷で出雲国尼子方軍勢と戦う。9・6筑前国岩屋城督千手興国らの大内勢が同城麓で肥前国少弐勢と戦う。12・23冷泉隆豊らの大内水軍が梁瀬市介	8月種子島に漂着したポルトガル人が鉄炮を伝える。

			らの伊予勢と戦う。	
一三	一五四四	38	1・5侍従に任官する。大宰大弐は留任する。4月頃将軍義晴が大内家と尼子家の和睦のため、廷臣二条尹房を西国に派遣する。6・29分国中法度を定める。結果、周防国山口市中における侍所の警察・検察権が縮小される。7・28備後国衆三吉隆亮らの大内勢が出雲国尼子方軍勢を破る（「布野崩れ」）。	4月倭寇が朝鮮国を襲撃する。7月将軍義晴が管領家細川晴元と和睦する。
一四	一五四五	39	5月被官相良武任が隠遁する。6・26頃正三位に昇進する。10・25頃側室官務（小槻伊治娘）との間に嫡子（大内義尊）が誕生する。12・28頃幕府が義隆に渡唐船奉行を命ずる。12月頃廷臣九条稙通が安芸国厳島神社に参詣する。稙通は山口下向を希望するも拒否されたため防府から帰京する。	
一五	一五四六	40	1・18頃肥前国少弐冬資が同国衆龍造寺胤栄らを攻撃する。胤栄、大内家分国に逃げ込む。8・6石見国守護代問田隆盛に足利義輝元服用途段銭の賦課を命ずる。8・12黒川隆尚らの大内勢が筑前国原田村で肥前国少弐勢と戦う。8・15冷泉隆豊らの大内水軍が伊予国中途島で戦う。12・22安芸国衆乃美賢勝による尼子方備後国衆杉原豊後守への調略成功を誉	

			める。	
一六	一五四七	41	2・17世子義尊が従五位下に昇進し、周防介に任官する。2・21大内家主催の遣明船使節団が山口を出発する。3・19兵部卿に任官する。大宰大弐・侍従は留任する。3・27肥前国衆龍造寺胤栄を肥前国代官に任命する。4・28冷泉隆豊・弘中隆兼らの大内勢が備後国五ヶ荘で尼子方軍勢と戦う。7・11前将軍義晴が能登国畠山義統・豊後国大友義鑑・義隆・若狭国武田信豊に苦境を報せる。閏7・10頃肥前国代官龍造寺胤栄が肥前国へ帰国する。閏7月頃厳島神主佐伯景教が伊予国能島城に在城する。11・29義隆使者稽囿西堂が朝鮮国を訪れる。	7月前将軍義晴・将軍義輝が近江国坂本に逃げる。
一七	一五四八	42	3・22肥前国代官龍造寺胤栄没(25)。分家の胤信(後の隆信)が継承する。6月頃芸備方面代官弘中隆兼らの大内勢による備後国神辺村尾攻撃が本格化する。6・8近江国六角定頼が義隆に将軍義晴の供奉をして上洛したと報せる。8月隠遁していた相良武任を再出仕させる。12月従二位に昇進する。	12月越後国長尾景虎が家督を奪う。
一八	一五四九	43	1月筑前国衆麻生家重家人小田村備前守の誅伐を命じる。この頃、備前守の謀叛計画に周防国守護代陶	6月前将軍義晴、将軍義輝、管領家細川晴元が近江国坂本に逃

和暦	西暦	齢	関係事項	一般事項
			隆房が関与しているとの噂が立つ。2・14安芸国衆毛利元就が山口に下向する。4・18大内家主催の遣明使節団が明国北京の宮中に参内する。5・18山口滞在の安芸国衆毛利元就が帰国する。9・4大内勢が備後国神辺村尾城を攻略する。城主山名理興は脱出する。冬不和であった周防国守護代陶隆房と豊前国守護代杉重矩が和解する。	げる。
一九	一五五〇	44	2・10豊後国で反乱が発生し、同国大友義鑑没（四九歳）（二階崩れの変）。6・9大内家主催の遣明使節団が帰国する。7・1肥前国代官龍造寺胤信に偏諱を与えて隆信とする。7・20安芸国衆毛利元就による被官井上衆誅伐を受け、毛利氏一門・被官が忠節を誓い直す（井上衆誅伐事件）。8・24周防国守護代陶隆房が安芸国衆毛利元就・同隆元らに義隆を廃する企てへの協力を呼びかける。9・16被官相良武任が再度失脚し、筑前国花尾城に逃げ込む。10月山口を再訪したフランシスコ・ザビエルに市中でのキリスト教の布教を許可し、僧院を与える。11・27周防国守護代陶隆房が周防国山口を出て、自領の都濃郡富田に移る。11月大和国東大寺で義隆の武運長	5月前将軍義晴没（四〇歳）。11月将軍義輝・管領家細川晴元が近江国堅田に逃げる。12月フランシスコ・ザビエルが上洛する。

二〇	一五五一	45	久と周防国守護代陶隆房の悪心帰服を祈る愛染明王法千座祈願がおこわれる。1・5筑前国花尾城逼塞中の相良武任が身の潔白を訴える。5月周防国守護代陶隆房が豊後国の大友晴英に大内家相続を打診する。8・20周防国守護代陶隆房が安芸国厳島を占拠する。後、同国桜尾城を開城させる。また、同国衆毛利元就が同国銀山城を開城させる。8・27陶隆房の軍勢が山口大内館に接近したため、同法泉寺に逃れる。9・1陶勢による攻撃を受け、長門国大寧寺で自害する（四五歳）。嫡子義尊（七歳）らも自害・討死する。

＊義隆の事跡については主語を省略した。父義興の事跡は省略した。

人名索引

＊は研究者

か 行

さ 行

た 行

な 行

や　行

ら　行

事項索引

な・は　行

ま　行

や・ら・わ　行

《著者紹介》
藤井　崇（ふじい・たかし）
1978年　山口県生まれ。
2009年　一橋大学大学院博士課程単位取得退学。博士。
日本学術振興会特別研究員 PD（2011～13年度）。
現　在　聖徳大学・東海大学・立教大学・明治大学・東北学院大学兼任講師・千葉大学非常勤講師。
専門は日本中世史。
著　書　『室町期大名権力論』同成社，2013年。
『大内義興』戎光祥出版，2014年。

ミネルヴァ日本評伝選
大内義隆（おおうちよしたか）
――類葉武徳の家を称し，大名の器に載る――

2019年10月10日　初版第1刷発行　〈検印省略〉

定価はカバーに
表示しています

著　者　藤　井　崇
発行者　杉　田　啓　三
印刷者　江　戸　孝　典

発行所　株式会社　ミネルヴァ書房
607-8494 京都市山科区日ノ岡堤谷町1
電話代表（075）581-5191
振替口座 01020-0-8076

© 藤井崇，2019〔201〕
共同印刷工業・新生製本

ISBN978-4-623-08678-8
Printed in Japan

刊行のことば

歴史を動かすものは人間であり、興趣に富んだ人間の動きを通じて、世の移り変わりを考えるのは、歴史に接する醍醐味である。

しかし過去の歴史学を顧みるとき、人間不在という批判さえ見られたように、歴史における人間のすがたが、必ずしも十分に描かれてきたとはいえない。二十一世紀を迎えた今、歴史の中の人物像を蘇生させようとの要請はいよいよ強く、またそのための条件もしだいに熟してきている。

この「ミネルヴァ日本評伝選」は、正確な史実に基づいて書かれるのはいうまでもないが、単に経歴の羅列にとどまらず、歴史を動かしてきたすぐれた個性をいきいきとよみがえらせたいと考える。そのためには、対象とした人物とじっくりと対話し、ときにはきびしく対決していくことも必要になるだろう。

今日の歴史学が直面している困難の一つに、研究の過度の細分化、瑣末化が挙げられる。それは緻密さを求めるが故に陥った弊害といえるが、その結果として、歴史の大きな見通しが失われ、歴史学を通しての社会への働きかけの途が閉ざされ、人々の歴史への関心を弱める危険性がある。今こそ歴史が何のためにあるのかという、基本的な課題に応える必要があろう。評伝という興味ある方法を通じて、解決の手がかりを見出せないだろうかというのも、この企画の一つのねらいである。

狭義の歴史学の研究者だけでなく、多くの分野ですぐれた業績をあげている著者たちを迎えて、従来見られなかった規模の大きな人物史の叢書として、「ミネルヴァ日本評伝選」の刊行を開始したい。

平成十五年（二〇〇三）九月

ミネルヴァ書房

ミネルヴァ日本評伝選

企画推薦
梅原猛
ドナルド・キーン
佐伯彰一
角田文衞

監修委員
上横手雅敬
芳賀徹

編集委員
石川九楊
伊藤之雄
猪木武徳
今谷明
今橋映子
熊倉功夫
佐伯順子
坂本多加雄
武田佐知子
竹西寛子
西口順子
兵藤裕己
御厨貴

上代

*俾弥呼 古田武彦
日本武尊 西宮秀紀
*仁徳天皇 若井敏明
雄略天皇 吉村武彦
継体天皇 若井敏明
*蘇我氏四代 遠山美都男
推古天皇 義江明子
聖徳太子 仁藤敦史
斉明天皇 武田佐知子
*小野妹子・毛人・毛野 大橋信弥
*額田王 梶川信行
弘文天皇 遠山美都男
天武天皇 新川登亀男
持統天皇 丸山裕美子
阿倍比羅夫 熊田亮介
*藤原四子 木本好信
*柿本人麿 古橋信孝
*元明天皇・元正天皇 渡部育子
聖武天皇 本郷真紹
光明皇后 寺崎保広

*孝謙・称徳天皇 勝浦令子
藤原不比等 荒木敏夫
橘諸兄・奈良麻呂 遠山美都男
吉備真備 今津勝紀
*藤原仲麻呂 木本好信
道鏡 吉川真司
*藤原種継 木本好信
*行基 吉田靖雄

平安

*桓武天皇 井上満郎
嵯峨天皇 西別府元日
宇多天皇 古藤真平
醍醐天皇 石上英一
村上天皇 京樂真帆子
花山天皇 上島享
*三条天皇 倉本一宏
藤原薬子 中野渡俊治
*藤原良房・基経 瀧浪貞子
*紀貫之 神田龍身
源高明 所功
*安倍晴明 斎藤英喜

*藤原道長 朧谷寿
*藤原伊周・隆家 倉本一宏
藤原定子 山本淳子
*藤原彰子 朧谷寿
清少納言 三田村雅子
和泉式部 ツベタナ・クリステワ
大江匡房 小峯和明
*阿弖流為 樋口知志
坂上田村麻呂 熊谷公男
*源満仲・頼光 元木泰雄
平将門 西山良平
藤原純友 寺内浩
最澄 吉田一彦
円珍 岡野浩二
*空也 石井義長
奝然 上川通夫
*源信 小原仁
慶滋保胤 吉原浩人
*後白河天皇 美川圭
*式子内親王 奥野陽子
建礼門院 生形貴重

*藤原秀衡 入間田宣夫
平時子・時忠 元木泰雄
平維盛 根井浄
守覚法親王 阿部泰郎
藤原隆信・信実 山本陽子

鎌倉

源頼朝 川合康
*源義経 近藤好和
源実朝 神田龍身
*九条兼実 加納重文
九条道家 上横手雅敬
北条時政 野口実
熊谷直実 佐伯真一
*北条政子 関幸彦
*北条義時 岡田清一
曾我十郎・五郎 杉橋隆夫
北条時頼 山本隆志
北条時宗 近藤成一
平頼綱 細川重男
竹崎季長 堀本一繁
西行 光田和伸

鴨長明 浅見和彦
藤原定家 赤瀬信吾
*京極為兼 今谷明
*兼好 島内裕子
重源 横内裕人
*運慶 根立研介
快慶 井上一稔
法然 今堀太逸
栄西 中尾良信
明恵 西山厚
*親鸞 末木文美士
恵信尼・覚信尼 西口順子
覚如 今井雅晴
*道元 船岡誠
叡尊 細川涼一
*忍性 松尾剛次
*日蓮 佐藤弘夫
一遍 蒲池勢至
夢窓疎石 原田正俊
*宗峰妙超 竹貫元勝

南北朝・室町

後醍醐天皇 上横手雅敬

*護良親王　新井孝重
*懐良親王　森　茂暁
*赤松氏五代　渡邊大門
*北畠親房　岡野友彦
楠正成　兵藤裕己
楠木正行・正儀　生駒孝臣
*新田義貞　山本隆志
*光厳天皇　深津睦夫
足利尊氏　市沢　哲
*足利直義　亀田俊和
佐々木道誉　下坂　守
細川頼之　亀田俊和
円観・文観　田中貴子
足利義詮　早島大祐
足利義満　川嶋將生
*足利義持　吉田賢司
足利義政　木下昌規
*大内義弘　平瀬直樹
伏見宮貞成親王　松薗　斉
*山名宗全　山本隆志
細川勝元・政元　古野　貢
畠山義就　呉座勇一
足利成氏　阿部能久
世阿弥　西野春雄
雪舟等楊　河合正朝
宗祇　鶴崎裕雄
*満済　森　茂暁
一休宗純　原田正俊
蓮如　岡村喜史

戦国・織豊

北条早雲　家永遵嗣
*北条氏政　黒田基樹
*大内義隆　藤井　崇
斎藤氏四代　木下　聡
*毛利元就　岸田裕之
*毛利輝元　光成準治
*小早川隆景・秀秋　光成準治
*六角定頼　村井祐樹
*今川義元　小和田哲男
*武田信玄　笹本正治
*武田勝頼　笹本正治
*真田氏三代　笹本正治
*三好長慶　天野忠幸
松永久秀　天野忠幸
*宇喜多直家・秀家　渡邊大門
*上杉謙信　矢田俊文
大友宗麟　鹿毛敏夫
島津義久・義弘　福島金治
*長宗我部元親・盛親　平井上総
浅井長政　長谷川裕子
吉田兼倶　西山　克
山科言継　松薗　斉
*雪村周継　赤澤英二
正親町天皇・後陽成天皇　神田裕理
足利義輝・義昭　山田康弘
織田信長　三鬼清一郎
織田長益　八尾嘉男
*明智光秀・秀満　小和田哲男
豊臣秀吉　藤井讓治
豊臣秀次　矢部健太郎
*北政所おね　田端泰子
*淀殿　福田千鶴
蜂須賀正勝・家政　三宅正浩
前田利家　東四柳史明
山内一豊・忠義　長屋隆幸
*黒田如水　小和田哲男
*蒲生氏郷　藤田達生
石田三成　堀越祐一
*細川ガラシャ　田端泰子
*支倉常長　田中英道
千利休　熊倉功夫
*長谷川等伯　宮島新一
顕如　神田千里
教如　安藤　弥

江戸

*徳川家康　笠谷和比古
本多忠勝　柴　裕之
*徳川家光　野村　玄
徳川吉宗　横田冬彦
*後水尾天皇　久保貴子
後桜町天皇　所　京子
*光格天皇　藤田　覚
*春日局　福田千鶴
宮本武蔵　渡邊大門
*池田光政　倉地克直
保科正之　八木清治
シャクシャイン　岩崎奈緒子
*田沼意次　藤田　覚
細川重賢　安高啓明
*二宮尊徳　小林惟司
末次平蔵　岡　美穂子
*高田屋嘉兵衛　生田美智子
*林羅山　鈴木健一
吉野太夫　渡辺憲司
熊沢蕃山　川口　浩
*山崎闇斎　澤井啓一
山鹿素行　前田　勉
*北村季吟　島内景二
伊藤仁斎　澤井啓一
貝原益軒　辻本雅史
*ケンペル　B・M・ボダルト＝ベイリー
新井白石　大川　真
荻生徂徠　柴田　純
*雨森芳洲　上田正昭
石田梅岩　高野秀晴
白隠慧鶴　芳澤勝弘
前野良沢　松田　清
平賀源内　石上　敏
本居宣長　田尻祐一郎
杉田玄白　吉田　忠
木村蒹葭堂　有坂道子
*大田南畝　沓掛良彦
菅江真澄　赤坂憲雄
*鶴屋南北　諏訪春雄
良寛　阿部龍一
*山東京伝　佐藤至子
*滝沢馬琴　高田　衛
平田篤胤　山下久夫
国友一貫斎　太田浩司
シーボルト　宮坂正英
本阿弥光悦　岡　佳子
小堀遠州　中村利則
狩野探幽・山雪　山下善也
尾形光琳・乾山　河野元昭
*二代目市川團十郎　田口章子
伊藤若冲　狩野博幸
浦上玉堂　高橋博巳
*佐竹曙山　成瀬不二雄
葛飾北斎　岸　文和
酒井抱一　玉蟲敏子
孝明天皇　青山忠正
*和宮　辻ミチ子
徳川慶喜　大庭邦彦
島津斉彬　原口　泉
横井小楠　沖田行司
*古賀謹一郎　小野寺龍太
*永井尚志　高村直助
*岩瀬忠震　小野寺龍太
*栗本鋤雲　小野寺龍太
大村益次郎　竹本知行
河井継之助　小川和也

*西郷隆盛　家近良樹
*由利公正　角鹿尚計
*塚本明毅　塚本　学
*月　性　海原　徹
*吉田松陰　海原　徹
*高杉晋作　海原　徹
*久坂玄瑞　一坂太郎
ペリー　遠藤泰生
ハリス　福岡万里子
オールコック　佐野真由子
アーネスト・サトウ　奈良岡聰智

近代

*明治天皇　伊藤之雄
*大正天皇　F・R・ディキンソン
*昭憲皇太后・貞明皇后　小田部雄次
大久保利通　三谷太一郎
山県有朋　鳥海　靖
木戸孝允　落合弘樹
井上　馨　伊藤之雄
*松方正義　室山義正
北垣国道　小林丈広
板垣退助　小川原正道
長与専斎　笠原英彦
大隈重信　五百旗頭薫
伊藤博文　坂本一登
井上　毅　大石　眞
*井上　勝　老川慶喜

*桂　太郎　小林道彦
*渡邉洪基　瀧井一博
*乃木希典　佐々木英昭
星　亨　小林道彦
林　董　奈良岡聰智
*児玉源太郎　小林道彦
*高宗・閔妃　木村　幹
山本権兵衛　室山義正
*金子堅太郎　松村正義
高橋是清　鈴木俊夫
小村寿太郎　簑原俊洋
*犬養　毅　小林惟司
原　敬　季武嘉也
*加藤高明　櫻井良樹
牧野伸顕　小宮一夫
田中義一　黒沢文貴
内田康哉　高橋勝浩
平沼騏一郎　堀田慎一郎
*鈴木貫太郎　小堀桂一郎
宇垣一成　北岡伸一
*宮崎滔天　榎本泰子
*浜口雄幸　川田　稔
幣原喜重郎　西田敏宏
関　一　玉井金五
水野広徳　片山慶隆
広田弘毅　井上寿一
安重根　上垣外憲一
*グルー　廣部　泉
*永田鉄山　森　靖夫
東條英機　牛村　圭
今村　均　前田雅之

蔣介石　劉　岸偉
石原莞爾　山室信一
近衛文麿　庄司潤一郎
*岩崎弥太郎　武田晴人
伊藤忠兵衛　末永國紀
*五代友厚　田付茉莉子
大倉喜八郎　村上勝彦
*安田善次郎　由井常彦
渋沢栄一　武田晴人
中野武営　佐賀香織
益田　孝　鈴木邦夫
山辺丈夫　宮本又郎
武藤山治
阿部武司・桑原哲也
池田成彬　松浦正孝
西原亀三　森川正則
小林一三　橋爪紳也
大倉恒吉　石川健次郎
大原孫三郎　猪木武徳
*河竹黙阿弥　今尾哲也
イザベラ・バード　加納孝代
*林　忠正　木々康子
*森　鷗外　小堀桂一郎
*二葉亭四迷　ヨコタ村上孝之
*夏目漱石　佐々木英昭
徳冨蘆花　半藤英明
巌谷小波　千葉信胤
樋口一葉　佐伯順子
*島崎藤村　十川信介
泉　鏡花　東郷克美
上田　敏　小林　茂

*有島武郎　亀井俊介
北原白秋　平石典子
菊池　寛　山本芳明
芥川龍之介　髙橋龍夫
*宮沢賢治　千葉一幹
高浜虚子　坪内稔典
与謝野晶子　佐伯順子
*種田山頭火　村上　護
*斎藤茂吉　品田悦一
*高村光太郎　湯原かの子
石川啄木　先崎彰容
萩原朔太郎
エリス俊子・栗原飛宇馬
*原阿佐緒　秋山佐和子
*狩野芳崖・高橋由一　古田　亮
川村清雄　落合則子
*小堀鞆音　小堀桂一郎
竹内栖鳳　北澤憲昭
黒田清輝　高階秀爾
中村不折　石川九楊
横山大観　高階秀爾
*橋本関雪　西原大輔
小出楢重　芳賀　徹
土田麦僊　天野一夫
岸田劉生　北澤憲昭
濱田庄司　濱田琢司
*山田耕筰　後藤暢子
松旭斎天勝　川添　裕
中山みき　鎌田東二
佐田介石　谷川　穣
*ニコライ　中村健之介

*出口なお・王仁三郎　川村邦光
*新島　襄　太田雄三
新島八重　佐伯順子
木下広次　冨岡　勝
海老名弾正　西田　毅
嘉納治五郎
クリストファー・スピルマン
柏木義円　片野真佐子
津田梅子　田中智子
*澤柳政太郎　新田義之
河口慧海　高山龍三
山室軍平　室田保夫
大谷光瑞　白須淨眞
*久米邦武　髙田誠二
フェノロサ　伊藤　豊
井上哲次郎　井ノ口哲也
三宅雪嶺　長妻三佐雄
*岡倉天心　木下長宏
志賀重昂　中野目徹
徳富蘇峰　杉原志啓
*竹越与三郎　西田　毅
内藤湖南・桑原隲蔵　礪波　護
*廣池千九郎　橋本富太郎
岩村　透　今橋映子
*西田幾多郎　大橋良介
*金沢庄三郎　石川遼子
*柳田国男　鶴見太郎
厨川白村　張　競
*村岡典嗣　水野雄司

大川周明 山内昌之
西田直二郎 林 淳
*折口信夫 斎藤英喜
シュタイン 瀧井一博
*西 周 清水多吉
*福澤諭吉 平山 洋
成島柳北 山田俊治
福地桜痴 山田俊治
*村山龍平 早房長治
島田三郎 武藤秀太郎
田口卯吉 鈴木栄樹
*陸 羯南 松田宏一郎
黒岩涙香 奥 武則
長谷川如是閑 織田健志
*吉野作造 田澤晴子
*山川 均 米原 謙
*岩波茂雄 十重田裕一
*北 一輝 岡本幸治
*穂積重遠 大村敦志
中野正剛 吉田則昭
*満川亀太郎 福家崇洋
*エドモンド・モレル 林田治男
*北里柴三郎 福田眞人
高峰譲吉 木村昌人
田辺朔郎 秋元せき
*南方熊楠 飯倉照平
石原 純 金子 務
*辰野金吾 河上眞理・清水重敦
*七代目小川治兵衛 尼崎博正

本多静六 岡本貴久子
ブルーノ・タウト 北村昌史

現代

昭和天皇 御厨 貴
高松宮宣仁親王 後藤致人
*李方子 小田部雄次
吉田 茂 中西 寛
マッカーサー 柴山 太
鳩山一郎 楠 綾子
*石橋湛山 増田 弘
重光 葵 武田知己
市川房枝 村井良太
*池田勇人 藤井信幸
高野 実 篠田 徹
和田博雄 庄司俊作
朴正熙 木村 幹
*田中角栄 新川敏光
宮沢喜一 村上友章
竹下 登 真渕 勝
*松永安左エ門 橘川武郎
鮎川義介 井口治夫
*出光佐三 橘川武郎
*松下幸之助 米倉誠一郎
渋沢敬三 井上 潤
*本田宗一郎 伊丹敬之
*井深 大 武田 徹
*佐治敬三 小玉 武

幸田家の人々 金井景子
*正宗白鳥 大嶋 仁
*大佛次郎 福島行一
*川端康成 大久保喬樹
*薩摩治郎八 小林 茂
坂口安吾 千葉一幹
太宰 治 安藤 宏
松本清張 杉原志啓
安部公房 鳥羽耕史
*三島由紀夫 島内景二
井上ひさし 成田龍一
R・H・ブライス 菅原克也
柳 宗悦 熊倉功夫
バーナード・リーチ 鈴木禎宏
*熊谷守一 古川秀昭
川端龍子 岡部昌幸
藤田嗣治 林 洋子
*井上有一 海上雅臣
*手塚治虫 竹内オサム
古賀政男 藍川由美
*吉田 正 金子 勇
武満 徹 船山 隆
*八代目坂東三津五郎 田口章子
*力道山 岡村正史
*西田天香 宮田昌明
安倍能成 中根隆行
サンソム夫妻 平川祐弘・牧野陽子
*天野貞祐 貝塚茂樹

和辻哲郎 小坂国継
矢代幸雄 稲賀繁美
石田幹之助 岡本さえ
*平泉 澄 若井敏明
*早川孝太郎 須藤 功
安岡正篤 片山杜秀
青山二郎 田野 勲
島田謹二 小林信行
田中美知太郎 川久保剛
前嶋信次 杉田英明
*唐木順三 澤村修治
亀井勝一郎 山本直人
知里真志保 モコットゥナシ
*保田與重郎 谷崎昭男
石母田正 磯前順一
*福田恆存 川久保剛
井筒俊彦 安藤礼二
佐々木惣一 伊藤孝夫
小泉信三 都倉武之
*瀧川幸辰 伊藤孝夫
式場隆三郎 服部 正
大宅壮一 有馬 学
清水幾太郎 庄司武史
*フランク・ロイド・ライト 大久保美春
*中谷宇吉郎 杉山滋郎
今西錦司 山極寿一

*は既刊
二〇一九年十月現在